家校合作丛书

# 家校合作：小学生家长行动手册

School-Family Partnerships: Handbook for Pupil's Parents

吴重涵　王梅雾　张　俊　◎著

江西教育出版社
JIANGXI EDUCATION PUBLISHING HOUSE

图书在版编目（CIP）数据

家校合作：小学生家长行动手册/吴重涵，王梅雾，张俊著. --南昌：江西教育出版社，2014.10
ISBN 978-7-5392-7643-4

Ⅰ. ①家… Ⅱ. ①吴… ②王… ③张… Ⅲ. ①学校教育—合作—家庭教育—研究 Ⅳ. ①G459

中国版本图书馆 CIP 数据核字（2014）第 241478 号

家校合作：小学生家长行动手册
JIAXIAOHEZUO:XIAOXUESHENG JIAZHANG XINGDONG SHOUCE
吴重涵　王梅雾　张俊/著

江西教育出版社出版
(南昌市抚河北路 291 号　邮编：330008)
各地新华书店经销
江西省和平印务有限公司印刷
700 毫米×1000 毫米　16 开本　18.75 印张
2014 年 10 月第 1 版　2014 年 10 月第 1 次印刷
ISBN 978-7-5392-7643-4
定价：42.00 元

赣教版图书如有印装质量问题，请向我社调换　电话：0791-86710427
投稿邮箱：JXJYCBS@163.com　来稿电话：0791-86705643
网址：http://www.jxeph.com

赣版权登字-02-2014-314

p

# 前　言

在儿童成长过程中，家庭和学校之间究竟应当是怎样的关系，是各司其职还是合作伙伴呢？或者家庭教育和学校教育究竟哪一个更加重要，是同等重要还是其中之一更重要？* 不同的人有不同的看法。虽然我们一直都在强调家庭教育的重要性，但家长教育观念落后、教育方式不当的状况似乎并未有根本性改变。可见，家庭（教育）和学校（教育）的关系及作用，不只是一个观念上的认识问题，更多的时候它是教育生活中的实践问题。

长期以来，家庭教育的功能主要被定位在德育方面。在这一语境下，学校希望家庭抓好养成教育，而家长的注意方向却在学业成绩上，家庭教育的德育

* 董奇.庭教育和学校教育同等重要[N].中华读书报，2014－05－07(008).

功能并没有得到有效发挥。然而，发达国家和地区的研究与实践已经到了发展家庭、学校和社区伙伴关系的阶段，家庭透过规范的实践框架参与到儿童的学业、行为和教育抱负等多个方面。虽然相关的比较研究并没有发现不同国家的家长参与热情存在显著差异，但在参与的方向和技能等方面，差异十分明显。

江西省教育科学研究所自上个世纪八十年代以来，主导全省中小学家长教育指导与服务工作。20 多年来，这个工作平台使我们有机会观察和影响学生家长参与教育的同时，也让我们体会到家长因参与不得法而生的困惑，感受到他们对科学参与方法的热切期望。

2011 年 9 月，由江西省教育科学研究所牵头，与江西省教育厅基础教育处合作申报的《创新中小学家校合作教育机制》被列入江西省教育体制改革第一批试点项目。我们集中精兵强将，并吸收省内外有关研究力量，调研了江西、山东和台湾中小学家长(委员)会的设置与运行，系统检索和翻译了美国一个多世纪以来，尤其是 1960 年代以来的相关研究成果与文献，在此基础上，我们根据“科研引领、行政推动、学校实践”的行动路径，开展并实施了一系列活动，包括推动家长委员会的组织建设，遴选“家校合作”试点学校，举办专项培训会，开展大样本跟踪调查，驻校指导和调研，家长教育和家庭教育指导等。通过这些活动，我们已完成了第一轮的大样本调查，形成了江西省家长委员会建设的省级规划，初步形成了家校合作的实践框架与统一规范，出版了系列研究成果，这在一定程度提升了家校合作的水平和工作起点。

目前，我们本土的家校合作理论还没有建立起来。国内对家校合作的有关研究，还停留在对工作的简单经验总结上，停留在政策诠释上，停留在对国外经验的零散介绍上，停留在家长教育、家庭教育以及德育功能等单项研究上，尚不能对政策和实践中存在的问题进行有效的指导。

在这样的背景下，我们决定出版“家校合作丛书”，将国际先进的家校合作理论和成熟做法系统地引进到国内，结合本土特色，通过搜集中国本土的实证案例和数据，概括总结出适合中国国情的家校合作理论和行动原则，以敷指导实践和研究之用。

本书旨在以国际上先进的家校合作实践框架来引导我国小学生家长参与教育，以期帮助家庭更加科学、规范地建立与学校和社区的合作伙伴关系。全书共有八章。第一章主要探讨儿童成长与环境之间的关系，以增进人们认识和理解儿童成长的环境差异及其影响。第二章主要介绍小学生身体和心理发展的基本特征以及家庭对于小学生身心健康的作用，探讨学习特点和家庭参与培养小学生学习习惯的意义，以帮助家长理解小学生成长的特殊性。自第三章至第八章，分别探讨家长参与子女教育的六类行动——当好家长、相互交流、在家学习、志愿服务、参与决策以及与社区协作，以帮助家长提高参与技能。

本书是“家校合作丛书”的第六本，属于“从书”四个方向（国际理论引进、实践指南、实证研究和案例集锦）中的实践指南范畴，是江西省家校合作10年研究计划“现代学校制度建设：家校合作的国际经验与本土实践跟踪研究”的研究成果。我们往后还将翻译出版美国1960年代以来有关家长参与、家校合作的经典研究成果，持续出版面向教师、家长等不同群体的实践指南和案例，我们还将对家校合作、家长参与进行跟踪调查和研究，以对比在制度化推进家校合作过程中的动态改进，与本书的结论进行比对分析。

本书适合的对象：小学生家长、研修家校合作课程的研究生、本科生和大专生；教育、社会学领域的研究者；中小学幼儿园管理者、教师；中小学幼儿园政策制定者和教育行政机关工作人员；中小学幼儿园家长组织成员以及其他关注此领域的读者。

吴重涵负责丛书的总体策划与设计，并撰写了第一、第二章。王梅雾撰写了第三至第五章，张俊撰写了第六至第八章，全书由吴重涵统稿。

本书参考了许多已有成果和文献，引用了大量学者的观点，也获得了相关学校和教师的积极支持，为我们提供了许多有价值的一手资料。在此向他们表达诚挚的谢意！本书的立项、推进和成果的出版，得到了江西省委教育工委、江西省教育厅的大力关心和支持。江西教育出版社也为本书的出版提供了大力支持，责任编辑杨柳付出了辛勤的劳动。在此一并表达诚挚的谢意！

家校合作之于教育的作用，在理论上是一个需要费些周折论证的课题，在实践中更是一项需要循序渐进地推动的工作，但他的美好未来绝对值得我们努力，我们期待越来越多的有识之士，包括校长、教师、教育研究工作者都来关注和投入到这一激动人心的新领域当中。书中的一些观点和看法可能仅为我们观察江西经验后的一家之言，尚待实践检验，期望大家批评指正！

2014 年 8 月 1 日

# 目录

# 第一章 儿童成长与环境影响

我们以出生的方式降临到某个家庭中，在接受探访者的祝福后，就有人开始评论我们究竟是像爸爸还是更像妈妈。如果父母都性情温和，新生儿却彻夜哭闹，累得够呛的大人们常常会嗲怪地说："哎呀，整天哭呀吵呀，不晓得像谁家的人！"等到开始呀呀学语，则会通过"爸爸的爸爸是爷爷"，"妈妈的妈妈是外婆"等歌谣来理解家庭成员之间的关系和自己在其中的位置。上学后，我们的学习成绩甚至在某门课程方面的表现都会被说成与父亲或者母亲有关，而言谈举止即使是到了成年后还会被外人说成"和她妈妈就是一个模子里倒出来的"或者"和他爸爸一个德行"。我们以家庭尤其是以父母为主要信息源，炼成具有自己个性化特征的思维方式、行为模式，又不断因为自己的言行和表现，被放到家庭系统中以某个成员为参照获得评价，也不断为我们自己的后代创造模仿和被评价的参照：我们的身份、思维、行为和发展状态，都被打上了家庭的烙印。

同时，在相当长的一段时期内，我们由幼儿园开始不断向更高层次的学校升迁。在这段对于有些人来说甚至会持续长达25年以上的时间里，我们学习克制冲动和幻想、习得日后工作和生活的技能与潜力、经历从家庭向同伴群体的转换、度过青春期的危机、与他人建立亲密关系。除了获得了在履历表中写下自己受教育程度的资格外，我们还获得了高中生、名牌大学毕业生、双差生以及白读了那么多书的人的"样子"：我们的身份、思维、行为和发展状态，也染上了学校的底色。

我们走出家门后，穿过自家所在的村庄或小区去上学、去上班、去参加社交活动或者去旅游时，我们的口音、穿着、对某件事的看法以及工作岗位都可能被一眼就看出来是"乡下来的"或"土豪"或"城里人"：我们的身份、思维、行为和发展状态，又与早年生活过的社区相关联。

家庭、学校和社区三个环境都包含有积极和消极的因素，它们之间错综复杂的组合关系既可能发生有益作用也可能产生不利影响。因此，我们需要正确认识和理解三个环境影响的存在和作用，通过努力改善自己的言行对儿童成长施加积极的环境影响。

# 本章要点

本章主要探讨儿童成长与环境之间的关系，以增进人们认识和理解儿童成长的环境差异及其影响。

儿童学习和成长的三个主要环境——家庭、学校和社区各有自己的一套价值、规范、期待和行为模式，但三者之间并不是完全相互独立的，尤其是在儿童越界穿梭于不同的环境期间，它们有时在某方面单独影响着儿童，有时又相互结合在一起对其他方面发生影响。换句话说，家庭、学校和社区对儿童学习和成长的影响既可以相互结合也可相互分离，人们把这种影响叫做交叠影响。[1] 显然，儿童的成长受到家庭、学校和社区三个环境的交叠影响。

从儿童成长的角度看，不同儿童的成长环境都不相同，他们各自的家庭、学校和社区存在着很大差异。家庭是由不同地位角色的不同个人组成的，所以每个人的家庭都是独一无二的，在很多方面都表现出不同。其中，家庭社会经济地位的不同尤为明显。[2] 有的家庭四世同堂居住在被漂亮的铁艺栅栏围成的大院里的别墅中，而有的家庭只有单亲妈妈和孩子租住在某栋民房屋顶上用作隔热的小间里。家庭的结构、收入、教养方式、父母的受教育程度和工作等等都是对儿童进行家庭教育的资源，为家庭教育手段的选择确定了一个大致的边界，并影响到儿童的成长状态。这些教育资源的不同，为儿童的成长奠定了差异化发展的基础。虽然事物的两面性和复杂性使得我们不能简单地说家庭环境的某个因素对儿童是好或者不好，但在大的时空范围上，“龙生龙，凤生凤，老鼠生的儿子打地洞”的经验常常在生活中重复。

多年来，政府为推动教育均衡发展做了许多卓有成效的工作，中小学的办

1　[美]乔伊丝·L·爱普斯坦等.学校.家庭和社区合作伙伴：行动手册(第三版)[M].吴重涵.薛惠娟译.南昌：江西教育出版社，2013：4.

2　[美]查尔斯·H·扎斯特罗，卡伦·K·柯斯特－阿什曼.人类行为与社会环境(第六版)[M].师海玲，孙岳 等译.北京：中国人民大学出版社.2006：175.

学条件大有改善。但从农村生源往城市流动和城市家庭择校的浪潮中，我们依然能感受到城镇学校和农村学校、新办学校和老牌学校、薄弱学校和名优学校、重点学校和普通学校之间差异的存在。一面是划片就近入学，另一面是学校差异，家庭微观层面上就读重点名校的理想遭遇政府宏观层面上实现教育公平的政策，一些家庭为户籍所属感到庆幸，也有一些家庭感到遗憾甚至失望，多数家庭的努力也仅仅在于选择学校。所以，我们在实践中常常看到，一旦孩子入学了，家长在参与子女教育方面做得并不多或者并不得法，名优学校的优势没有得到充分发挥，薄弱学校的劣势更没有通过家庭参与的力量有所缓解或者被抵消。

家长参与、家校合作在儿童成长中的力量十分重要。[3] 在流行家庭教育与学校教育分离观念的人群中，儿童的教育被看作是学校的事，家长对教育指手划脚的干预和评头论足的议论是不受欢迎的，他们只要管好自己家里的事就可以。因此，很多家长对孩子的教育参与局限在家庭层面，比如选学校、辅导家庭作业、送孩子上辅导班等等。然而，从发达国家和地区的经验看，家庭作为教育的利益相关者参与子女教育的力量已经渗透到了学校的多个领域，家庭、学校与社区合作伙伴关系成为以儿童成长为核心的基础教育发展的重要趋势和方向。

本章将：

●解释家庭差异对个人发展的意义，讨论家庭在小学阶段的独特价值。

●分析客观存在的学校差异及其影响，阐释小学教育的功能。

●描述社区差异与儿童成长的关系及其对小学生的特殊意义。

---

3　吴重涵，张俊，王梅雾．家长参与的力量——家庭资本、家园校合作与儿童成长[J]．教育学术月刊．2014(3)．

## 1.1 家庭

家庭对儿童的教育功能及其重要性，不仅因为家庭是儿童的第一所学校，在人的一生中关键的头几年里所处启蒙教育的位置，还因为它是人生“就读”时间最长的一所学校。儿童的教育从家庭开始，他们从父母和成年家庭成员那里学习吃穿住行的基本技能，学习简单的识字和数数，也认识到家庭的教育期望是什么。

然而，每个家庭都是独一无二的，他们之间的差异很大。

**想一想**

我们常常看到两个年龄相同、性别一样的孩子，在同一所幼儿园上学，升入同一所小学，按照相同的作息时间上学和放学，他们甚至在同一个班级由同样的教师教授同样的课程。可是，到后来他们考上的中学和大学不同，工作发展和人生际遇也都不同。

你认为造成这种情况发生的原因除了两个孩子自己的努力程度不同外，还有什么因素呢？有没有家庭差异的因素呢？家庭差异的因素又包括哪些呢？其中又有哪些家庭因素是决定性的呢？

### 1.1.1 家庭差异与个人发展

儿童成长的环境是他们总体发展状况的一个重要的、外部系统的预测指标。儿童的教育、以后的职业、将来的收入甚至健康状况，都极大地依赖于他们的家庭环境，尤其是家庭的社会经济地位（SES）。[4] 成长环境的差异造成个人发展的不同。

---

4　[美]杰弗里斯·麦克沃特，贝内迪克特·麦克沃特，埃伦·霍利·麦克沃，罗伯特·麦克沃特. 危机中的青少年[M]. 寇彧 译. 北京：人民邮电出版社. 2009：32.

### 1.家庭的结构与教育功能

根据2012年的人口抽样统计，全国有近4.3亿户家庭。这么多的家庭，从其成员数看，尽管二至四人一户的占多数，但一人单独一户到十人以上组成一户的情况都有。可见，家庭结构方面是有差异的。家庭结构不同，成员之间的互动模式也会有所不同，相应地就使得不同家庭的内部环境有差异，而这些差异影响着家庭成员的成长与发展，尤其会影响儿童的成长与发展。

对多数人来说，家庭代表着许多不同的意义。对你来说，家庭意味着什么呢？从电视的家庭情景剧上，我们看到中国家庭形象通常是这样的画面：父母都有体面的工作，一家人住在城市的某个环境优美的小区，有着宽敞客厅的套房装修漂亮、布置宜人。这种虚拟出来的理想家庭，排除了现代中国的很多家庭，并非广泛存在。事实上，家庭在适应其所存在的社会环境的同时，不断修正自己的某些特性，呈现出不同的结构形式：男主外女主内的单薪家庭、双薪家庭、单亲家庭、再婚家庭、不育家庭、隔代抚养家庭、收养或寄养家庭等等。家庭结构的不同，意味着家庭教育环境的不同，对于家庭发挥教育功能的影响自然也就不同。

**操作练习**

先在纸上写下你童年时代(或小学阶段)的家庭成员，再写下你青少年时代(或中学阶段)的家庭成员。你的家庭是否有所改变？发生变化的原因是什么？

现在请写下你家目前的成员。与你的青少年时代(或中学阶段)相比，你的家庭发生了变化没有？是什么造成了这些变化？在这三个不同的时代，你在家里的身份分别是什么？

在写下不同时期的家庭成员时，你是怎样定义家庭的？只是包括同住在一起的，还是也包括虽然不住在一起却在同一本户口簿上的？还是只要有着婚姻或血缘关系的，你都认为是家庭成员？

如果可能，请和其他人讨论他们是怎样看待家庭结构的。一起讨论家庭成员对孩子成长的影响。如果接触了几种不同结构的家庭，我们可以比较家庭结构的差异对儿童的影响。

传统观念中，四世同堂、儿孙绕膝的理想大家庭受国家生育政策和社会经济生活的影响已经越来越少见到了。现在大部分人的理想家庭是“父母双全，儿女双全”的核心家庭。核心家庭不仅是一种结构性的理想，对于发挥家庭的教育功能而言也是较为理想的。然而，儿女双全的理想甚至在很多家庭都不可能。

我们已经知道家庭结构在不同时期是会发生变化的，即使是核心家庭也如此。在伴随家庭结构变化的同时，家庭功能及其地位、家庭面临的阶段性任务也会发生变化。在多种多样的家庭功能中，教育功能在现代家庭中始终居于重要地位。家庭成为教育的投资者、重要的教育场所、学校教育的参与者和利益相关者。

家庭是教育的主要投资者，不仅在非义务教育阶段家庭作为投资者的角色很直观，即使是在义务教育阶段，家庭依然承担了学杂费、书本费之外的教育费用，包括为孩子购买文具用品和辅导资料、改善学习条件、聘请家庭教师、支付择校费和教育辅导机构的学费等等。家庭同时还是重要的教育场所，除了我们通常所说的家庭教育之外，孩子们接受学校教育的部分学习过程本身就是在家里完成的，例如预习、家庭作业和复习等。不仅如此，家庭教育还会在一定程度上巩固或者削弱学校教育的效果，例如社会上广为流传的“5＋2＝0”就是对学校教育被家庭教育削弱的描述，意思是说孩子们在学校每周接受五天正规教育的效果，很容易就被不科学、不合理的两天家庭教育抵消掉。

人们对学校和家庭在教育上的关系历来持有不同的观念。有人持“家校分离”观，认为孩子在开始接受学校教育后，家庭教育就退到次要位置，因为家庭并不天然就是学校教育的合作者。这种观念的持有者在家庭和学校都有，即使是时至今日。与此相反，也有人认为家庭与学校应当是合作伙伴。[5] 学校、家庭与社区这三个孩子成长的主要环境单独或者共同地影响着孩子的学业和发展，如果三者都抱有相同的目标，承担共同的任务，并进行经常性和高质量的沟通和互动，使儿童从不同的环境中接受相同的信息：学校重要、要努力学习等，会有助于儿童的成长。[6]

**操作练习**

**你对家庭与学校关系的观点是怎样的？**

你同意下面哪些观点？不同意哪些？

■管管孩子的吃穿住行还可以，管他（她）读书的事，真不知道怎么做

■孩子学习认真，很听话很乖，不需要我们管；孩子读书不用功，不听话，管也没用

■老师要求家长检查孩子的作业，是为了减轻自己的工作量

■家长很忙，自己的事都忙不过来，哪有时间总往学校跑

■小孩就读的学校太差了，家长再努力也没用

■在家里按照老师的要求去做，对孩子的学习还是有用的

你可能同意上述某些观点，也可能不完全同意某些观点。例如你觉得可能现在的教师在教育孩子上不愿意花功夫，动不动就叫家长到学校去，耽误了你很多时间，你现在都有点怕接到教师的电话和学校的通知，所以你同意第四个观点。或者你已经坚持按照教师的要求，每天检查孩子的作业后都会认认真真地在家校联系簿上签字，你发现孩子的作业一直做得不错，所以你同意最后一

---

5 吴重涵，王梅雾，张俊. 家校合作：理念、经验与行动[M]. 南昌：江西教育出版社. 2013：：8.

6 Epstein J. L. School, Family, and Community Partnerships: Preparing Educators and Improving Schools[M]. Westview Press, 2010.

个观点。

现在请你想想，你的家庭成员中，大家对这些观点的意见和你一样吗？如果可能，请和孩子同学的家长或者你家的邻居交流他们的观点。你会发现，大家的反应可能是不一样的，而这些反应取决于你们的年龄、受教育年限、家庭经济条件和工作性质等等，在农村甚至和是否常常出远门之类的原因都有关联。

无论我们对家庭与学校的关系抱有怎样的观点，家庭都有意无意地参与了孩子教育的某些环节和某些方面，这是事实。一位从来都不过问孩子学习情况的家长，在孩子做作业时把电视机的声音调低一些，或者在期末考试后问一下孩子的成绩等等就是在参与，更不用说家庭为教育投资了。不过，家长对子女教育的参与确实存在差异，决定参与差异的因素既有主观认识问题，也有家长没有注意到的家庭背景因素。但是，无论是否参与或者无论家长参与的程度如何，孩子接受学校教育的状态与效果最终都与家庭有关，家庭是教育的利益相关人。教育在影响个人命运的同时，也影响这个人的未来家庭，甚至从更大范围上为影响与其有婚姻或血缘关系的其他家庭成员或亲属铺垫了可能性。

**2.家庭背景与人的发展**

有关家庭背景与人的发展之间关系的各种说法，流传的闲闻趣事和规范的科学研究都有。总的说来，个人成长和发展与家庭背景是有着一定关联的，尽管有的时候这样的话题涉及社会公平之类的严肃问题，甚至难免让人感觉有点宿命的悲观情绪。

大量的社会现象一再重复着“龙生龙，凤生凤，老鼠生的儿子打地洞”的事实，社会科学家们也试图通过科学研究来揭示这一规律性现象背后的原因，解释那些违背这一规律性的例外是怎样发生的。他们用家庭经济社会地位来解释儿童成长的差异。家庭社会经济地位是关于家庭收入、父母教育程度、父母职业的社会等级、社会关系等指标的综合衡量，对儿童来说，它是一种先天的资本，为儿童提供各种有用的资源，与儿童身体、心理及认知发展有着广泛的联系。[7]

人在社会中的地位有高有低，社会学家将这种高低不同叫做社会分层。个人在社会分层中的地位与家庭资本，特别是父母的职业和学历有着极为显著的联系。[8] 父母接受了较高水平的正规教育，不但意味着他们自身拥有更好的学习能力、更高的劳动技能和更多收入的可能，[9]还包括更优秀的家庭育儿观念，更科学的教养方式，更亲密的亲子环境，在儿童成长中起着重要作用，并使其终身受益。[10] 布迪厄指出教育是社会再生产的一个重要而又隐秘的渠道，家庭的社会资本、经济资本与文化资本一起在孩子们的教育获得中扮演了重要角色。[11] 佩纳在美国对比了非裔学生与白人学生上大学的机率，发现前者要小得多，而这在很大程度上是由于美国非洲人后代的家庭在经济、文化和社会资本上处于明显的劣势。[12] 美国著名社会学家 Sewell 在对 10318 名学生近 7 年的跟踪研究中，加入了个人努力、父母鼓励、家长参与等中介变量，发现这些中介变量会降

---

7　Becker Henry Jay. Who's Wired and Who's Not: Children's Access to and Use of Computer Technology[J]. The Future of Children. 2000, 10(2): 44-75.

8　Blau P. M., Duncan O. D., Tyree A. The American occupational structure[M]. Free Press, 1967.

9　Schultz Theodore William. Investment in human capital: the role of education and of research [M]. Free Press, 1970: 272.

10　伍尔夫 B. L. 教育的外部收益[C]. 教育经济学国际百科全书[M]，卡诺依 M，北京：高等教育出版社，2000，198-202.

11　布尔迪约，帕斯隆. 再生产：一种教育系统理论的要点：当代法国思想文化译丛[M]. 邢克超. 商务印书馆，2002.

12　Perna Laura Walter, Titus Marvin A. The relationship between parental involvement as social capital and college enrollment: An examination of racial/ethnic group differences[J]. Journal of Higher Education. 2005: 485-518.

低家庭背景对儿童成长的影响，并对儿童成长有直接作用。[13]

有学者的研究发现，随着儿童就读年级的上升，没有受过正规教育的家长会越来越感到没有能力帮助他们的子女。拉鲁的研究则认为，不同阶层家长与学校建立的各种关系的差异性是如此之大，以致于这种差异很难得到改变。家庭社会经济地位低的家长之所以没有中产阶层的家长那么积极地参与子女的学业，是由他们的职业和家庭生活的性质所决定的：缺乏与子女同学的家长建立社会网络的能力，多是与他们的家族成员建立社会交往。于是他们得不到中产阶层家长通常可以得到的非正式渠道信息共享。中产阶层家长（妈妈）常常知道孩子班上所有学生的名字（以及每个学生的阅读成绩和行为特点），而家庭社会经济地位低的家长则通常没有这些信息。他们更依赖于学校的正式通知来获得孩子在学校的信息，如成绩报告单等。而这种信息很难提供完整、准确的子女在校表现情况。家庭社会经济地位低的家长通常也缺乏解决教学问题的自信心，在思想观念上视家庭和学校彼此分离。[14]

家庭环境和家庭的其他特征是影响孩子学业和行为表现的主要因素之一。社会学家和心理学家的研究成果显示，家庭环境与认知能力的发展和学业成绩直接相关。下列 6 个关于家庭环境的变量影响着学生的学业成绩：

1. 成绩压力：（1）家长对孩子的教育期望；（2）家长自身的期望；（3）家长对学术活动的兴趣；（4）对孩子教育过程的了解；（5）为了达到教育目的而进行的

---

13 Sewell William H., Armer J. Michael. Neighborhood Context and College Plans[J]. American Sociological Review. 1966, 31(2): 159-168.

Sewell William H., Shah Vimal P. Socioeconomic Status, Intelligence, and the Attainment of Higher Education[J]. Sociology of Education. 1967, 40(1): 1-23.

Sewell William H., Shah Vimal P. Social Class, Parental Encouragement, and Educational Aspirations[J]. American Journal of Sociology. 1968a, 73(5): 559-572.

Sewell William H., Shah Vimal P. Parents' Education and Children's Educational Aspirations and Achievements[J]. American Sociological Review. 1968b, 33(2): 191-209.

14 [美]安妮特·拉鲁. 家庭优势[M]. 吴重涵 等译，第一章手稿。本书即将由江西教育出版社出版。

准备和计划。

2.语言模式：(1)家长运用语言的质量；(2)使用和扩展词汇和语法的机会；(3)家长对正确而有效地应用语言的喜好。

3.学术指导：(1)对家庭作业相关事务指导的有效性；(2)对家庭作业相关事务指导的质量；(3)与学校学习相关的材料和工具的应用及其有效性。

4.家庭积极性：(1)家庭户内和户外活动的范围和内容；(2)电视和其他相关媒体的应用；(3)书籍、图书馆以及其他相关设施的使用。

5.家庭中的智力活动：(1)提供给孩子的玩具、游戏和爱好的性质和质量；(2)日常活动中思考和想象的机会。

6.家庭工作习惯：(1)家庭管理结构和程序化程度；(2)超越其他娱乐活动的教育性活动。

家庭环境对孩子认知能力发展的积极影响，不仅因为家庭为孩子提供了阅读资料，还提供了各种机会来鼓励他们发展和运用口头与书面表达能力。[15]

### 3.父母的职责与角色

**想一想**

大家都知道，要想做好一件事情，首先要有目标，要想把这件事做到什么程度或者什么状态，然后就是朝着这个目标去行动。例如，一个男子想娶一位自己心仪的女子，这就是目标，有了这个目标之后他要做很多事情，包括自己要好好做人做事，要向这位女子献殷勤，和她约会谈恋爱，既要积累感情，又要准备物质生活条件，一切成熟了，还要向女子求婚，获得她同意后，双方还要按照国家法律履行手续，按照风俗举办仪式等等，最后他们进入婚姻家庭生活。这位男子所做的那么多事都是他的行动。但并不是每个有目标有行动的人都会成功，为什么呢？

---

15　[美]丹尼尔·U·莱文，瑞依娜·F·莱文．教育社会学(第九版)[M]．郭锋，黄雯，郭菲 译．北京：中国人民大学出版社．2010：92－93．

对孩子的成长，父母都有目标：考上好大学、找到好工作，也都有行动。我们感觉自己为孩子操尽了心、操碎了心，从孩子的吃喝拉撒、衣食住行到学习、工作和婚嫁，我们很努力地做了很多很多，行动不少，可是最终并不是每个孩子都像我们所期望的那样。为什么呢？

请选择下列影响因素中，你没注意到的：

■遗传差异

■家庭经济社会地位差异

■孩子智力水平和智力方向差异

■孩子努力程度差异

■学校教学质量差异

■社区环境差异

■父母教育方法差异

为人父母虽然是一件让人激动、兴奋的事，但并不是每个人都做好了准备，许多人对自己作为父母所需要承担的责任和义务认识不足。虽然我国法律对父母的职责做出了相关规定，但更多的人履行父母的职责时并不是按照法律规定来做的，他们靠本能和经验、靠想象和模仿。这在一定程度上说明，父母的职责和角色是有子女的社会成员固有的、自然的社会职责和角色，表明了个体在家庭关系中的地位，同时也规定了相应的行为模式。父母角色的影响是终身的，所以社会对于父母角色的要求和期望也特别高。父母不仅仅是生理意义上的父母，更是一个具有社会意义的教育者，要用自己的言行举止来影响孩子。

我们生来就可能要做父母，却不是生来就会做父母，尤其是做一个合格的父母、做一个优秀的父母，并不是一件很容易的事。即使是大家已经意识到了自己作为父母的社会责任和角色，因为行动不一样，我们做父母的效果也可能差异很大。其中，教育子女的方法是否科学合理、是否适合自己的孩子、是否符合我们定下来的教育目标等，虽然十分重要却常常没有引起我们的注意。

在照顾和教育子女方面，母亲的参与总是会多一些，因为在传统看来，母亲是照顾子女的专家。我们基于学生及其家庭的调查发现，孩子在学龄前和小学阶段受到母亲的照顾要显著多一些。这往往是因为孩子还小时，母亲需要照顾孩子的生活，而且孩子成长早期对母亲的依恋更多。幼儿园和小学阶段的教育，往往也是母亲参与得多一些，随着孩子学段和年龄的增长，母亲逐渐感觉力不从心，尤其是到了初中阶段及以后。那么父亲作为家长的重要性如何呢？一般说来，父亲在儿童培养和处理家务事上所起到的作用不如母亲大，特别是当孩子小的时候。[16] 由于没有父亲或者父亲参与较少，对孩子的成长会产生一定影响，尽管这不是唯一原因，但却是重要原因，因为父亲的积极参与使父母都有机会对孩子产生积极影响。

然而，父母对教养子女的认识、教养方式都受到很多因素的影响，其中父母受教育的程度、父母的工作等因素的意义重大。

### 1.1.2 家庭与小学生的成长

家庭是以父母子女团结起来而组成的与外部社会相对独立的群体，其所有的能量都在于帮助儿童实现社会地位的上升。[17] 虽然在孩子成长的不同阶段，家庭的阶段性目标和行动各有侧重，但“望子成龙”的努力过程，实际上早在孩子上小学之前就已经开始。然而，即便很多人强调说“不要让孩子输在起跑线上”时，也并非是指家庭对小学生成长的影响，而是意在强调学校、班级、教师甚至课外辅导的作用。有些时候，我们的确把太多的期望都寄予了学校等专业教育机构。

儿童最初主要在家庭社会化，到了小学阶段开始转向主要依靠家庭和学校

---

16 Lamb, M. E. 1987: Introduction: the emergent American father. In M. E. Lamb (ed.), The Father's Role: Cross－cultural Perspectives. Hillsdale, NJ: Lawrence Erlbaum.

17 [法]菲力浦·阿利埃斯. 儿童的世纪：旧制度下的儿童和家庭生活[M]. 沈坚、朱晓罕 译. 北京：北京大学出版社. 2013：320.

社会化，二者的一致性或冲突都会影响孩子的成长，并不是只有学校在起作用。小学教育是孩子以后接受各级各类学校教育的基础，最重要的任务在于养成良好的兴趣和习惯，即所谓童蒙养正，才能为以后的学习和人生打好基础。

**1. 学业**

在学业方面，从幼儿园进入小学，孩子们需要花时间适应正式的课堂教学和正规的课程学习，这对很多孩子来说是一个挑战，需要得到家庭的支持。虽然研究发现很多家庭都试图在学业上为孩子提供支持，但家庭背景的差异使得对孩子的支持也不一样，并最终导致孩子在学业成绩上大相径庭。

接受教育不多的父母，认为自己在孩子学习方面无能为力，因为自己也不懂那些课程，所以希望孩子好好地用心学习，自己主要为孩子提供学习保障所需要的物质条件。由于这些父母本身的社会经济地位较低，很多人在孩子上学后，便将主要精力放回到谋生上，而对孩子的学习过程基本不参与，只在学校的重要考试后过问一下“考了多少分”。他们中的有些人更容易注意到某某夫妻俩都是文盲或者对孩子学习的关注还不如自己，而孩子成绩却很好或考上了名牌大学，并以此作为孩子的学习完全靠孩子自己、或者主要由家族祖上的某种神秘力量决定的证据，因而自己参与孩子的学习是无关紧要的。学习的确依赖孩子的智力和努力，有个体性的因素在起作用，然而，从一般意义上看，家长参与在小学生对学校价值的认同、学习兴趣与习惯的培养等方面都有积极意义。

**◆ 学校价值**

对于很多孩子来说，进入小学一年级标志着自己的主要活动场所从家庭转移到了正规的学校，他们开始承担学生的角色，呆在学校的时间甚至比在家里的时间还要长。对学校的认识和理解，将影响孩子在学校的行为和对学校的情感。我们看到很多这样的例子，一个还没有到上学年龄的孩子看到另一个孩子上学，往往表示自己也想上学，表现出对学校的向往。然而，很多研究发现，在儿童发展的过程中，小学初期阶段所给予孩子的大多是消极反馈，他们不再像从前那样认为自己非常聪明、非常优秀。[18]

孩子在学校就要适应学校那一套有关儿童成长的学业和行为评价标准，教师对孩子的肯定或批评也都依据这些标准，孩子不是天生就能适应的。尤其是作为学校隐性课程的班级和学校规则、学校教育的目标、学校教学活动所营造的氛围等具有不确定性，低年级小学生的适应需要花时间和努力。然而，教师面向几十位学生，精力和注意力都不足，而且难以平均分配。如果家长不提供帮助，孩子在经历了几次消极体验后，对学校的认同将会大大降低，容易滋生不喜欢学校的情绪。

因此，在孩子进入小学阶段，家长需要更多地了解学校、了解学校教育，通过参与，帮助孩子理解学校对于其成长的价值，理解和内化学校规则，认同学校教育目标。国外的研究表明，协作培养的家庭更愿意用学校的腔调教育孩子，用与学校一致的声音说话，他们的孩子更加适应学校生活，并获得一种优越感，而在成就自然成长的家庭，他们在家中教育子女的逻辑和教育机构的标准不一致，所以孩子的不安、局促感更强烈。[19] 而要想获得与学校的一致，家长就需要自己先行接触学校、了解学校、理解学校教育。

◆ **学习兴趣**

我们常常说“兴趣是最好的老师”。但是，让孩子对学习感兴趣，热爱学习，并不是语重心长地讲几句或者几次道理就可以解决的，学习兴趣是靠时间和努力培养和巩固的。虽然人天生就要学习，却并不是天生就愿意按照学校的要求来学习。

兴趣有直接兴趣和间接兴趣的差别，直接兴趣是指对活动过程的兴趣。例如，小孩玩积木，在搭积木的过程中，全神贯注，即使积木不久就倒了，他也很开

---

18 [美]约翰·W·桑特洛克. 儿童发展(第 11 版)[M]. 桑标，王荣，邓欣媚 等译. 上海：上海人民出版社. 2009:458.

19 [美]安妮特·拉鲁. 不平等的童年：阶层，种族和家庭生活[M]. 张旭 译. 北京：北京大学出版社. 2009:3.

心，继续玩，表现出浓厚的兴趣。间接兴趣主要指对活动过程所产生的结果的兴趣。例如很多学生学外语，对过程并不享受，只是因为外语对升学很重要，而他感兴趣的是升学，所以去学习外语，慢慢培养了兴趣。直接兴趣和间接兴趣是相互联系、相互促进的，如果没有直接兴趣，学习过程就很乏味、枯燥；而没有间接兴趣的支持，也就没有学习目标，过程就很难持久下去。

小学生的学习兴趣既有直接兴趣也有间接兴趣，直接兴趣的巩固和间接兴趣的培养都需要成年人的激励。而多数家长往往关注的是孩子的考试成绩，即学习结果，这容易将孩子宝贵的直接兴趣引向间接兴趣，导致孩子也只关注考试分数而忽视学习过程。甚至到了初中阶段后，孩子们可能想办法在考场上获得更高一点的分数来迎合家长对"考得怎么样"的关注，而不花功夫在学习过程上。所以，家长需要转变对孩子学习的关注方向，多过问"学得怎么样"。

小学阶段的学习兴趣，既可能涉及对现在的学校、班级、某个教师、某门功课的情感，也可能关涉到孩子在长远意义上对学校、学校教育、某学科的态度。社会经济地位较高的家庭，家长自身往往具有较长年限的学习经历，学习阶段的体验在其教育子女时，使他们更了解孩子的兴趣所在，也更能贴近孩子的实际来激发孩子的兴趣。而接受教育年限过短的父母，自己对学习体验不够，在教育子女时，显得无能为力或者心有余而力不足，不知道如何激发孩子的学习兴趣，常常走入放任孩子的境地。如果家长们注意到这方面的差异，扬长避短，对培养和巩固孩子的学习兴趣，将起到更加积极的影响。

### ◆ 学习习惯

人们有时会用"习惯决定命运"之类的句子来形容习惯的力量。然而，我们期望孩子养成的好习惯迟迟未现，相反那些不好的习惯却不知道从什么时候开始已经根深蒂固。小学教师在给家长的建议中，说得最多的就是要帮助孩子养成良好的学习习惯和行为习惯。可是，家长的苦恼恰恰在于，不知道如何在孩子养成习惯上面发力。

有人建议家长要和孩子加强沟通，建立良好的亲子关系，不要溺爱孩子等等，并以此帮助孩子养成良好的学习习惯。然而，很多家长都能做到这些，却仍未见孩子养成良好习惯。为什么呢？因为这些只是为养成良好习惯所做的外部准备。小学生养成良好的学习习惯，要靠示范、引导和训练。

示范就是要求家长自己要好学。家长热爱读书，孩子在阅读方面的障碍更小。所以我们建议家长在家里不要只是对孩子有要求，对自己也要有所要求，当着孩子的面看看书。即使是接受教育不多的家长或者阅读有困难的家长，至少不能给孩子这样的印象：自己一有空就打牌或者打麻将，一味要求孩子好好学习。更多的时候，家长帮助孩子养成良好的学习习惯，需要对孩子加以引导，即使自己没什么文化的家长也能做到。言传身教虽然都是很有用的引导方式，但和孩子一起制定一个在家学习的计划，并监督其实施，将有助于帮助孩子学会管理自己的学习时间和任务。指导孩子如何听课、如何做作业以及如何预习、复习和在考前进行总复习的方法，可以让孩子的学习变得更加有效。当然，习惯本身就是通过不断重复来巩固的，所以指导孩子训练，习惯才能养成。家长要克服焦躁心理，不要指望自己说了一两次，其他的由孩子照做，就养成了一个好习惯。有些人说 21 天就可以养成一个良好的习惯，并没有严格的科学依据，但是至少说明好习惯的养成要打持久战。因此，我们建议家长要准备花更多的耐心和时间在孩子养成良好学习习惯方面。事实上，在行为习惯方面也如此。

2. **行为**

儿童的行为受很多因素的影响，每一种因素对每个孩子的影响是不一样的，因为他们都是独一无二的。大致说来，我们可以将影响孩子行为的因素分为内在和外在两部分，其中内在因素包括遗传、家庭、出生顺序、性别和发展阶段。尽管多数行为由后天习得，然而，还是有些遗传因素在发生作用，例如我们的气质类型和交往能力主要由遗传成分所导致，而难语症和自闭症等也被确认有遗传因素的影响。外部因素则包括学校和同伴、家庭变故、媒体、疾病等。

快速浏览

人的行为受到来自基因遗传成分的影响，对于大家来说并不陌生。然而，并不只是遗传决定了人的行为。家庭，特别是父母对待孩子的方式几乎影响到孩子成长的各个方面。一些家长喜欢权威型教养方式，在这样的家庭中，儿童不允许质疑父母的观点或行动的理由，他们对孩子抱有较高的期待，而多数生在这样家庭的孩子都受益，因为这样的家庭中的教养方式的连贯性很稳定。而有些家庭对孩子抱有不切实际的期望，这会导致孩子难以达到父母的要求，时常具有失败感，认为自己很没用，也难以接受到来自父母的关爱，从而对父母不够依恋。来自家庭的影响还包括家庭经济社会地位，阶层不同导致生活方式、言谈举止、思维习惯都不同。不仅儿童的性别会影响行为，出生顺序也会发生作用。俗话说"一娘生九子，九子不同性"。就是说同一个母亲生养的多个孩子，在性格和行为方面表现出很大差异。手足之间的竞争和相互影响，一直会持续到孩子们成年以后。此外，孩子在不同的发展阶段，各不相同的需求是影响其行为表现的重要因素。所有内部因素，都是孩子的努力难以改变的因素，却对孩子的行为有重要影响。

不过，儿童的行为同时受到外部因素的影响，即那些发生在我们生活中的重大事件或变化，会突如其来地影响到孩子们的表现。由于每个孩子是不同的，所以他们应对变化的反应也不相同。进入小学对孩子来说是一个重大事件，他们将面对不同的伙伴和成年人，那么大的机构里，却没有什么成年人能像家长那样照顾他们，如果孩子不适应，就会影响他的学业、行为甚至留在学校的决心。在学校，他们要面对不同背景的伙伴，突破以血缘和地缘为中心的伙伴结构，行为会受到同伴的强化。孩子上小学尤其是第一个孩子上小学时，父母结婚正好 7 年左右，婚姻中有"七年之痒"的说法，就是说父母经历了 7 年婚姻家庭生活，婚姻中的某些问题会被暴露出来，并影响夫妻之间的关系。因此，家庭变故在孩子小学阶段发生的可能性增大。离婚对孩子的行为影响很大。除了婚姻变化之外，家庭成员分散居住(如留守儿童家庭)、亲人去世等都对孩子的行为产生影响。家庭接触到的媒体，为孩子的行为营造一种氛围，媒体消息经过孩子消化和学习后，成为孩子模仿或者批评的对象。此外，生病几乎会影响任何人的行为，对孩子当然也不例外。

小学生尚处于社会行为的发展早期，受家庭和学校的影响很大，而学校因素又通过家庭背景对孩子的行为产生影响。

3. **教育理想**

如果家长对子女设定较高的标准和持有较高的期望，则子女更容易取得好成绩。[20] 有研究显示，近四分之三的家庭表示无论花费多少都愿意支持孩子上大学直至读研究生，甚至有近十分之一的家庭为了子女教育愿意付出家庭总收入的全部。[21] 而现实生活中，也常有家长表达“砸锅卖铁也要送孩子读书”的决心。[22] 可见，家长都对孩子有很高的教育期许，希望他们接受尽可能高的教育。然而，尽管大多数父母都把子女教育的情况和成绩看得很重，但他们鼓励子女的方式却不相同。社会经济地位较低的家庭更愿意鼓励孩子在学校对权威的尊重和服从，这强化了他们日后成为被领导者的意识和行为模式，而社会经济地位较高的家庭更强调独立和自主，这对孩子未来成为决策者非常重要。可

---

20　[美]珍妮·H·巴兰坦，弗洛伊德·M·海默克.教育社会学——系统的分析(第6版)[M].熊耕，王春玲，王乃磊 译.北京：中国人民大学出版社.2011：141.

21　吴重涵，张俊，王梅雾.家庭背景与家长参与关系的实证研究[M].南昌：江西教育出版社.2014：71.

22　这种决心在每年高招录取的时候好像有了变化，例如2014年7月24日《新文化报》有报道称父母叹供不起高考640分女儿，不想她考这么好。这并不是实话实说，最多是一种情绪化的丧气话，被媒体为了唤起社会同情帮孩子捐到学费而做的煽情处理。因为该报道中父亲谈到孩子被录取的学校时，高兴得“眼睛放光”，而母亲也表示“就是借钱，也要供孩子把学上完”。可见，家长对子女的教育期望并不必然受家庭的经济社会地位不高的影响。

见，家庭以一种特有的方式，影响了孩子确立和巩固教育理想。[23]

**快速浏览** [24]

在低社经家庭的2494名儿童中，有681名，即27.3％的儿童处于成长的低水平，20.6％的儿童处于高成长等级；当家庭社经地位提高到中时，处于低和高成长等级儿童的比例分别为20.4％和27.1％；而在高社经家庭的1630名儿童中，处于低成长状况的儿童只有219名，比例为13.4％，高成长等级的儿童比例达35.2％。可见，家庭社会经济地位越低，儿童在成长上可能处于不利位置。

当家庭社经地位发生变化时，父母和子女都要面对家庭生活环境的变化。科尔曼的研究报告指出，社会资本是促进群体中个体心理幸福感与能力的社会资源。父母、青少年以及其它社会成员相互联系所形成的关系网络能够传递期望、规范和信息等资源给其它网络成员，这会增加个体的成长机会。高社经阶层的父母更有安全的经济保障，他们不用整天为衣食担忧，这样一来，他们能够分出更多的精力和注意力来关注自己和孩子的培养，他们也能为孩子提供更多机会，无论是休闲还是学习辅导，这些有助于儿童成长。但如果家庭社经地位低，特别是陷入贫穷的话，则不利于儿童发展。

家庭差异在教育孩子树立理想方面也有不同。社会经济地位较高的家庭较早和孩子讨论上大学的计划，带孩子参观名牌大学，给孩子讲学业成功人士的故事。除此之外，通过这些家庭的社会关系网络，孩子有机会较早接触中产阶级人群，习得上层社会行事方式的同时，也从成功人士那里巩固了自己的教育理想。而低社会经济地位家庭，虽然父母也希望孩子出人头地，但由于他们

---

23 吴重涵，张俊，王梅雾．家庭背景与家长参与关系的实证研究[M]．南昌：江西教育出版社．2014：139.

24 吴重涵，张俊，王梅雾．家庭背景与家长参与关系的实证研究[M]．南昌：江西教育出版社．2014：134.

自己对教育和大学的认识不多，在和孩子聊到教育理想时难焉其详，只能笼统地说“好好读书，以后不要像爸爸妈妈这样辛苦”。而这些孩子很少参加社会活动，交际范围也难跨越家族亲属和邻居界限，[25]见识有限使他们的行为方式和思维习惯不符合社会主流倡导的模式，所以，教育理想不够具体明晰。

**想一想**

正月初五晚上，一家人坐在一起吃晚饭差不多是卢浩东家最近几年的传统，因为初六一大早爸爸妈妈就要出门，去福建打工。吃饭时，爷爷奶奶和爸爸妈妈照例相互叮嘱在外和在家的人都要注意吃好点、注意身体等等，最后又都会落到叮嘱东东的读书上来。爷爷奶奶说：“你要好好读书呀，要不然以后也只能像爸爸妈妈那样，每年都要出去打工。”爸爸妈妈说：“你现在这么大了，有的事也该懂了。要好好读书，只要你会读，我们就一直送你读下去，如果你不好好读，就只有混个初中毕业了。没考上高中没考上大学，那是你自己的事。到时候，你叫我们帮你买上去读，我们买不起，就是买得起也不知道到哪里去买。爸爸妈妈没读多少书，所以就出去打工。你如果不好好读书，也只能和我们一样去打工。其实，你去打工，我们的负担还轻些。但我们宁愿再苦再累，也希望你多读书。”东东一边吃饭，一边忙不迭地点头回应爸爸妈妈问的“知道吗?”“听见吗?”

■你会这样叮嘱孩子认真学习吗？或者你的家庭其他成员会这样？或者你们不会这样，但是知道有其他的家长会这样和孩子讨论应当认真学习的问题？

■孩子可能会想“打工还好些，打工还可以和你们在一起。现在就去打工，都可以。”或者“我真的不想读书，那么多人没读大学，也活得好好地呀。”你会对

---

25 [美]F·菲利浦·赖斯，金·盖尔·多金. 青春期：发展，关系和文化（第11版）[M]. 陆洋，林磊，陈菲 译. 上海：上海人民出版社. 2009：52.

孩子这些反应感到惊讶吗？

■孩子在学校经历了一两次考试失败，或者被教师批评，或者遭遇伙伴关系中的不适应，都可能不想呆在学校继续学习“我反正不是读书的料，就这样混吧，他们说了等我初中毕业就去打工。”所以心安理得地在学校混时光。你认为这种反应有可能吗？

■因此，请你重新评估这样教育孩子的效果如何。是否还有其他方法帮助孩子理解认真读书的意义，使他下决心一定要考上大学？

有研究发现，在重点大学里，来自农村家庭、工人家庭等低社会经济地位家庭的孩子的比例很低，远远少于城市家庭、干部家庭。[26] 此外，低社会经济地位家庭的孩子很难从自主招生、特长生、保送生等制度中受益，[27]也难以承受为了“曲线救国”而走艺术路线所需支付的高昂学习成本。每个孩子都有成功的渴望，然而，教育理想及其实现，受家庭差异的影响。

## 1.2 学校

从普通民众到教育专家都对学校寄予极大关注，然而，学校究竟能解决儿童发展的什么问题及这些问题究竟解决到了什么程度，我们常常难以把握。虽然学校教育受到了千家万户的重视，但人们对学校的态度却也千差万别。这不仅因为我们接受教育的年限长短不同，还因为我们就读的学校之间有差别。

即使没有官方机构给学校定出重点、普通、薄弱之类的等级差别，我们也能说出自家附近的那些学校哪一所好哪一所不怎么行。正是因为我们知道学校有好歹之分，所以很多人都热衷于为孩子选学校，甚至把这看作是为孩子找到更加有优势的“起跑线”。大家对学校甚至有一些约定俗成的看法，例如中心小

---

[26] 梁晨，李中清 等. 无声的革命：北京大学与苏州大学学生社会来源研究（1952－2002）[J]. 中国社会科学. 2012(1).

[27] 李丰. 打破“看不见的门槛”让寒门子弟享公平[J]. 工人日报. 2014－05－31.

学比村小好,城市的小学比农村的好。于是,在"不要让孩子输在起跑线上"的思想指导下,农村的孩子尽量去中心小学上学,有钱的人家会在县城买房子,以便把孩子送到城里上学,在城里的家庭则通过购买名优学校片区内的房子来选择就读学校,因为大家相信孩子上的学校越好,成功的机会越大。

然而,除了选择学校,我们对学校和学校运行的了解并不多,学校或者学校教育就像一个封闭的暗箱,我们把孩子从同一所小学的校门送进去,9 年后他们开始分流。这中间对他们来说,发生了什么?是学校的因素,还是家庭的因素,或者是孩子自身的因素导致了这些变化?

### 1.2.1 不同的学校,相同的教育

学校之间确实存在差异,这是无法否定和回避的事实。正是由于有差异,我们才希望义务教育均衡发展。但不同的学校在很多方面都是相同的,例如学校的功能、性质、教育目标、课程等都是一样的。因此,不能因为学校存在差异,我们对孩子的教育参与就有所不同,例如由于孩子进了一所好学校,而认为万事大吉,家长自己可以放心地把所有问题交给教师和学校,而减少自己对孩子教育的关注;或者由于孩子不得不上一所薄弱学校,而感觉前途一片黑暗,灰心丧气地放任自流,不参与孩子教育。事实上,孩子上怎样的学校,家长都要参与,好学校的优势得到发挥,需要家庭和学校的合作,而薄弱学校的劣势得到抵消,更需要家长参与。参与教育不是因为学校如何,而是因为孩子成长需要。

小学教育属于义务教育,具有强制性。强制性不仅针对适龄儿童的家庭和家长,也针对国家和社会,即适龄儿童的家长要将孩子送到学校去接受教育,而国家和社会为孩子接受教育提供基本条件,包括合格的教师、基本的教育资源、相同的教育目标和评价等。

2012 年教育部的统计显示,全国义务教育阶段,普通小学专任教师学历合

格率为99.81%，具有专科以上学历的比例为84.91%，[28]可见，几乎所有的小学都有合格的教师，他们接受了专门的职业教育和训练，这为他们胜任小学教育工作提供了较好的保障。在所有对孩子成长有影响的人中，教师是最重要的第三人。为了让教师更好地服务于儿童成长，他们在不同的学校都被组织起来，并在功能各不相同却又交叉的内部组织中承担工作，按照国家规定的教学计划组织教学，在同一地区甚至教材的版本都是一样的。为了学到更好的教育教学经验，他们在校内共同研讨教育教学问题，走出校门学习和观摩。他们有很多机会参加教育行政部门组织的继续教育培训计划，在那里他们被要求统一教育教学理念，学习相同的教育教学技能，并有机会为自己解决教育生活中的问题获得帮助。

小学都按照国家规定的教育目标来培养孩子，学校教育的内容和要求是一样的。尤其重要的是，小学教育在每个孩子成长中的作用都是一样的，都是孩子启蒙教育阶段，对未来教育和成长起着奠基作用，在小学所学到的东西，尤其是养成的习惯和价值观甚至会持续地影响他们此后的整个人生。

小学教育都是一样的，所以不能根据学校的强弱来决定家庭对子女教育的参与热情和程度。在任何小学上学，家长都要积极参与。

### 1.2.2 不同的学校，不同的教育

在教育领域完成的大量研究证明，家庭环境对于子女成绩的影响远远大于学校教育计划的影响，而学校的影响因素最重要的是学校人员的构成，即同一所学校其他学生的背景。[29] 也就是说，学校生源构成的不同是学校差异的主要方面。

---

[28] 2012年全国教育事业发展统计公报.

[29] [美]珍妮·H·巴兰坦，弗洛伊德·M·海默克.教育社会学——系统的分析(第6版)[M]. 熊耕，王春玲，王乃磊 译.北京：中国人民大学出版社. 2011：141.

**快速浏览**[30]

在学校位置(市区、县城和镇乡)方面,一致地呈现出家长参与程度在学校位置上有显著差异,且学校越接近城市,家长的参与程度越高。

在学校农村学生的比例上,当好家长、相互交流和在家学习三个类别中,学校农村学生的比例越高,家长的参与程度越低。在志愿服务、参与决策和与社区合作上,呈现学校农村学生越少,家长的参与程度越趋向于中等。

学生的家庭背景影响着他们的行为、学习和价值观。学校里的孩子们看似来自不同家庭,但并不是大杂烩,影响学校生源构成的,历来就有政府主导的政策强制和民众自主的教育选择双重因素。政府力图均衡发展义务教育,在努力消除学校办学条件差异的同时,限制或禁止择校。而家长则想方设法选择好学校,除非那些实在没有办法的家庭,才听天由命地按照学区划分规则让孩子就近入学。个体家庭的选择虽然只是影响了自己的孩子,但是个体行动汇集起来就形成了一种足以影响学校生源的集体选择。于是,在一些学校里,社会经济地位较高家庭的孩子多一些,而另一些学校的孩子则主要来自社会经济地位较低的家庭。家庭背景在孩子身上打下了烙印,也由家长通过孩子对学校的管理、教师的教学活动产生影响。例如,在城市小学,教师要求每个孩子都有一本家校联系簿,上面记载着每天布置的家庭作业,既提示学生回家照此完成作业,又要求家长检查孩子作业后在联系簿上署名以示参与监督。同时,家长还可以在该联系簿上看到教师的批语。而只有很少的农村小学会利用家校联系簿。因为农村小学的学生家长外出务工多,孩子多由识字不多的祖辈家长抚养,农村家长更多的人都认为教育是学校的事,参与孩子教育是学校希望减轻教师负担,所以教师不愿启用家校联系簿,尽管他们也知道联系簿在帮助孩子养成良

---

30 吴重涵,张俊,王梅雾.家庭背景与家长参与关系的实证研究[M].南昌:江西教育出版社.2014:356.

好的学习习惯方面很有帮助。诸如此类的很多教育教学方法，在长期的办学过程中，有的学校在使用，有的学校未使用或者降低标准使用，慢慢地学校之间教育质量的差异就明显了。显著的教学差异会影响政府对学校的投入，并强化人们对学校的态度差异。这使得好的学校可能越办越好，而差的学校可能越来越差。

研究显示，社会经济地位中等的家庭更愿意采用学校的腔调教育孩子，他们与学校教师的价值观比较接近，与学校合作的意愿较高，孩子的成绩也较好。然而，劳作阶层的家庭(特别是父亲)对孩子教育的参与很少，[31]由于自己受教育程度不高，他们表现出对学校的不信任，他们的孩子在学校难以成功融入学校文化，[32]较叛逆。社会经济地位较低的成年人，在社会低端就业，各种压力使他们习惯于在日常生活中以非暴力不合作的方式表达对社会主流和权威的反抗，比如说粗话、捉弄他人、破坏规章制度、嘲弄权威或消极怠工，以示自己主宰自己。他们甚至嘲笑书呆子，喜欢讲述没有文化也有大出息的成功人士的故事或者虽然读了很多书却人生失败的案例。这些观念和行为方式，很容易以一种未被觉察的方式植入孩子的内心，致使他们在学校表现得反权威、反主流。他们蔑视学校和班级规则，自己成绩不好还喜欢捉弄“老师的乖乖仔”，喜欢说脏话和打架，在课后的走廊里演绎他们心目中的“英雄传奇”，以此获得成就感。如果学校里中高层次家庭背景的学生占优势，学校更容易养成尊师重教的风气，少量的叛逆孩子难以形成气候。相反，学校的学风可能变得不够理想。

教师从事的是与人打交道的工作，但是教师本人和他们的学生彼此之间没有自由选择权，这意味着教师和学生的个人兴趣对于自己究竟和谁打交道根本不起作用。因此，师生关系中的自愿性较低，这意味着任何一方事先都与这一

---

31 [美]安妮特·拉鲁.家庭优势[M].吴重涵 等译，第五章手稿。本书即将由江西教育出版社出版。

32 [英]保罗·威利斯.学做工——工人阶级子弟为何继承父业[M].秘舒，凌旻华 译.南京：译林出版社.2013:97.

关系没有关联，而教师的角色就是构建这一关联，来保证学生顺从和对学习有兴趣。[33] 这项工作不是教师一方能胜任的，也就是说学校并不能如我们中的有些人所期望的那样，帮我们解决所有问题。对孩子的教育，需要家长的合作。

## 1.3 社区

人们常说“物以类聚，人以群分”。事实上，人既以类聚，也以类居。人们由于具有某些共性所以住在一起，或者住在一起的人具有某些共性。这种人们住在一起的地方叫做社区。

社区是某一地域内个体和群体的集合，其成员在生活上、心理上、文化上存在某种相互关联和共同认识，因而不同社区间的文化、生活方式存在差别。[34] 从前，我们居住较为固定，社区内部的文化较为单一，现在人们选择居住地相对较为自由，求学、工作或者买房子都可以改变户籍地和居住地，社区相对也要开放些。

### 1.3.1 社区差异与个人发展

“社区”一词源于拉丁语，意思是共同的东西（如共同文化和共同地域）和亲密的伙伴关系，强调内部成员之间的文化联系和归属感。而对于个人来说，社区代表着文化，并作为文化塑造了个人。[35] 典型的例如，我们多数时候一眼就能分辨出陌生人来自乡下还是城市，这时我们事实上使用的是社区标准。

社区的内部联系包括合作和社交。合作的特征在于把内部成员通过共同的价值观念或信仰，相互尊重和依赖，以及对社会地位等级的共同认识增强相互联系。而社交的特征在于通过社区内的组织（正式或非正式的）机构来相互发生联系。社区无疑都要依赖某个特定的地域，但是有时候社区并不局限在地

---

33　[美]丹·克莱门特·劳蒂.学校教师的社会学研究[M].饶从满，于兰，单联成 等译.北京：人民教育出版社.2011：128—129.

34　刘视湘.社区心理学[M].北京：开明出版社，2013：60.

35　[美]R.E.安德森，I.卡特.社会环境中的人类行为[M].王吉胜 等译.背景：国际文化出版公司.1988：84.

域关系上，例如社会关系网络。社会关系网络上的人们，组成一个超越地域界限的社区，只是为了一个共同的目标开展合作与协调行动。

社区为内部成员提供以人力、产品和服务形式出现的能量。对组织而言，例如对学校，社区提供的能量包括场地、校外环境、可以投入使用的人员(门卫、保洁、执勤警察以及学生家长)、资金以及支持学校的公众情感(例如社区成员自发传播学校良好的办学声誉等)。而对于个人而言，例如对于孩子，其人格系统的能量包括食物，医疗卫生条件和情感力量，以及成长环境(例如对个人表现和地位的认可，全村人都知道他的学习成绩好，并希望自己的孩子向他学习)。

学校属于社区内重要的教育机构，其他教育资源还包括补习学校或者文化辅导机构、书店、图书馆、文体组织和博物馆等等。但是社区之间的教育机构存在很大差异。城市社区的教育机构多，城乡结合部的教育机构较少，而农村社区则更少。

一般来说，从教育的角度看，城市社区环境优于农村。而同样都是城市或农村的社区，离学校近的社区优于离学校远的社区，封闭社区优于老式敞口社区。城市里有完备的教育机构，而农村没有。接受了高等教育的人更愿意留在城市里，所以城市人群中的大学生很多，而农村的大学生多想“跳农门”。城市里的学校条件普遍好于农村，尤其是在各地经过选调农村优秀教师进入城市学校任教和农村教学网点调整后，农村的教育资源劣势更加明显。

离学校近，不仅可以为孩子上学节约很多在路上的时间，让这些孩子可以多睡上一刻钟，或者早点到家做作业，也省却了父母不少工作量。离学校近的学生家长接触教师的机会比远处的家长更大，所以他们与教师建立频繁交流的可能性要大得多。同时，学校里密集的生活着一群知识分子，他们与社会上一般人群的为人处世方式不同，为人师表的行事风格为周边的人提供了范例。学校里传出来的朗朗读书声，透过围墙飘出的令人积极向上的歌曲以及体育运动会上鼓舞人心的呐喊，都向周边社区传递了正能量。而离学校远的社区难以享受到这些“福利”。封闭社区尤其是高档小区集中的社区，人群中学业成功、事业成功、营业成功的人士较多，也就是社会经济地位较高的家庭比较多。多数情况下，这些人精神饱满，意气风发，更加自信，也更加尊重教育。加上小区内环境优美，完善的活动设备，为孩子养成良好的行为习惯都大有助益。

虽然身居农村社区也有教育方面的优势，例如农村社区的孩子受到传媒负面影响的机会可能比城市小，但单纯从学校教育来说，农村社区确实与城市有差异。不过，在农村不同的社区间，环境也还有不同。例如有的村庄尊师重教，改革开放以来几乎每家每户都培养出来了大学生，而有的村庄成年人赌博成风、打架成风，甚至参与违法犯罪的人也很多，这就极有可能带坏本村的孩子。

我们的调查显示，总体来看，近60%的家庭现居住地的社区等级为中，但低社会经济地位的家庭更有可能居住于环境较差的社区中。进一步比较发现，城镇户籍家庭所居住的社区环境好于非城镇户籍家庭，而多子女家庭和留守儿童家庭的社区环境较差，多子女留守儿童家庭的社区环境等级最差。不过，所有家庭对教育的付出意愿并不受社区环境影响，即家长都愿意为孩子成长付出。[36]但孩子们的成长，受到了社区环境的影响。总的来说，社区环境越好，越有利于儿童成长。[37]

### 1.3.2 社区对小学生的特殊意义

孩子的学习由家庭开始，而在上学之前，社区中的很多资源就已经成为其社会化的中介。每个社区都蕴含着对孩子有影响的教育资源，既有发生积极作用的，也有产生负面影响的。虽然国家在加强社区建设，优化社区环境方面已经做了很多工作，例如学校周边500米以内禁止开设网吧等，又如在农村推进新农村建设，在村口的墙上刷识字牌等等，但是社区内哪些资源被我们定义为

---

[36] 吴重涵，张俊，王梅雾.家庭背景与家长参与关系的实证研究[M].南昌：江西教育出版社.2014：92—96.

[37] 同上，144.

教育资源,被定义的教育资源哪些被我们利用到了孩子的教育当中,在每个家庭却是有差别的。

自从正式上学开始,小学生呆在父母眼皮底下的时间显著减少,在参加活动、独自上下学、接受陌生人问路等时候,如何识别环境中的危险因素,对孩子来说,并不是一件天生就会的事。他们在幼儿园的时候,家长常常通过禁止的方式对他们进行安全教育,例如"不要动它""不要跑""不要爬上去"等等,那时孩子和家长几乎是黏在一起的。可是,上小学后,孩子独自一个人的机会增多,他必须学会识别和避免危险。因此,社区环境对小学生来说在安全方面的意义是最基本的。父母和学校应当教育孩子学习基本的安全知识,包括用水、用电、食品安全、农药安全、游戏和劳动安全、道路交通安全等。安全知识在社区内也比较容易获得,在城市的小区公告栏里常常有每个季节的安全知识提示,建筑物等物品上有悬挂或者粉刷的安全提示标志,家长和孩子出门就可以看见。在农村的村委会也会有一些安全知识宣传活动,例如传单、标语等,家长自己看了要有意识地向孩子讲解。

成年人的行为对社区内孩子有影响。在家里的时候,家长会主动教孩子如何行动,多数家长还会注意言传身教。然而,社区内其他成年人的言行却是家长控制不了的,儿童走出家门就会暴露在其他社区成员共同构成的社区氛围里。小学生的社会化除了在家、在校,还在社区,其价值观、言行都可能以我们难以觉察的方式受到社区的影响。所以,家长要引导孩子判断哪些言行是适当的,而哪些是不能学习和模仿的。

进入正式的小学学习后,儿童通过与更大范围的同伴接触开始意识到自己与其他人的差异,并试着接纳他人观点,[38]同伴对孩子成长的影响增强。上学前,孩子接触同伴的范围主要局限在亲戚或邻居家的同龄人。上学后,孩子们

---

38　[美]劳拉·E.贝克.儿童发展(第五版)[M].吴颖 译.南京:江苏教育出版社.839.

的伙伴跨越了居住的小区或村庄，开始结识居住在离自己家有点距离的本班或者邻班伙伴。他们之间相互学习，“近朱者赤，近墨者黑”的影响在集体生活中发挥作用。因此，家长应当引导孩子结交伙伴。然而，我们在提示孩子结交伙伴时，往往告诉孩子要和乖孩子交往，而对于小学生尤其是低年级的小学生对乖孩子的概念十分模糊，所以需要向孩子描述我们期望孩子交往的伙伴的具体言行表现。孩子在小学阶段需要学会评价其他孩子的社会行为，如果我们在孩子上小学时没有对孩子的伙伴关系进行规划和指导，孩子就没有现成的交友标准可以参考。而纯粹根据自己“看得惯，谈得来”结交伙伴，既可能趣味相投也可能臭味相投。

## 1.4 家庭、学校与社区合作对儿童成长的意义

儿童的家庭背景、学校以及生活的社区的特征，标志着他们处于不同的社会经济地位。有些孩子的父母是高收入者或者从事社会地位较高的职业，全家居住在豪华的住宅和环境优美的社区，就读的学校里的同学也几乎都来自具有相似社会经济地位的家庭。而有些孩子的父母工资不高，从事的工作社会地位较低，他们住在明显破旧的社区中，所在学校里的学生基本来自低社会经济地位的家庭。不同的社会经济地位造就了不同的社区和学校，这些影响着儿童的调节能力和发展。[39]

不同社区里的学校不同。有些社区的学校每间教室都配有多媒体教学一体机，学生穿着苏格兰格调的校服，显得温文尔雅。而有些社区的学校，教室里那块掉漆的黑板由于雨季返潮而无法板书，学生们穿着各种不同的衣服参加简陋的运动会，吵闹拥挤。

社会经济地位的差异也会影响到孩子们的在家表现。一方面，不同的家庭父母教养方式不同，社会经济地位较低的父母倾向于专制型，与孩子的双向交

---

39　[美]约翰·W.桑特洛克儿童发展(第11版)[M].桑标，王荣，邓欣媚 译.上海：上海人民出版社.2009：487.

流不多，更容易打骂孩子。而社会经济地位较高的父母愿意与孩子双向沟通，家庭氛围较民主。为了逃脱打骂，社会经济地位较低的孩子在学习发生困难时，甚至会采取撒谎、自行涂改成绩报告单等方式；而社会经济地位较高的孩子，在遭遇成绩不理想时，则愿意向父母寻求支持和帮助。另一方面，社会经济地位较低的儿童阅读量比较少，课余活动与体育运动或者体力劳动关联较多；而社会经济地位较高的儿童，阅读量大（亲子共读较多），业余活动多数是为了培养某个提升综合素质的兴趣爱好。

家庭背景的差异、学校的差异和社区的差异对儿童成长的影响虽然明显，如果家庭、学校和社区加强合作，将可以缓解家庭劣势，发挥家庭优势。

**案例研究**

小佳，女，11岁，南昌市某区一所小学五年级学生。父母都是江苏人，家庭属于组合家庭，爸爸和妈妈的前一段婚姻各有一个儿子，但爸爸与前妻生的儿子已经成婚别居江苏，而妈妈离婚后抚养的哥哥在小佳出生时才6岁。所以，在南昌生活的家庭一共四个人：父母、哥哥和小佳。爸爸，小学毕业文化，早年当过兵，比妈妈大17岁，喜欢抽烟，常常约着一帮老乡或者以前一起做过装修的熟人喝酒、打牌。妈妈初中没毕业，端庄文静，穿着得体，举止大方，平时会读一些教育孩子的书籍和情感类的通俗读物，有时也练练毛笔字。

小佳的爸爸妈妈在南昌做小生意多年，经营茶叶，生意一直不是很好，加上要在江苏老家做房子，在南昌没有买房。一家四口租了一套两室一厅的房子，住在一个年代较早的小区，当年算得上是比较好的小区，现在已经落伍了。小区里的绿化不足，路灯多年失修，很多已经不亮了。原先的住户大多都已搬到其他的房产里居住，现在里面主要租住着附近做生意或打工的人。

哥哥小凯随外公外婆住在九江市某县，并在该县的一所小学读了一年级。那是一所位于城乡结合部的小学，原本是一所村完小，由于政府在那里建起了开发区，所以学校被改编变成了城里的小学。学校里的学生主要来自新建成的开发区里务工人员的子女、附近村民的子女和因为拆迁而成为县城人的子女。学校条件并不好，但是政府对学校有一个很好的建设规划。不过，小凯没等到规划中的学校开建，由于妈妈希望把他接到身边，所以在他要上二年级时，将小凯插班到南昌一所著名小学就读。小凯在这所新学校，花了一段时间适应，虽然父母需要花更多时间照顾妹妹小佳，但小凯很快凭自己的努力表现出了较好的学习能力。可惜，父母要转移到另一个城市做生意，无法照顾他，只好将他又转回到原先就读的那所小学。从三年级开始，小凯一直留守在外公外婆身边，性格变得内向，成绩也不理想，明显叛逆。小学快毕业的时候，父母已经稳定在南昌做生意快三年，于是，小凯回到南昌，在小佳就读的那所九年一贯制学校上初中。

小佳一直生活在父母身边，在南昌上了三年幼儿园后，父母通过关系找人到了现在就读的学校。这是一所九年一贯制学校，2007 年学校初建时属于城乡结合部学校，用来接受拆迁安置小区和几个城中村里的适龄儿童。学校拥有三幢五层回廊式教学楼，两幢独立的多功能楼，内设音乐、美术、舞蹈、书法、劳动技术、物理、生物、化学、微机、多媒体、图书馆等功能教室，基础设施完善，教学设备先进。现共有近 90 个教学班，学生 4 千多人，教师 200 多人，大部分教师是区政府建校以来通过公开选调、招聘而来，有几位省、市级的优秀教师，硕士研究生的有 9 人。学校开发了“阅读”“书法”“诵读古诗文”等校本课程，并为学生免费开设了书法、美术、拉丁舞、健美操等多类第二课堂。先后被评为“省实施素质教育示范校”、“市社会主义农村特色示范校”等。

小佳和哥哥早上一起上学时，妈妈多数时候都会陪着他们。中午他们回家吃饭，下午放学由于中小学时间不一致，妈妈会接小佳回到店里，小佳常常在店里一间半敞开的办公室里做作业、看书，并等妈妈下班后，和妈妈一起回家。而哥哥小凯则放学后自己回家。

小凯在学校时常惹麻烦，于是，妈妈经常被老师叫到学校去，或者接到老师打来的电话告状，例如从最初的上课回答问题不积极，到后来的作业书写不认真，错误很多，再到初二下学期开始不交作业，上课玩手机或者打瞌睡。妈妈已经很怕接到老师的电话了，每次见了老师或者接到电话后，都会询问小凯是否属实、为什么以及能不能改。尽管每次和老师交流的时候，妈妈都会强调家庭的特殊性和小凯的特殊经历，请求老师给予更多关爱，但在多次和小凯的老师接触后，妈妈和老师之间的交流还是出了问题，因为老师劝妈妈把小凯领回家，并承诺一定在一年之后给小凯一个初中毕业证书。妈妈获悉班上已经有五个孩子被劝回家了。虽然知道小凯的问题和那几个孩子不一样，小凯只是自己不遵守老师的规定，不妨碍别人学习，而那几个孩子的行为会影响其他孩子正常学习，但还是感觉到老师已经放弃了自己的孩子，很生气，甚至有向教育行政部门投诉的想法，认为老师歧视她这样的家庭的孩子。2010 年 9 月，妈妈通过一位客户了解到江西师大有心理辅导老师或许可以帮助孩子。在征求学校老师的支持意见后，妈妈想方设法找到该老师，通过辅导老师和孩子接触八次(包括孩子的妈妈在场 2 次、到小凯家 2 次)后，孩子的行为开始发生变化。期间，学校老师对小凯有时出现的反复问题行为依然很感冒，找来小凯的妈妈说辅导没什么用，还是劝她把小凯领回家。妈妈萌发请心理咨询老师前往学校给老师做工作的念头，请老师对小凯改变工作方法，多一点宽忍。心理咨询老师去了学校后，学校老师同意配合心理辅导，也确实改变了对小凯的沟通方法。小凯上课开始抬头，并表现出对学习困难的焦虑。主动要求妈妈为自己找家庭教师单独辅导。小凯妈妈又通过该心理辅导老师在江西师大找到一位本科在读学生帮助小凯补习功课。

由于基础太差，小凯勉强考上一所省重点建设高中，但小凯和妈妈还是非常高兴，因为此前小凯自己已经放弃学习，老师也要放弃他。不过，爸爸不以为然，说小凯这样的成绩进入那样的高中，“最多也就是上个二本、三本，没有什么用，因为一般的一本都没什么用。”爸爸觉得与其以后读一个不怎么样的大学出来艰难地找工作，还不如现在直接去朋友的厂里学一门技术，“这年头，干什么不就是为了赚钱过日子，上个一般的学校是浪费时间浪费钱。”他不怎么过问女儿的学习，但认为女孩子读书多一点也好，以后嫁人的起点就高一点。但妈妈坚持要小凯继续读书。上高中后，妈妈请教江西师大的老师、客户中的教育工作者和小凯学校的老师，并根据小凯自己的特长，鼓励小凯学习美术。小凯接受该建议，一面学习文化，一面利用周末在离家不远的一个画室学习美术。三年高中坚持下来，2014 年小凯被二本院校录取。

小佳的学习和成长比哥哥要令人满意得多。开始上小学的时候，妈妈就根据她在幼儿园表现出来的语言和舞蹈天赋，送孩子参加少儿类的兴趣班。小佳成绩不错，参加学校组织的语言、舞蹈比赛活动也得过不少奖，父母和老师都很高兴。但是到了三年级时，数学成绩有所下降。妈妈很快就注意到这个问题，认为可能是参加兴趣班学习挤占了孩子的学习时间、分散了学习注意，决定不让孩子继续学习兴趣班。在决定之前，妈妈去学校征求班主任的意见，班主任明确表示不应当停止兴趣班的学习，认为“兴趣爱好需要培养，能增加课外知识和孩子的自信心。人的一生培养一门兴趣很重要也很难，如果仅仅因为成绩有所下降，就取消，那么孩子以后在班上就更加没有展示自己的机会了，自信心会受到打击，对学校和学习的兴趣也可能减弱。”并建议妈妈和数学老师聊聊。数学老师认为，孩子的数学一直都很不错，只是运算时比较粗心，容易的反而出错，如果改掉了就没问题了。老师还举例说“孩子对分数方面的知识理解，在班上算得上是最好的了。”小佳在兴趣班的学习得以保留下来，并参加了语文知识、数学知识、综合能力、唱歌、朗诵、讲故事、体育舞蹈等学科知识和兴趣爱好方面的比赛，在从学校到区再到市、省和全国的比赛中，获得过很多奖项，包括全省一等奖和全国二等奖。

小佳的妈妈是班级家长委员会的委员。虽然家委会并没有真正运行起来，但自己和小佳的老师之间的沟通还是受益于这个身份。因为一些家长往往通过她向学校和老师传递意见建议，而老师也会请她给家长做一些解释工作。例如，家长反映学校三年没有召开运动会。学校解释说没有召开运动会是因为学校没有合适的大运动场，因为规划的运动场那边的拆迁还没有协调好，希望家长理解这是学校协调不了也建设不好的，需要等待政府的工作跟上。后来，学校采取了一些措施，鼓励以年级为单位开展简约版的运动会，举行几个项目的比赛。“孩子们可高兴了！”小佳妈妈说。又如家长抱怨放学的时候校门口车辆拥堵，太乱。学校认为校门口的路太窄，根本解决只有靠家长自觉。所以通过学生回家向家长传口信，学校希望家长不要开车去接孩子，并通过学校电子显示屏发布提示。考虑到学生太多，将小学分为两个学段，1—3 年级先放学，4—6 年级晚 20 分钟放学，放学时由本班老师将孩子整队带到校外固定区域，家长分散在各个不同区域接自己的小孩，情况有所缓解。不过，总的来说，家长对学校教育的参与不积极，学校开放日总有一些家长不参加，班级 QQ 群始终没有建立起来。小佳妈妈原本想请自己客户中的大学老师和给小凯作辅导的老师到班上为孩子家长做讲座，提议了两次都被年级主任否定了。后来班主任请小佳妈妈在本班家长会上现身说法讲过几次自己教育小佳的一些看法和做法。

小佳妈妈几乎是班级活动的忠实参与者，多数时候是唯一到校参与的家长。例如从 1—3 年级班级的春游、秋游，她都会参加。利用这个机会看看自己的孩子和其他孩子的互动情况，帮助老师做点照看工作，为师生活动照相。班上举行元旦晚会的时候，她会给全班的孩子买点吃的和小礼物（“在南昌市万寿宫市场批发，并不需要很多钱”小佳妈妈说），孩子很高兴。老师也会在分发活动照片和节日礼物时，让孩子们对小佳妈妈表示感谢。在小佳参加比赛方面，老师给予了很多的支持。例如参加全省或全国大赛时，老师为了让小佳少耽误课或者不耽误课，将音体美或者校本课程与语数外对调，趁着小佳出发前或者返校后上语数外。小佳妈妈表示很感动，“所以为孩子班上做点事感觉也很高兴！"小佳连年被评为学校和区级三好学生、市优秀少先队员。

这个家庭有点特殊，但在生活中却也容易见到。家庭社会经济地位属于中等，对待教育的态度，父母有不一致的看法，但妈妈参与子女教育较多。

男孩成长过程中问题较多，但最后在自己的智力方向范围内，也算基本实现了教育理想。在男孩成长过程中，家庭、学校和社区并非一开始就合作得很好。其中，妈妈的参与和努力起到了积极作用。或许家庭变故（亲生父母离婚、组合家庭、妹妹出生）对孩子早期成长产生了一定影响，加上后来留守儿童的经历和频繁转学更增加了孩子对环境的适应压力，所以出现学习困难，甚至到了青春期出现较严重的叛逆，丧失学习兴趣和动力。但妈妈积极和老师沟通，告诉老师一些有意义的信息，包括自己的家庭背景、对孩子教育的期望以及家庭对孩子进行帮助的计划和行动，增强了老师对孩子的理解，也使老师调整了教育方式。同时，妈妈充分利用社区资源（自己的客户资源、社区内大学的心理辅导老师、大学生家教等），帮助孩子纠正行为和补习功课。孩子升入高中后，根据孩子的智力方向优势，调整教育期望，并利用社区资源，帮助孩子获得成功。

女孩小佳的成长中，妈妈的参与更加有效。妈妈在与老师的交流中得益很多，例如是否继续参加辅导班，获得了老师的建议。又如妈妈积极参加班级组织的活动，并为活动出力，即使只有自己一个人参加，也能坚持。妈妈还是班级家长委员会的成员，积极承担了志愿者的一些工作，包括出游的时候帮助照看孩子和拍照、节日庆祝的时候分发礼物等。在参与学校决策方面，妈妈也做了一些有意义的工作，例如收集家长意见向学校反映，使学校的工作有针对性的改善。妈妈与学校的合作既推动了学校工作，也为小佳创造了良好的学习环境，例如小佳参加比赛期间，老师为避免她耽误功课而调课等。

1. 你对孩子就读的学校和教他们的老师，有什么期望？

2. 孩子在学校要获得成功，你认为与哪些因素有关？或者哪些人的努力为孩子在学校获得成功有关？

3. 如果你认为家庭与孩子在学校获得成功有关，那么你知道自己需要做些什么吗？需要做的哪些事，你能做得很好，哪些是你可能做不好的？

4. 你是否和家里的其他成员一起讨论过，为了孩子在学校获得成功，我们需要一个与学校、社区合作的计划和实施这一计划的持续行动？

# 第二章　小学生身心发展

影响儿童成长的，既有先天遗传因素的作用，也有后天成长环境与个人努力的作用。我国古代思想家孔子认为“性相近也，习相远也”，17 世纪英国哲学家洛克也认为人出生时就像白纸或白板一样，这些观点都强调后天环境和个人努力对儿童成长的作用。不过，现在的心理学理论都认为，遗传和环境共同影响了儿童成长。[1] 每个人的遗传因素是有差异的，因此即使在相同的环境中也会表现出不同的成长状况。而有些时候，在不同的遗传和环境组合体中，却能看到两个孩子的相同点很多，这都缘于遗传和环境的影响是不可分的动态交互作用。

在有关儿童发展的日常讨论中，天赋、潜质等常常被等同于遗传，认为这些完全取决于遗传基因。潜质的确是人先天就有的潜在素质，是一个人所具有的

1　[美]劳拉·E.贝克.儿童发展(第 5 版)[M].吴颖 等译，南京：江苏教育出版社，2002：164.

先天的智力条件和潜在能力。每一个生来就具有正常生理特征的人，都具有某些先天潜质。然而，研究发现儿童身心潜质不仅与其遗传差异有关，还与儿童早期的环境有关，因为在很小的时候，孩子的成长环境是自己无法选择和控制的，是由其父母所提供的，而这种环境本身受父母自己早期成长经历的影响很大。儿童的潜质在这样的成长环境中被发现、激活和强化，这个过程又对未来的发展有重大影响。儿童的潜质不仅影响儿童兴趣爱好，例如在语言、音乐、美术或体育等方面的专长，还会影响到孩子的课程学习，例如特别擅长数学、语言或者其他某门课程。我们提出儿童的全面发展，就是要求孩子们在德智体美劳等方面充分发挥自己的潜质，而不只是追求智育。但是，全面发展要与充分尊重和利用孩子的潜质相结合。那种不顾孩子的潜质差异，以别的孩子为参照的观念和做法，不仅是错误的，而且极为有害。因此，要求家长积极参与子女教育，通过创造条件鼓励孩子不断尝试，来发现自己孩子的潜质和智力方向，营造环境激活和强化孩子的潜质，使其在适合自己发展的方向上努力。而发现自己孩子的潜质，就要从认识当前年龄阶段的孩子身心发展的一般规律、认识自己孩子身心发展的特殊差异开始。

## 本章要点

本章主要介绍小学生身体和心理发展的基本特征以及家庭对于小学生身心健康的作用，探讨学习特点和家庭参与培养小学生学习习惯的意义，以帮助家长理解小学生成长的特殊性。

儿童发展的差异可能表现在各个不同的方面，而身体发育的差异是最直观的。小学生的身体在幼儿期生长发育的基础上继续增长，各项功能也在不断分化、增强。伴随着新陈代谢的旺盛，儿童在小学期间有一次显著的生长高峰期。家庭作为儿童成长的最初环境，父母提供的生活条件、家庭成员的生活习惯等对孩子身体发育的影响非常重要。我们可以通过多民族同龄人的统计，参照全国的平均水平来评估孩子的身高、体重、器官组织及其机能的情况。与身体发育相联系的是，小学生的心理发展也表现出不同于幼年时期的特点。心理发展一方面和儿童的理智成熟程度相关，另一方面又受到儿童成长环境的影响，尤其是家庭环境的影响。而个体儿童的心理差异既可能通过他们的行为、学习等反映出来，又可能影响到行为和学习的效果。从小学开始，孩子们进入正规的学校教育阶段，这个过程对每个孩子来说都不应当少于 9 年，而多数孩子都会持续 12 年以上。在这个漫长的时段里，儿童的学习状态和效果是家庭、学校和孩子自己强烈关注的方向，因而，儿童在小学的学习几乎奠定了未来很多问题的基础，例如父母的期望、亲子互动的内容与方式、儿童的自我期望甚至生存状态等都和小学的学习相关。所以，来自学校和家庭的声音，都特别强调在小学阶段培养孩子的良好学习习惯和生活习惯。我们也希望通过本章的讨论让家长重新认识和理解孩子的成长，遵循孩子成长的规律，为科学参与子女教育储备一定的基础知识。

诚然，在信息时代要想获得相关知识并不是什么难事，书店育儿专柜里成堆的书籍里或网络的育儿文章里连篇累牍地记载着科学的理论和众说纷纭的经验,邻居家大学刚毕业的那个孩子为参加教师资格考试而准备的复习用书或教师的参考书里也描述了各派理论的观点。因此,在本章我们不打算详细而规范地用某个框架来综述有关小学生身心发展特点的理论体系,而只是根据小学生家庭教育的现实问题和需要,简单介绍那些我们认为需要特别关注的内容。

本章将:

- 介绍小学生身体发育的特点以及家庭的作用。
- 介绍小学生的心理特征以及家庭的作用。

## 2.1 身体健康

在祝福小孩的时候，我们说得最多的就是“健康、聪明、漂亮”，这种看似脱口而出的吉祥言辞，却蕴含着人们对孩子成长的期望：身体是最重要的，其次是智力，最后才是外表。日常生活中，我们也可以看到不少同龄孩子的父母在一起比较孩子的身高、体重或者鞋子的尺码。而对青春期的孩子，父母则常常用自己的身高来描述不在现场的孩子“长得有我一样高了”，掩抑不住的高兴神情。儿童的身体健康的确是最重要的，因而，父母都很关注。事实上，在孩子的医学出生证明上就载有孩子出生时的身高和体重，这个数值成了孩子未来的成长基础。那么，到小学阶段，他应当长成什么样呢？除了我们可以目测的身高、体重以及“美丽的大脚”，还有哪些指标可以标志着孩子生长发育水平呢？

### 2.1.1 小学生生长发育的特点

**案例研究**[2]

婷婷（化名）12岁时，只有1米4多点，而她的同学都有1米5以上。母亲王女士很着急，看到一则关于促进身高的广告，就带女儿去某商业机构检测，检测结果说婷婷长到头了，如果不采用医学技术，以后差不多就这么高了。于是，接受该机构建议，给婷婷注射生长激素。三个疗程（每个疗程中间要暂停一个月）共花费15万元，时间也过去了一年，但婷婷仍然比班上女生明显矮一截，甚至在这个长个子的年龄，反而生长速度很慢，其他孩子长了五六厘米，她才长两三公分。王女士中断了疗程，向该机构索要说法，对方告诉她，出现这种情况属于个体差异，钱也要不回来，全家人也因此还吵过几次。

像王女士这样的家长对孩子身高的担心并非没有道理，现在的不少工作对身高有要求，也许差一厘米就与一份理想的工作失之交臂。在生活中，身材高挑的人从视觉上也会首先给人留下好印象，这也是不少家长希望孩子能长得比

2 温龚锋.重庆平均身高低于全国 女孩为长个15万元注激素[N].重庆晚报：2010－11－13.

自己还要高的原因。

从遗传学来看，父母个子高，孩子一般都是高个子。不过也有例外，因为也有变异因素，还有后天因素，例如盲目进补导致的提前发育等。

1. 你认为孩子的身高对未来孩子的哪些方面可能会有影响?

2. 有专家认为，影响孩子身高正常生长的因素除了遗传外，可能还包括：营养不良、缺乏运动、睡眠不足、某些药物的副作用、某些疾病、提前发育以及缺乏母爱等。你都知道吗?

**1. 新陈代谢旺盛**

人的新陈代谢是指人体与外界环境之间的物质和能量交换以及人体内物质和能量的转变过程，包括物质代谢和能量代谢，而这两种代谢都包括同化作用和异化作用两个方面。同化作用是指人体把从外界环境中获取的营养物质转变成自身的组成物质，并且储存能量的变化过程。异化作用是指人体能够把自身的一部分组成物质加以分解，释放出其中的能量，并且把分解的终产物排出体外的变化过程。小学年龄儿童正处在长身体的时候，物质代谢强于能量代谢，同化作用大于异化作用。所以，他们需要从外界摄取更多的营养物质，以保证正常生长的需要。

**快速浏览**

新陈代谢是在无知觉情况下时刻不停地进行的，受年龄、性别、运动等因素的影响。小学生新陈代谢旺盛，所以要特别注意：

■一定要吃早餐

早餐是一日三餐中与新陈代谢关系最为密切的一餐。研究发现早餐所吸取的营养应占全天吸取营养的30%左右。这样才能保证身体健康和消化需求，因此，早餐应有足够的营养，可在蛋、奶、肉松、咸蛋、芝麻酱、蜂蜜之类的营养价值较高的食物中做选择。很多学生反映，如果没吃早餐，上午第四节课会感觉到很饿，没心思听讲。可见，小学生吃早餐不仅有益于身体生长，对保持学习效率也很有帮助。

■注意营养平衡

在日常饮食中要吃各种粮食、水果、蔬菜、鱼肉、蛋、奶等，不要偏食。豆类含有丰富的优质蛋白质，营养价值很高，易于消化，因此，要多吃豆制品；不要因为孩子挑食就让他乱吃加药食品或补品，如果营养平衡，还乱吃强化食品，保健食品等加药食品等于无病吃药，对身体不仅无益而且有害，而传统的补品更适合老人和体虚者，对正常生长的小学生利少弊多；少吃糖和零食，正常摄入的饭菜中有大量碳水化合物可转化为糖，因此，对孩子零食中的汽水、巧克力、甜点心、奶糖等应控制适量。

**2.身高与体重**

6—9 岁的小学生属于儿童期，10—12 岁属于青春期早期。因此，小学生的生长发育既有儿童期特点，又有青春期早期的特点。以身高、体重的生长为例，在儿童期，体格发育基本上是平稳的，身高平均每年增长 4—5 厘米，体重平均年增长 2—3.5 公斤。10 岁以后，随着青春期早期的到来，体格发育进入快速增长阶段。这时身高男孩一般每年可增长 9—10 厘米；女孩一般每年可增长 8—9 厘米；体重每年可增长 4—5 公斤，有的可增加 8—10 公斤。女孩青春期略早于男孩，身高生长突增开始时间也比男孩约早 2 年。

儿童的身高和体重的增长为非等速增长，因此，对孩子身高和体重的测评需要以其自己增长的变化为依据，不可简单用“公式”计算评价，也不宜用人群均数作为标准来对待。[3]

---

3　沈晓明，王卫平. 儿科学第 7 版[M]. 人民卫生出版社，2010：8—13.

**各年龄段小学生的身高、坐高、体重三项形态标均值、标准差**

| 性别 | 年 龄 | 身高(厘米) | | 坐高(厘米) | | 体重(千克) | |
|---|---|---|---|---|---|---|---|
| | | 均值 | 标准差 | 均值 | 标准差 | 均值 | 标准差 |
| 男生 | 7—8 | 126.2 | 5.05 | 69.6 | 2.62 | 25.7 | 4.49 |
| | 8—9 | 131.5 | 5.78 | 71.4 | 5.97 | 28.7 | 5.79 |
| | 9—10 | 137.0 | 6.16 | 74.1 | 3.17 | 32.1 | 6.48 |
| | 10—11 | 141.9 | 6.17 | 76.0 | 3.97 | 35.9 | 7.97 |
| | 1l—12 | 147.6 | 6.86 | 78.0 | 6.79 | 39.6 | 8.60 |
| | 12—13 | 154.9 | 9.15 | 82.5 | 4.21 | 44.4 | 9.01 |
| 女生 | 7—8 | 124.5 | 6.08 | 68.5 | 2.80 | 23.9 | 4.04 |
| | 8—9 | 130.8 | 5.59 | 71.3 | 3.37 | 24.4 | 4.87 |
| | 9—10 | 136.2 | 6.48 | 73.5 | 3.16 | 30.0 | 5.49 |
| | 10—11 | 142.4 | 6.77 | 76.3 | 3.68 | 34.1 | 6.9l |
| | 11—12 | 149.4 | 6.60 | 80.2 | 3.89 | 39.6 | 7.94 |
| | 12—13 | 154.4 | 5.95 | 83.4 | 3.47 | 43.2 | 8.09 |

小学阶段是补救孩子身材偏低、偏矮的关键时期。如果孩子的身高与同龄人平均身高,相差在±2个标准差之内,都属正常。但即使是稍微偏离所谓正常数值区间,也不能说明就不正常,因为这些所谓标准值是根据样本计算出来的,不是严重偏离都没有什么需要大惊小怪的。

导致身材矮小的原因很多:一是家族性矮身材或体质性生长发育迟缓。这类情况占大多数,既没有影响生长发育的疾病,也找不到有严重的器质性疾病,只是与遗传有关。二是有骨骼系统的疾病。三是营养不良,尤其是蛋白质和热量供应不足,使生长速度减慢,青春期生长突增的幅度较小。四是缺乏微量元素。五是有内分泌系统疾病,如垂体性侏儒症、甲状腺功能低下。六是有代谢性疾病。如果是家族性矮身材、体质性生长发育迟缓、营养不良、缺乏微量元素等因素造成的，可采取以下措施补救：保证充足的睡眠，生长激素分泌在睡眠时达到高峰，是保证身高自然增长的重要条件；适当补充钙和锌，并进行体育锻炼。要注意的是，补救措施有一定的时间性，必须在青春前期，即女孩有月经初潮、男孩首次遗精之前进行。如果是某些疾病导致的身材增长缓慢，则要到医院接受治疗。

**3.骨骼逐渐硬化，肌肉力量尚弱**

小学年龄儿童的各种骨骼正在硬化（钙化），但骨骼硬化是一个逐渐完成的过程，要到身体发育完全成熟时骨骼硬化才能完成。小学生骨骼的有机物和水分多，钙、鳞等无机成分少，所以儿童骨骼的弹性大而硬度小，比较柔软。虽然不易发生骨折，但容易发生变形。不正确的姿势、用具或运动等都可引起脊柱弯曲，如一肩高一肩低或驼背等。脊柱弯曲异常不仅会影响孩子的体态和体力，也会影响孩子的身心健康。导致姿势不正的原因很多，常见的有：习惯姿势不正确，如歪头、弯腰、扭着身子看书和写字，弓着背走路等；用具设施不合适，因课桌椅高度不合适或光线暗而不得不弯腰驼背等；负重过大或长时间一侧负重，如背书包、单手提物等。

这时的儿童肌肉虽然在逐渐发育，但主要是纵向生长，肌肉纤维比较细，肌肉的力量和耐力都比成人差，容易出现疲劳。因此，在劳动或锻炼时，不应该让他们承担与成人相同的负荷，以免造成肌肉或骨骼损伤。每次写字、画画的时间也不宜持续过长。

**4.乳牙脱落，恒牙萌出**

儿童一般在6岁左右开始有恒牙萌出。最先萌出的恒牙是第一恒磨牙，俗称六龄齿，由于第一恒磨牙萌出较早，常被家长忽视，需要注意保护。6—12岁阶段乳牙按一定的顺序脱落，逐一由恒牙替换。替牙期是龋齿的高发期，尤其是乳磨牙和六龄齿很容易患龋，替牙期个别儿童可有低热、唾液增多、发生流涎及睡眠不安、烦躁等症状，家长需要注意孩子口腔卫生，必要时带孩子就医治疗。[4]

现在，果冻、菠萝派、膨化食品等迎合孩子口味的食品越来越多，这些食品对孩子牙齿的损害非常大。若在孩子恒牙刚出现时没有采取预防措施，就可能发生龋齿。龋齿不仅会因牙痛影响学习，还会影响食欲，甚至引发一些疾病。

预防龋齿的方法：一是在孩子换牙期间可适当补充一些维生素D和钙片，同时多吃一些粗纤维食物，增强口腔的咀嚼能力；二是鼓励孩子积极参加体育活动，以增强体质；三是不要让孩子吃过多的甜食(包括饮料)，尤其是黏性甜食；四是要让孩子注意口腔卫生，养成睡前与睡后刷牙、饭后漱口的习惯；五是饮水中含氟量低的地区可以选用含氟牙膏；六是定期检查牙齿，及早发现、治疗牙病。

5. **心率减慢，呼吸力量增强**

小学年龄儿童的心率约为80—85次/分，明显低于新生儿时的约140次/分和学龄前儿童时的90次/分左右。这时儿童的肺活量也明显增加，对各种呼吸道传染病的抵抗力也增强。但相对于成年人来说，小学生的心率快，肺活量小，负氧能力差，易疲劳，因此，不宜让小学生做过分剧烈的运动和过分紧张而繁重的劳动。否则，不但起不到强身健体的作用，反而会给身体健康造成不良影响。

6. **进入青春期**

孩子到了10—12岁就进入了青春前期，这是他们身体发育的第二次加快期。女孩子月经初潮的平均年龄为12岁左右，早的可在9岁，晚的要到18岁。由于卵巢刚刚发育，有时没有卵子排出，月经也就没有规律。所以，有的孩子半个月来一次，有的则要隔2—3个月，出血量也有多有少，大多在1年左右就会

4 沈晓明，王卫平．儿科学第7版[M]．人民卫生出版社，2010：14—15．

变得规律了。如果间隔时间过短或过长，或血量多、血期长，则可能有病理变化，应及时带孩子去医院。男孩子首次遗精一般在 14 岁左右，早的在 11 岁，晚的可在 18 岁。因此，在小学阶段发生第一次遗精的人数并不多，但还是可能有。

### 2.1.2 家庭与小学生身体健康

影响儿童生长发育的因素主要包括遗传因素和环境因素两大类。父母双方的遗传因素决定孩子生长发育的可能性，即决定了生长发育的“轨道”或特征、潜力、趋向。种族、家族的遗传信息影响深远，如皮肤、头发的颜色、面型特征、身材高矮、性成熟的迟早、对营养素的需求量、对传染病的易感性等。

而各种环境因素则在不同程度上影响该潜力的正常发挥，决定发育的速度及可能达到的程度，即决定了生长发育的现实性。环境因素包括营养、疾病、家庭环境和社会环境等。家庭生活环境对儿童健康的影响长期以来被忽视了。近些年随着装修致病案例的增多，才逐渐受到重视。良好的居住环境，如阳光充足、空气清新、水源清洁、没有噪声和光源污染、居住条件舒适宽松，加上良好的生活起居习惯、科学护理、良好教养、科学的体育锻炼和完善的医疗保健服务等都是促进儿童生长发育达到更好状态的主要因素。近几十年来，社会因素对生长发育的影响愈加明显，与遗传因素和其他环境因素一起，共同对儿童少年生长发育产生重要影响。

家庭社会经济地位中的许多因素，主要通过家庭抚养和教育行为直接或间接地影响着儿童的生长发育，如生活方式、家庭气氛、居住条件、饮食和行为习惯，父母的性格、爱好以及对子女的期望、态度等都与孩子的生长发育有关联。[5]

---

5　窦洪琴、赫妍．家庭和父母因素影响儿童生长发育水平分析[J]．中国初级卫生保健：2012(2)．

**快速浏览**[6]

据调查，随着家庭经济收入的增加，儿童少年膳食质量和营养与健康状况明显改善，同时也存在不同的营养与健康问题。

**不同收入家庭儿童营养素摄入差异大**

我国儿童少年平均每人每日的谷类摄入量随家庭收入的增加而减少，动物性食物、奶类和水果摄入量随家庭收入的增加而增加。蔬菜摄入量在城市随收入的增加呈上升趋势，在农村呈下降趋势。城市和农村低收入家庭儿童蛋白质和膳食钙的摄入量都低于全国平均水平。

营养专家指出，随家庭经济水平的升高，儿童少年脂肪和蛋白质供能比逐渐增加，碳水化合物供能比则降低。其中，家庭收入最低组儿童少年蛋白质供能比偏低，而高收入家庭中，城市和农村儿童少年脂肪供能比分别达到了39.2%和35.2%，超过了中国营养学会建议的30%的上限。

**低收入家庭儿童身高也低**

家庭人均年收入越高，儿童平均身高也越高。在同收入水平家庭中，身高男生高于女生，城市高于农村。同样，家庭人均年收入越高，儿童平均体重也越高。在同收入水平家庭中，其平均体重城市高于农村。

蓝皮书提供的数据显示，我国儿童少年营养不良率为9.2%。6岁至12岁女生营养不良率高于男生，城市低于农村。家庭收入低儿童少年的贫血率高。6岁至12岁农村儿童维生素A缺乏率明显高于城市儿童。

**健康行为差异与收入相关**

家庭收入影响着学龄儿童的健康行为。高收入家庭儿童少年身体活动不足，在外就餐比例较高。低收入家庭男生吸烟比例最高。从就餐行为看，家庭收入最低组儿童少年不吃早餐比例最高。

---

6　郑灵巧. 家庭收入影响孩子健康[N]. 新华日报. 2007－05－22.

从体力活动情况看，在6岁至12岁年龄段，城市中、低收入家庭的儿童，参加锻炼的比例低于相同收入家庭的农村儿童。高收入家庭的城市儿童，参加锻炼的比例高于农村。随着家庭收入的增加，儿童少年静态活动，包括看电视、阅读、玩电子游戏的时间呈增高趋势，城市儿童少年的静态活动时间高于农村儿童。

**慢性病与收入共"舞"**

高收入家庭中儿童少年超重、肥胖、代谢综合征等成年期慢性病患病率较高。各不同家庭收入组超重、肥胖率均为城市高于农村。

研究人员指出，低收入家庭儿童营养不良和高收入家庭膳食结构不合理现象，都已成为影响我国国民素质和社会发展的严重公共卫生问题，需要予以高度关注。

家庭差异对儿童生长发育的影响，并不是迷信的宿命论，而是有科学道理的。由于家庭背景的差异影响到不同家庭会为孩子营造不同的生活环境和提供不一样的生活条件，这些后天家庭差异激活或者葬送了孩子在生长发育方面通过先天遗传而获得的可能性。当然，如果父母通过用心参与可以使家族遗传优势和家庭背景优势得到发挥，而使劣势被缓冲甚至抵消。相反，如果父母漫不经心地忽略了参与或者根本不知道需要参与和如何参与，那么，家庭优势将被大打折扣，而劣势将自然发挥作用。因此，父母在了解儿童生长发育特点的基础上，需要用心营造有利于孩子生长发育的条件。

**1. 营养均衡**

适宜的营养不仅能促进健康、生长和智力发展，而且能预防各种营养相关性疾病（营养不良、肥胖等），并且对成年期多种慢性疾病（心脑血管疾病、肿瘤、糖尿病等）的预防有长期作用。食物营养是通过蛋白质、脂肪、碳水化合物、维生素、矿物质这五大类营养素实现的。

小学生若热能摄入不足，很可能会导致体重偏低，还引起身高增长缓慢或停滞；供给过多，则可引起肥胖。应注意膳食热能摄入与机体能量消耗相平衡，避免食物热能供给的大幅度波动。

**小学生常见微量营养素缺乏的主要表现**

| 缺乏营养素 | 表现 |
| --- | --- |
| 钙 | 1.骨骼、牙齿发育不良；2.注意力不易集中、学习效率下降等；3.小腿肌肉经常抽筋；4.未来发生骨质疏松危险性增高 |
| 铁 | 1.贫血，易疲劳；2.抗病能力下降，感染性疾病的发病率增高；3.上课注意力不集中、学习效率低下等 |
| 锌 | 1.食欲下降，异食癖；2.生长发育迟缓或发育不良；3.头发稀疏、发黄；4.伤口不易愈合，智商低下等 |
| 维生素 A | 1.暗适应能力下降，眼结膜、角膜干燥；2.皮肤干燥、脱屑；3.严重者引起夜盲症，并影响生长发育 |
| 维生素 B | 1.口角溃疡，唇炎，舌炎；2.脂溢性皮炎、阴囊炎；3.角膜炎等 |
| 维生素 D | 1.儿童佝偻病；2.可能与心脑血管疾病、糖尿病、肿瘤等发生危险性增高有关 |

父母如果怀疑孩子生长发育可能与营养状况有关，除了在家里通过调节膳食外，应及时带孩子到正规医院接受相关检查，并在医生指导下增补相关营养药物，切忌盲目食用保健品和药品。

根据小学生生长发育的特点及营养需求，孩子的饮食习惯应强调：

◆ 食物多样，粗细、荤素、主副搭配。多吃谷类主食，少吃零食；多吃蔬菜水果和薯类；每天摄入适量奶类；常吃适量的鱼、禽、蛋和瘦肉；每天足量饮水，合理选择饮料。

考虑到小学生容易有挑食、偏食，特别是不肯吃蔬菜的偏向，家长需要尝试通过不同的烹饪方式加工食材，变花样激发孩子的兴趣，而不可简单通过多油、多盐、多辣等加重口味的方式来刺激孩子。

需要提示的是，孩子有厌食、偏食倾向的，父母不可给孩子贴标签，比如反复对孩子说或者当孩子的面对别人说他不爱吃蔬菜。这种反复诉说容易给孩子负面暗示：我就是不喜欢吃蔬菜的！久而久之，孩子就觉得自己就是不爱吃素菜的人。实际上，孩子的不良习惯都要警惕我们用这种方式贴标签，例如当孩子的面说“你怎么这么顽皮”之类的，都可能令孩子对贴上的标签心安理得。此外，家长中有特殊饮食习惯的，需要考虑孩子的成长，不可导致家庭食物的偏颇。比如，有家长因为自己“三高”或者有慢性病，不吃某些食物，也就不做给孩子吃，结果注意了自己的防治需要，没关照到孩子的生长需要。

◆ 三餐定时定量，吃好早餐

按照胃肠消化能力，一日三餐的热量应该均衡吸收。可是现在很多小学生早餐吃得很不好，有的甚至不吃。过去，农村小学生的早餐很多都是吃头天晚上剩下的饭菜，现在虽然早餐多会新做，但菜多为腌菜、剩菜。城市的小学生多数是在外面吃，在路边买几个馒头包子用塑料袋装着，边走边吃的不少。加上小学生早上爱赖床，被家长催起来后匆匆忙忙洗漱就吃早餐，胃口也不好。所以，早餐没有受到足够的重视。而孩子们直到中午放学才就餐，中间学习活动时间将近5个小时，如果不吃早餐，或早餐吃得不好，到第二、三节课就有饥饿感，上课注意力难以集中，思考和回答问题反应迟钝，难以记住课堂上的内容。因此，要想让孩子学习好，家长一定要每天都让孩子吃好早餐，并注意早餐的营养搭配。

需要提醒的是，仅仅喝杯牛奶不能算是吃了早餐，因为没有谷物类食品垫底，牛奶中的一些营养素只能是“穿肠而过”，还容易导致乳糖不耐受的孩子出现腹胀、腹痛、恶心等症状。为保证孩子每天都能吃好早餐，建议家长要常更新早餐花样，给孩子有新鲜感。此外，为了让孩子更好地进餐，最好让他在起床与早餐之间，能有一点时间稍微活动一下，这样会使食欲大增。

小学生放学时间比较早，距离晚餐时间还有 2—3 个小时。孩子在学校的生活整体上比较紧张，能量消耗大，放学回到家后可以让孩子吃点点心或水果，但是不宜吃得太多，以免影响正常的晚餐。

2. **规律作息**

孩子开始进入正式学校教育阶段，需要有良好的学习习惯，而良好的学习习惯是与良好的生活习惯相关联的，因此，从小学开始就应当有适合自己的生活作息规律。由于小学生的生活包括学校和家庭两大部分，所以其作息安排要考虑学习、饮食、睡眠、活动等内容。有规律的生活能让孩子养成自己的生物钟，促进孩子神经系统的发育，而在神经系统调节下，身体各器官、系统才能有规律地、协调地工作。同时，有规律的生活还能使孩子处理事情有条不紊，从而形成良好的思维习惯。一般来说，小学生养成规律的作息习惯需要注意：

◆ 晚上学习不宜太晚，要保证 10 个小时的睡眠

造成孩子睡眠不足的家庭原因很多，有些父母晚上事情多需要晚睡，没安排孩子先睡；有的虽然想让孩子早睡，孩子不肯，也就放任了；有的孩子作业多或做作业太慢，家长无可奈何……可第二天上学的时间是固定的，无论孩子睡得多香，也得把他叫起来。结果，孩子日复一日睡眠不足，大脑常常处在疲劳状态，学习效率和质量难保证，睡眠不足会影响到孩子的学习。因此，和孩子一起制定一个作息时间表，对于保证孩子的睡眠时间算得上是一个比较好的办法：先将不能改变的时间定下来，然后往前、往后推算其他时间。比如，孩子每天需要早 7:50 到校，路上需要走 20 分钟，为了让他有 20 分钟洗漱、活动和 20 分钟进餐时间，就必须安排他 6:50 起床。为了保证他有 10 个小时的睡眠，晚上必须在 8:50 之前上床。为保证他在吃饭与睡眠之间有一定的活动和完成家庭作业的时间，就应当在 6 点左右进晚餐等等。双休日可以让孩子稍微再多睡一会，但也不宜过长。这样，无论家里以谁为主照管孩子，都可以按作息时间表

行事。

◆ 鼓励孩子参加户外活动，坚持每天一小时体育锻炼

孩子经常参加体育锻炼，不仅可以促进生长发育和骨健康，使关节韧带变得更坚韧灵活、肌肉结实有力，还可以提高心脏、呼吸系统功能水平和机体免疫力。同时，对于肥胖儿童来说，可以控制体重、有效调节内分泌功能。

然而，小学阶段的孩子体内各器官和组织尚未发育成熟，锻炼方法不当，对身体也不利。建议在征求学校体育教师的意见后，结合游戏进行一些能提高灵敏度、柔韧度、协调反应、平衡能力的锻炼，但他们注意力容易分散，锻炼时间不宜太长，锻炼形式也要多样化，关键是需要天天坚持。

有些孩子因为怕苦、怕累，特别是肥胖儿不愿意参加体育活动，这会影响他的身体长高。家长应鼓励他积极参加学校的各种体育活动，特别是课间一定要到教室外去活动。在家锻炼每天 1 小时为宜，运动强度以微出汗或心率每分钟 140 次为好，不要经常大汗淋漓，运动过后要稍作休息再继续学习或进行其他活动。如能让孩子和其他小伙伴一起锻炼，或是爸爸妈妈陪着孩子锻炼，不但能使孩子很愿意坚持锻炼身体，还能培养他们与伙伴的社会交往能力，增强亲子关系。

**3. 预防近视**

根据教育部 2010 年《全国学生体质与健康调研结果公告》，我国学生视力不良检出率继续上升，并出现低龄化倾向。7－12 岁小学生为 40.89%（其中城市为 48.81%，农村为 32.98%），戴眼镜的小学生越来越多。近视有遗传原因，更多的是长时间不科学用眼造成的，例如近距离看书、写字，或光线不好、坐姿不端正，造成了眼睛的晶状体调节能力减低。发现孩子近视，要尽早到医院检查、矫正。

(图片来源:拿什么拯救你,孩子的眼睛,科教新报 2009－9－16－A8)

◆ 为孩子选择良好的用眼视觉环境

读书写字时要有充足的光线,窗户光线及台灯灯光要从左前方射来。不要在过亮、过暗的光线下读写(如太阳直射光线下、傍晚光线不足时)。尽量不用铅芯过细的笔写作业,铅芯要软硬适中,作业用纸要洁净,书写字体不要过小。选择适宜的桌椅读书写字,书桌高度以到上腹部附近为宜。

看电视时,人与电视机应保持三米以上距离(或保持电视画面对角线 5 倍以上距离)。电视屏幕的高度应与看电视人的视线平行或稍低一些。电视机要放在背光的地方,光亮度要合适,不能过亮或过暗。

操作电脑时,电脑屏幕最好背向或侧向窗户,避免出现反光现象。电脑操作台应低于一般课桌的高度,座椅最好高低可调。电脑屏幕中心应与胸部在同一水平线上。电脑屏幕与眼睛之间距离应不低于 50 厘米,视线应略低于平视线 10－20 度。电脑操作间的光线不应太弱或太强,例如 12 平方米的房间安装一盏 40 瓦日光灯即可达到所需的照度。

◆ 敦促孩子保持正确读写姿势

书写字身体要坐正，保持眼睛与书本距离为 33－35 厘米左右(一尺)、胸前与桌子距离应约一拳、握笔的手指与笔尖距离应 3 厘米左右(一寸)。写字时执笔角度要合适，用铅笔、钢笔写字时笔杆与纸面的角度在 40－50 度之间，用毛笔写字时力求笔杆直立。不歪头或躺着看书，不走路看书，不在晃动的车船上看书。

◆ 培养孩子良好的用眼卫生习惯

连续近距离用眼时间不能过长，应控制在 40－50 分钟。课间休息时要注意放松眼睛，应到教室外活动或凭窗远眺，看看远距离的蓝天、绿叶或闭目养神。看电视或操作电脑时间不能过长。连续看电视或操作电脑 40－50 分钟左右，应休息一下眼睛，或闭目养神或做眼保健操，也可到室外运动或向远处眺望。不玩或少玩游戏机。偶尔玩一下时要注意眼睛与游戏机的距离不能太近，持续时间不要超过半小时。敦促孩子节假日在家也要坚持做眼保健操。

4. **防治肥胖**

2007 年一项关于江西省城市儿童肥胖问题的研究发现，江西省城市小学生超重率和肥胖率分别为 12.0%和 4.2%，其中男生超重率和肥胖率分别为 14.5%和 4.8%，女生超重率和肥胖率分别为 9.2%和 3.6%，男生超重率和肥胖率均高于女生。[7] 教育部《关于 2010 年全国学生体质与健康调研结果公告》称，我国学生肥胖和超重检出率继续增加。7－22 岁城市男生、城市女生、乡村男生、乡村女生肥胖检出率分别为 13.33%、5.64%、7.83%、3.78%；超重检出率分别为 14.81%、9.92%、10.79%、8.03%，都比 2005 年有所增加。可见，随着经济社会发展，儿童超重与肥胖问题也变得严重。

研究表明，肥胖儿童有严重的情绪和社会困难，并且冒着长期的健康问题

---

7　刘菲菲，肖芳，游胜，樊吉义，刘勇，聂小红. 江西省城市小学生肥胖现状及影响因素分析[M]. 中国学校卫生. 2007(4).

的危险。[8] 超重和肥胖对孩子学习的影响也很大。过重的身体负担，与大脑争夺供血和供氧，影响思维反应。

减肥关键是要让孩子尽早养成良好的饮食习惯，防止热量供应过多，但不宜过分限制儿童的饮食；让孩子多吃天然食品，少吃热量高的快餐和油炸食品；鼓励而不是强迫孩子进行体育锻炼。还要留意孩子的情感变化，如果儿童觉得被父母所忽视并由此产生了孤独感，也会引起他们过量饮食。肥胖儿童往往自尊心降低而形成自我否定，因此，不可取笑他们或者给他们取标志肥胖特征的外号。

5. **青春期早期教育**

青春期意味着很多的变化和挑战，这对于孩子及其父母而言都有。很多女孩在初潮中的情绪和体验是消极的，这种消极的情绪体验直到她们成年以后仍记忆犹新。但是，如果可以得到家庭的支持和帮助，她们的接受程度会显著提高。男孩通常会提前了解有关第一次射精的知识，但比起女孩来说，对于青春期的身体变化他们受到的支持和帮助更少。[9]

然而，关于青春期的性教育和性别教育，部分家长认为，孩子长大了自然就会知道，在小学就讲这些有点太早。也有家长认为学校将来会开设生物课程，教师会教给孩子相关知识，这只是学校的责任。还有家长担心，如果孩子懂了性知识，等于鼓励他们去做，所以最好不要去讲。然而，一方面，日常生活中有关“性”的信息泛滥成灾又充满误导，另一方面，学校推行很困难，教师感到很困惑。如果缺乏父母教导，孩子很可能学到错误的信息。事实上，性教育和性别教育并非仅限于由学校或家庭一方来进行，而应由学校与家庭共同计划，互相合作，分担责任，才能产生应有的效果。

◆ 与孩子坦诚交流

---

8　[美]劳拉·E. 贝克. 儿童发展(第5版)[M]. 吴颖 等译，南京：江苏教育出版社，2002：270.

9　同上，308.

孩子进入青春期早期的发展后，父母要及时与孩子交流其身体即将发生的各种变化，父母要以自己的亲身经历为铺垫，拉近与孩子的心理距离，减少交流有关性话题的尴尬。有关性生理和性行为的话题，比如遗精、月经、乳房发育、自慰等，男孩应该由父亲来完成这些话题的交流，而女孩由母亲来完成更合适。如果是单亲家庭，可以请异性亲属朋友与孩子交流，或者寻求专业人士的帮助。女孩的妈妈在适当时候，可以用不经意的方式，提及有关生理知识；用欣喜的口吻告诉孩子，如果来了月经，证明一个人开始成熟，而且人将越来越美丽，以帮助孩子提前消除对生理变化的惊恐或焦虑。当孩子来月经后，妈妈要教会孩子正确选用卫生巾；洗脚和洗澡的毛巾分开；洗澡只能用淋浴，不可以盆浴；要避免受寒，保证足够的睡眠，只参加轻微体育锻炼，体育课遇到有剧烈的运动时，要敢向老师请假等等。月经期间，孩子还可能会有一些不舒适的感觉，父母还要注意适当调节孩子的情绪。

男孩的爸爸要寻找适当机会传授有关生理知识，告诉孩子这是正常生理现象；精液主要成分为水，其中含有很少量的蛋白质、糖类和无机盐，由于每次射出的精液并不多，所以对健康无碍；遗精证明一个人的成熟，男孩开始向男子汉转变，今后要更坚强、更勇敢、更有责任心，胸怀也更广博一些。

给孩子传达的性价值观要符合社会主流，青春期的性价值观是成年后性价值观的基础，符合社会主流的性价值观能够让孩子更好地被社会所接纳。孩子的性价值观不是简单依赖父母的说教，而是父母在日常生活中的一言一行对孩子的浸染。如果父母感情和睦，就会给孩子示范良好的夫妻相处行为，给孩子传递的是经营家庭的正面价值观。

◆ 教孩子自我保护

给孩子讲解青春期相关知识的时候，父母要帮助孩子建构性道德和责任感。比如讲解女孩月经知识，在讲清楚月经形成和相关知识后，父母要告诉孩子：在女孩有了月经后，如果与男性有性器官的接触，就可能会怀孕，让孩子明白保护自己和对自己的行为负责任。又如，发现孩子与异性有单独交往时，担心孩子发生早期性行为，父母应该用正确科学的知识告知孩子性行为的后果：怀孕、传染艾滋病等性病、心理伤害等，孩子便会对自己的性冲动"三思而后行"，达到帮助孩子发展控制性冲动能力的目的。

## 2.2 心理发展

### 2.2.1 小学生的心理特征

在小学阶段，孩子们的心理发展具有迅速、协调、开放和可塑的特点。首先，心理发展迅速，尤其是智力和思维能力发展快。其次，与初中生的"动荡性"相比，小学生心理发展的协调性要好得多，是发展和谐个性、品德和社会性的好时机。再次，小学生心理发展的开放性较好，亲子之间、师生之间的关系融洽，有利于成人了解孩子的真实心理活动。此外，小学生心理发展可塑性大，持续的关注和正确的引导对培养良好心理品质与行为习惯具有重要意义。

**1. 小学生的认知发展**

著名发展心理学家让・皮亚杰认为，个体自出生后在适应环境的活动中，对事物的认知及面对问题情境时的思维方式与能力表现，都会随年龄增长而改变。他以认知结构为依据将心理发展分为四个阶段，其中，小学生处于具体运算阶段，这是儿童认知发展中的一个主要转折点。他强调许多因素——遗传和环境——影响个体儿童通过各个阶段的速度。

◆ 小学生注意力的特点

学习是一个需要集中注意的过程，注意力的集中程度与学习效率是相互关联的。注意包括有意注意和无意注意两种基本的形式。所谓有意注意，就是指有预定目的，需要做一定努力的注意，例如听课、做作业、看书等都是需要通过一定努力的有意注意。无意注意是指事先没有预定的目的，也不需要作意志努力的注意，例如孩子在写作业时听到窗外一声巨响，就会扔下笔跑到窗口去看，这是无意注意引起的行为。无意注意常常会影响目标的完成，不仅小孩难以克服，成年人也难以克服，例如开会时突然有谁的手机铃声响起，我们都不自主地抬起头张望，看看是谁，这也是无意注意引起的。

**理论运用**

有时候，我们让孩子到房间里去写作业，刚开始他会认认真真写，但过了一二十分钟或者半小时后，就摇晃椅子，或者摇头晃脑，或用笔敲打桌子，甚至哼起歌来……看起来不像做作业的样子。

如果你看到孩子这样，你会过去提醒或者纠正他吗？

通常，孩子出现这种情况，不建议立即过去纠正他，因为这可能是正常的现象，所以需要继续观察。很多家长观察到，孩子在此之后不久又会自动恢复安静，进入专心做作业或看书状态。为什么呢？

小学生的注意稳定性不够好。在一般情况下，7—10 岁儿童可以连续集中注意 20 分钟左右，10—12 岁儿童可以集中注意 25 分钟左右，12 岁以上儿童可以集中注意 30 分钟左右。当孩子集中注意力看书或者做作业一段时间之后，需要通过适当的方式来调整一下，以便在接下来的时间里继续保持注意。孩子在学习了一二十分钟或半小时后出现看起来不像做作业的样子，实际上是自我调节，只要没有彻底放弃做作业，不需要经过提醒或纠正都会自动回复到学习状态。

而对于有些孩子来说，还可能是进入了注意的一种特殊状态：有意后注意。有意后注意，是指有自觉的目的，但不需要意志努力的注意，也称为随意后注意。前面的描述中，在刚开始学习时，孩子往往需要一定的努力才能把自己的注意保持在学习任务上，但是在进入状态以后，就可以不需要意志努力而继续保持注意了，即便是看起来没有学习的样子，也还是自觉的和有目的的注意。

小学低年级的学生无意注意起重要作用，而有意注意基本上是被动的。这与他们神经系统活动的内抑制能力尚未发展起来有关。随着年龄的增长，大脑不断成熟，神经系统活动的兴奋与抑制过程逐步协调起来。同时，由于教学提出的要求和教师的训练，小学生逐渐理解了自己的角色与学习的意义，有意注意逐步发展起来。到四五年级时，有意注意基本上占主导地位。

此外，小学生的注意范围较小，所以一次性不宜教给孩子太多东西。注意的集中性和稳定性差，所以很多小学生的注意时间都没有父母期望的那么长。注意的分配和转移能力差，容易受到前面学习内容的抑制影响。

◆ 小学生知觉的突出特点

随着年龄增长，知觉的有意性、精确性逐渐增强。比如，低年级小学生的知觉具有无意性强、精确性较低等特点，因而容易在学习中分心，容易混淆形近字；到了高年级时，知觉的有意性、精确性均会大幅提高。

◆ 小学生的记忆特点

由无意识识记向有意识记发展；由机械识记向意义识记发展。低年级小学生识记的无意性强，从三年级开始，小学生的有意识记逐渐占主导地位。同时，随着他们知识的增长，理解力的提高，意义识记的比例也越来越大，机械识记的比例则越来越小，逐渐由机械识记为主向意义识记为主发展。

◆ 小学生思维发展的特点

小学低年级学生的思维以具体形象思维为主，此后逐渐学会综合分析、分类比较等抽象思维方法，具有进一步独立思考的能力。从高年级开始，学生逐渐学会区分概念中本质的东西和非本质的东西，但此时的抽象逻辑思维依然离不开直接经验和感性认识，思维仍具有很大成分的具体形象性。有意想象增强；想象更富有现实性；想象的创造成分增多。

**理论运用**

小学生在做作业出错时，教师或父母往往用罚抄的方式来处理，希望孩子由此长记性。然而，有些错误可谓屡教不改。你认为孩子作业中同类错误一犯再犯的原因是什么呢？你可能认为就是孩子粗心造成的，也可能认为是孩子对错误不在乎。可是，也有人认为这种错误原本就是小学生特别容易出现的“正常错误”，你赞同这种看法吗？

有时候，我们检查孩子的作业，发现有明显错误后，往往希望孩子自己能够检查出来，于是，我们提醒说“这一页有个错误，你自己看看。”可是，孩子找了很久都找不出错误来。如果我们再不指出来，他就可能拿起橡皮擦乱擦了。为什么孩子自己发现不了我们一眼就能发现的错误呢？

心理学研究发现，这种现象与小学生认知行为的自我调节困难有关。因为一般而言，小学生尤其是低年级小学生注意到自己作业错误的能力并不强，这并不是说他们不愿意修订错误或者没有修订错误的能力，而是因为他们在这个阶段认知行为的自我调整发展缓慢。这样说来，小学生不容易修改自己作业中的错误，并非完全由其个人的某些问题所决定，而是与其成长阶段有关。

因此，建议在孩子开始作业前，给孩子讲清楚这次作业的特殊需要和容易犯错的地方，提前预防。在其犯错后，要及时要求孩子修订，尤其是要讲清楚此处的特殊要求。又如，弹钢琴时，对孩子讲清楚某节练习中的特殊要求，让孩子将有特殊技巧要求的地方拿出来进一步研究和练习。这样都可以帮助孩子减少错误，提高自我调节能力。

### 2.小学生的个性与社会发展

◆ 小学生的情绪特点

进入小学后，孩子的情绪自我调节能力快速提高。谈到成绩的时候，他们更希望听到赞许，并逐渐学会控制自己的消极情绪。在校期间，孩子们都害怕糟糕的成绩和同学们的排斥，个人伤害的可能性经常令他们烦恼，例如同学的欺负、成年人的打骂等。这一点在我国尤其突出，由于高度重视自我约束和遵守社会标准，中国的孩子与澳大利亚或美国的同龄孩子相比，更加害怕失败和父母的批评。

到了10岁，大部分孩子都有一套恰当的控制情绪的技巧，自我控制情绪的策略趋于多样化，能根据环境调节自身情绪。因此，有时候他们的表情并不一定表达其内心真实的情绪。同时，孩子们根据获得的多元信息理解他人情绪的能力增强，因此，促进孩子亲社会（利他）行为的主要因素——移情——得到发展。他们更加明白多样化的情绪，并能通过更多途径深入他人内心、换位思考和安慰他人。[10]

家庭教育对孩子情绪的自我控制有着深远的影响，对移情和同情心也有影响。如果父母培养和鼓励孩子对他人的情绪敏感，同情他人，那么孩子长大后就更懂得同情他人。当孩子表现出不合适的情绪时父母要及时进行指导，告诉他对人友善的重要性。相反，急躁或者以惩罚为主要手段的家庭教育将会在孩子很小的时候就中断移情的发展，这种孩子更有可能很少关心别人，而对别人的痛苦表现出害怕、愤怒或人身攻击。有研究表明，同情心受到遗传的影响并不大，而主要来自模仿父母的情绪反应和环境影响。[11]

3. **小学生需要的特点**

在整个小学阶段，儿童有着强烈的活动需要，包括对游戏活动的需要和对运动活动的需要。交往需要是小学生最基本的社会需要。成就需要是交往需要与自我实现需要相结合的产物。小学生成就需要主要体现在学业范围内，其发展主要表现出两个特点：一是随着年龄的增长，小学生的抱负水平有所提高；二是对学业失败的焦虑增长。

儿童的学习动机有：为了得到好分数，不想落在人后，或是为了得到老师和

---

10 [美]劳拉·E. 贝克. 儿童发展(第5版)[M]. 吴颖 等译，南京：江苏教育出版社，2002：561—571.

11 同上，569.

家长的表扬、欣赏和奖励而学习；为履行集体和组织——如学校班级及其各种组织交给的任务，或是为集体和组织的荣誉而学习。低年级小学生的学习动机多为第一种。

4. **小学生道德发展的特点**

◆ 对道德知识的理解，从比较肤浅、表面的理解逐步过渡到比较准确的、本质的理解。但是整个小学阶段，这种理解的具体性大，概括性较差。如分不清“勇敢”和“冒险”、“谨慎”和“胆怯”等。

◆ 在道德品质的判断方面，小学生从只是注意行为的效果过渡到比较全面地考虑动机和效果的统一关系。

◆ 在道德原则的掌握上，从简单依赖于社会的、他人的规则，逐步过渡到受内心的道德原则制约。

在道德行为的发展来看，在小学阶段，儿童的道德认识和道德行为、言行基本上是协调一致的，但年龄越小，言行越一致；随着年龄的增长，言行脱节、能说不会做的现象便会出现。这种言行脱节的现象在小学生身上出现是正常的，是需要教育者理解和加强辅导的问题。一般认为形成这种现象的原因较复杂，主要有：模仿的倾向，出于无意，成人的要求不一致，外界不良因素的干扰，做事、控制自己的能力差。

我国学者研究认为，小学阶段道德品质发展的质变时期，即品质发展的“关键年龄”，大概出现在三年级下学期前后，这是加强辅导和促进发展的关键阶段。

### 2.2.2 家庭与小学生心理健康

家庭给予孩子的遗传除了影响其身体发育之外，也影响其心理和行为的发展。遗传提供了人类成长与发展的蓝图，然而，真实的成长和行为发展过程也依赖于外部环境并受其影响。因此，我们并不能精确地说出哪个行为是由遗传所决定的，哪个行为背后的心理原因来自环境。对某一个行为而言，我们同样不能精确地说出它的百分之几是遗传造成的，剩下的百分之几则源于环境决定。[12] 但这并不妨碍我们理解孩子的行为以及行为之后的心理机制和原因。孩子的生长发育与家庭因素有关，同样孩子的心理发展与健康状态也体现了家庭差异的显著特征。

1. **小学生的入学适应问题**

**案例研究**

每天早上小燕都要妈妈反复催叫“快点起来”才肯起床，接下来就是边穿衣服边哭，哽咽着吃些早点后，坐在妈妈电动车的后座上去学校。在路上，不停地和妈妈说，下午一定要来接她。妈妈开始变得烦躁起来，有时候就当没听见小燕说的话或者不去看她要哭的表情，一脸严肃略带点怒气地直接驾驶电动车到学校门口。小燕下车后，还要拉着妈妈，问下午几点来接她，妈妈再也不愿蹲下去和她说来接她的时间，摸着她的头告诉她说老师会喜欢她之类的话了，而是努力推她进去，而她则眼泪汪汪地拉着妈妈不放，两个人的纠缠多数时候都以妈妈最后甩手扭头就走结束。已经两个多礼拜过去了，天天如此。

你家的孩子在刚入小学的时候，出现过这种情况吗？或者你在学校门口注意过类似的情况？

我们常常把这种情况，定义为小学的入学适应问题。尽管这种情况，没有当年孩子初入幼儿园的时候那么普遍和严重，但依然存在。事实上，孩子入学不适应的表现远不止我们在家里、在上学的路上和在校门口所见到的。孩子在学校里面、在课堂上、在和同学或者教师互动的过程中都可能出现不适应表现。看看你的孩子有这些情况吗？

■不愿意上学，就像郝燕那样拉着妈妈哭，拉着妈妈的手不愿放。或者找借口，说这儿痛，那儿不舒服。

---

12 ［英］彼得·史密斯，海伦·考伊，马克·布莱兹. 理解孩子的成长［M］. 寇彧 等译. 北京：人民邮电出版社，2006：17－21.

■性格特别内向，不和其他孩子交流、玩耍逗乐，鲜有小伙伴。

■上课注意力不集中，在上课时随意站起，或者在自己的座位上玩书包，甚至在教室后面走一圈。

■上课时不积极主动，不举手，不发言，默不作声。把听老师讲课当成听老师说话。

■不愿做作业，或者做作业特别慢。对写的字不满意，反复擦掉重写，甚至整段、整页擦掉重做，不断重新开始。

■不知道老师布置了多少作业，或者忘记了抄老师布置的作业，交去的作业不是做多了就是做少了。甚至玩起来忘记了做作业，临睡前突然想到有作业。

■不按时起床，需要反复催叫才起来，甚至上课迟到。下午上课打瞌睡。

■偷偷从家里带零食或小玩具来学校，而应该带的学习用品或者作业却忘记在家里。

孩子从幼儿园进入小学，确实有一个逐渐适应新校园环境和生活的问题。对小学一年级的新生来说，学校是新的，伙伴和教师是新的，课堂组织形式也是新的。学校对孩子们的要求也不一样，比如有作业，课堂上要求大家按照固定座位规规矩矩坐在那里听课等等，这一切都构成了新入学儿童心理适应的挑战。因此，难免有部分儿童出现适应不良现象。

这些适应不良需要孩子花上一段时间经过自我调节方才改善，但是少数孩子可能要花的时间很长。因此，家长可以通过多种策略来帮助孩子度过适应期。实施下列方法，或许会有所帮助：

◆不拿老师吓唬孩子说“再不听话，就让老师把你关起来”之类的话，相反，告诉孩子“语文老师说，看到你今天到校那么准时，她很高兴，也很喜欢你。”

◆夸赞孩子背书包、穿校服、戴红领巾等的样子和神气，让孩子感到上学是一件光荣的、值得骄傲的事。

◆利用开学第一天或上下学接送的机会，观察学校校园环境，记住那些有趣的地方，和孩子一起讨论学校环境，夸赞校园有助于增强孩子对学校的喜爱之情。

◆鼓励孩子与住宅区内的其他小朋友交往，多带他们参加集体活动，增强他们的交往技能。

◆与住宅区内同班同学家庭结成对子，和他们一起相约上学、放学。

◆训练孩子安静看书、画画，或者和孩子一起讲故事，培养孩子倾听的习惯，提高他们的注意力。

◆利用开放性问题(即没有固定答案的问题)，激发孩子积极思考。鼓励孩子主动提问，并和孩子一起讨论问题的答案。

◆在家里为孩子设置一个稳定、安静、独立的看书和做作业的地方。

◆提醒孩子将老师布置的作业记在家校联系本上，或者在书上做记号，以便孩子在临下课前老师语速很快地布置作业时，不会漏记。

◆孩子晚上做完作业后，早点安排孩子睡觉，并逐渐约定起床的规则，例如时间、叫醒的次数等等。

◆锻炼孩子使用筷子吃饭，安静用餐，专心咀嚼，以缩短吃饭时间。

◆鼓励孩子收拾自己的东西，让孩子学会按照功课表和头一天老师的布置整理书包和准备学习用品。在路上，让孩子背自己的书包。

**2. 厌学问题**

据调查，农村小学生有厌学情绪的占14.88%，[13]而留守儿童厌学的比例更高，[14]城市小学生的厌学比例则接近17%，[15]可见，厌学情绪在小学阶段就在演

---

13　郭志芳，盛世明，郭海涛. 农村小学生厌学现状及影响因素[J]. 教育学术月刊. 2011(9).

14　张璟钰. 留守儿童厌学原因分析与社会工作介入[D]. 云南大学2013年硕士学位论文

15　郭志芳，范安平. 城区小学生厌学现状调查研究[M]. 上饶师范学院学报. 2011(8).

变成为严重的问题。

小学生有厌学情绪主要表现在课堂上东张西望，或者做小动作、和同学说话，甚至上课打瞌睡。在家表现包括不愿做作业，多次提到不愿上学，甚至装病逃学。

厌学的"厌"看起来是一种心理态度，与孩子的学习动机和兴趣有关，但真正的原因却并不仅仅缘于孩子自己。很多孩子原本很喜欢上学，后来演变成厌学，显然是学校和家庭的一些体验在起作用。例如入学适应不良，过重的课程负担和学业压力，不恰当的家庭教养方式，长期得不到教师的关注和鼓励，同学的耻笑或欺负，不良的师生关系等等。孩子如果在学习中无法满足成功的愿望，生活中又缺乏理解和关爱，在学习和生活过程中不断体验消极情绪，最终难免使学生丧失自信心，消极地对待学习，产生厌学心理。

因此，孩子家长要注意给孩子减压，与学校和教师密切合作，科学参与子女教育。

◆不要只关心孩子的考试分数。考得怎么样是由学得怎么样决定的，所以家长要参与到孩子的学习过程中来，而不是直到考试后在那里守着问她"考了多少分呀？"

◆不要给孩子追加额外的作业负担。教师布置作业都有自己的考量，基本能满足一般学生的学习需求，因此，家长不必要给孩子额外购买复习资料或者练习。如果孩子学习有困难或者有余地，可以适当考虑针对性开"小灶"，但也要控制量和难度。

◆对学习困难的孩子，建议家长结合自己的家庭生活或工作优势，创造机会让孩子在家里日常生活中发现与所学知识有关的问题、鼓励孩子探究，为孩子展示所学知识与技能创造条件和机会。

◆多在孩子面前说学校和老师的好话，告诉孩子他就读的学校是个好学校、班级是个好班级、老师都是好老师，增强孩子对学校、班级和教师的认同与情感。把老师对你夸奖孩子的话，原原本本甚至添油加醋的告诉孩子。

◆鼓励孩子。在孩子完成作业的时候，表扬他这一次做作业很快或者写得很工整或全对了或一次都没跑出来过或很安静等等，哪怕孩子只有一点点进步，都要表扬孩子做得好的那一点点事。

◆和孩子讨论他们班上的那些人那些事，让孩子每天回来都和你分享他们班的好人好事、闲闻趣事。

小学生的心理健康问题还可能表现在人际交往障碍、注意力障碍（儿童多动症）等方面，但我们反对家长简单比对孩子的一些行为后，就随意下结论孩子有心理问题，甚至不避嫌地当着孩子的面说他有心理问题。这容易给孩子贴上标签，让孩子感觉自己不正常。事实上，偶尔发生的不良行为并不一定就是心理有问题，是否有问题需要经过专业、科学的测量。当然，在我们注意到孩子的不良行为时，便要认真对待，分析原因并帮助孩子改善。

家庭是小学生接受教育的最初环境，家庭气氛直接影响小学生的情感意志，影响其心理的健康发展。家庭结构、父母的心理健康状况、父母与孩子的交流方式、家庭教养方式、家庭气氛等都可能影响孩子的心理和行为。而学校作为专业的教育机构，孩子集中在这里学习、生活，也对孩子的情绪情感和心理健康有重要影响，例如课业负担过重、教师关注和关爱不足、同伴不良影响等都可能催生孩子心理与行为方面的问题。

此外，家庭所在的社区环境也可能在一定程度上影响到孩子的心理健康，尤其是社区中灾难性事件、不良伙伴或成年人的示范、网吧等娱乐场所的负面影响较大。

因此，家长既要改善家庭内部的教育环境，要树立正确的教育观，用科学的方法指导子女的成长，又要积极加强与学校合作，配合学校心理健康教育，还要引导孩子克服环境的不良影响。

# 第三章 当好家长

有人提出父母和家长是两个不同的概念，[1]认为父母是生理意义上的，是因孩子出生就获得了的身份。而家长则不同，家长是孩子的教育环境，是相对于教师的一种社会化身份。这种观点虽然并不见得完全说透了有关的道理，但也绝非咬文嚼字的游戏，至少它提示我们注意：当好家长并不是每个身为父母的人自然而然就会的。当然，如果一定要将父母和家长区别开来，也是有一定依据的，比如父母是特定的人，而家长可以推展到孩子父母之外的监护人，从这个层面上说，父母和监护人都对孩子的成长负有责任。

然而，我们并非天生就能胜任当好家长的职责。正常情况下，我们在取得结婚证后，再领了一个准生证就开始孕育生命，孩子呱呱坠地后，我们凭借自发和零散学到的一点经验仓促上阵，根据我们想当然地认为有道理或者有效果的

1 于展. 先学做父母再做好家长[M]. 武汉：武汉大学出版社. 2011.

方法教育孩子，直到他三岁后送进幼儿园或者六岁后送进小学。虽然做父母天生是我们的职责，但我们却不是天生就能做好父母的，因此，我们需要学习如何做父母和做家长。可是，在我们对孩子进行家庭教育之前，的确很少有人也很少有机会接受相关的教育和培训。和那些做教师的人相比，为了教育我们的孩子，他们持续接受相关教育和技能培训，并拿到了大学毕业证、普通话合格证、教育学和心理学的合格证、教师资格证以及包括写字画画和计算机技能在内的各种各样的继续教育合格证。新任教师往往需要经历一段持续的职业生涯，才可能成长为一位合格教师，而需要成为一名优秀教师则需要更多的实践和反思、培训和训练。可是，在国家推行计划生育的当代，在少子化趋势逐渐显著的今天，我们当中的相当一部分人只有为数不多的一到两次做父母、做家长的机会。我们没有准备好，同时也没有多少锻炼和积累经验的机会，尤其重要的是，我们不能失败！

因此，我们需要学习，虽然孩子们已经长大到了上小学的年龄，我们也不可能从头再来，虽然现在开始学习当好家长的知识和技能已经有点晚，但亡羊补牢，总还是值得的。

## 本章要点

本书自这一章开始探讨家长参与子女教育的六类行动，以帮助家长提高参与技能。这一章探讨的是六种实践类型的第一类：当好家长，旨在帮助人们理解当好家长的基本要求及其对于小学生的意义。

当好家长或者当个好家长几乎是每个为人父母者的心愿，但当好家长却并不是一件容易的事，有想法还要有行动，有行动还要讲究方法。我们在这里讨论当好家长是从家长参与孩子教育的视角来展开的，比我们通常所说的当好家长的概念要小一些，而通常我们所说的当好家长事实上涵盖了本书所说的全部六种参与类型，因为我们所做的一切几乎就是要当好孩子的家长。我们之所以要将大家已经熟知的当好家长的概念缩小来用，在于我们希望让家长理解有些参与工作是基础性的，目的在于营造一种家庭氛围，为其他几种参与类型储备知识，影响其他参与活动中秉持的理念和参与质量，特别是，我们希望通过本章的讨论让家长重视那些容易被我们忽视的工作。

当好家长就是要我们在为孩子提供基本生活条件的同时，在家里营造将其视为学生的家庭环境，以使家庭成为“学校般的家庭”。即使是为孩子们准备适合他们在不同发展阶段身心特点的基本生活条件，也不是一件很容易的事情，更不用说建设“学校般的家庭”。

本章将：

●解释当好家长对于小学生成长与发展的作用。

●分析当好家长的基本要求，包括观念方面和技术规范方面的要求。

●强调家长加强学习以及帮助学校了解家庭背景与教育目标的意义。

●展示当好家长的经验实例。

**快速浏览**[2]

## 当好家长与儿童成长

一、当好家长对儿童成长有直接的正向影响

总体来看，当好家长的参与程度越高，儿童就越可能获得好的成长状态，即家长参与的当好家长类型对儿童成长有正向影响。

二、当好家长减弱家庭社会经济地位对儿童成长的影响，且在低社会经济地位家庭中表现更明显。即使是社会经济地位很低的家庭，如果当好家长参与程度高的话，也能减弱家庭背景的劣势，促进儿童成长。调查数据显示，社会经济地位等级为低的家庭中，如果当好家长参与程度低，儿童成长等级为低的比例是28.0％，如果当好家长参与度高，儿童成长等级为低的比例下降5个百分点，为23.3％。

在社会经济地位等级为高的家庭中，当好家长对儿童成长也有一定的影响。如当好家长参与度低，儿童成长等级为高的比例是33.7％，如果当好家长参与程度高，儿童成长等级为高的比例上升4个百分点。

三、当好家长在一定程度上能减弱社区环境对儿童成长的影响

在社区环境较差的家庭，如果当好家长参与程度低，儿童成长等级为低的比例是27.1％，儿童成长等级为高的比例是24.5％；如果参与度高则儿童成长等级为低的比例只有22.7％，相反，儿童成长等级高的上升到27.6％。儿童成长随着当好家长参与度的提高而提高的变化趋势也在社区环境等级为高的家庭中出现。

四、无论儿童智力水平如何，当好家长能显著地促进儿童成长，且在低智力儿童中体现更显著。在智力水平低下的儿童中，如果家庭对当好家长参与度低，将有37.9％的儿童处于成长的低等级，只有10.3％的儿童处于较好的成长

---

2　吴重涵，张俊，王梅雾．家庭背景与家长参与关系的实证研究[M]．南昌：江西教育出版社．2014：149－181．

状态；如果家庭提高当好家长的参与度，则低成长等级儿童的比例降低到24.7%，两者相差7个百分点，高成长等级儿童的比例上升到28.1%，上升近18个百分点。

在智力水平优秀的儿童中，如果家庭对当好家长参与度低，将有25.3%的儿童处于成长的低等级，只有28.1%的儿童处于较好的成长状态；如果家庭提高当好家长的参与度，则低成长等级儿童的比例降低到20%，两者相差5个百分点，高成长等级儿童的比例则上升到30.7%。

因此，当好家长减弱了低智力水平儿童的弱势，进一步发挥高智力水平儿童的优势，促进了儿童成长。尤其是，当好家长对低智力水平儿童成长的影响更明显。

## 3.1 当好家长的作用与基本要求

当好家长可以让孩子们从父母那里学到良好的言行和习惯，保障孩子身心健康成长，同时让孩子感受到父母的爱以及爱的用心与努力，使亲子沟通顺畅，增进家庭和谐安定，从而减少儿童的偏差行为。还可以增强小学生对学校的认同和对小学生活与学习的适应。从父母的角度，可以增进家长的效能，让父母增强为人父母的信心。

**想一想**

恋爱时，我们对婚姻家庭生活充满美好憧憬。结婚后，我们计划着生儿育女，想象天伦之乐的美妙情景。待到孩子出生后，看到健康聪明漂亮的宝宝，我们无限欣喜，不厌其烦地照顾他们。可是，随着孩子慢慢长大，我们逐渐感到累甚至烦，在情绪上也会表现出来。比如，不知道从什么时候开始，我们变得对孩子没有从前那么好的脾气了。然后，孩子到了上学的年龄，我们有时候甚至和孩子之间会闹些小小的不愉快。常常有家长说“为孩子操尽了心，操碎了心”，结果却并不如曾经的理想。难道当好家长真的就那么难吗？怎样才能当好家长呢？除了对孩子的爱和耐心，还需要什么呢？

关于怎样才算得上是当好了家长或算作是一位好家长，人们的回答有时大同小异，有时甚至截然相反。例如，关于好家长应当无条件地爱孩子，应当是孩子们积极人生的榜样等等观点，大家都会认同。可是，关于什么行为体现了无条件的爱，我们的看法和做法很可能完全相反。一段时期以来，农村里很多孩子的父母远走他乡务工、赚钱，改善了家庭的生活状况，也给孩子们的成长创造了更好的条件。他们自己在外务工期间加班加点，只想多赚点钱，生活上省吃俭用，而每年回家时却给孩子很多压岁钱，给孩子买吃的买穿的，这当然是爱孩子的表现。但是，他们的孩子却在成长中的重要时期，没有父母陪伴在身边，长期的思念和缺乏沟通，也给孩子的健康成长造成很多不良影响。另一些父母，即使家里经济基础条件不好，为了守着孩子好好学习，放弃外出务工赚钱的机会，日子过得很不容易，这也是爱孩子的表现。但家里的经济状况不够好，孩子享受不到别人家里孩子能享受到的物质条件。这两种家长都想当好家长，都爱着自己的孩子，但是做法却完全不同。可见，观念上，我们当好家长的理想非常接近，然而行动上，我们的差别很大很远。

那么，当好家长有什么具体的要求呢？

**1. 营造友好的家庭生活环境**

家庭是儿童成长最重要的场所，家庭人际关系、家庭成员之间的交流习惯和互动模式在塑造儿童性格方面起着重要的作用。在孩子上小学的时候，父母的婚姻一般经历了6—7年左右。恋爱和新婚时期的甜蜜、怀孕和生子时期的喜悦，都被生活琐事冲淡，取而代之的是酸甜苦辣各种滋味，因此，特别需要家庭成员之间相互体谅和关爱，营造和谐、友好的生活环境。

对于儿童来说，对他们影响最大的是与其联系紧密的父母之间的关系，以及自己与父母之间的关系。和谐友好的家庭环境有利于子女的成长，而家庭冲突则会成为孩子心理创伤的背景，还可能导致孩子在神经——心理上的某些病态。父母经常性的冲突，子女易出现情绪混乱，社会适应能力较差，子女患精神分裂症的可能性较大。有研究发现，矛盾冲突家庭的子女行为问题的发生率明显高于和睦家庭。[3] 我们的调查和访谈也发现，经常吵架的家庭，孩子难以感受到父母的爱，缺乏安全感。这些孩子由于在家里感觉压抑，所以不愿意呆在家里，与父母的交流变得越来越少，很容易在外面结交行为有问题的伙伴。同时，这些孩子往往担心父母生气或者吵架是因为自己的言行不当，所以不敢正常表达自己的需求，变得胆小甚微。家庭冲突的情景常常引起孩子负面情绪，不安、恐惧体验增多，孩子的自卑心理难以克服或者脾气变得暴躁，攻击性言行增多。

从学习的角度上看，家庭冲突在很多学习环节上都会影响孩子的学习行为与效果。家庭的冲突情景常常在孩子安静下来的时候不经意浮现，从而影响其思考、听讲和阅读时注意力的集中，因回忆父母吵架的情景、担心父母还在吵架、害怕父母今后还会吵架等，导致孩子在需要集中注意学习的时候而分心"走神"。由于不愿回家感受那种令人压抑的气氛，多次体验家庭冲突的孩子更愿意停留在学校与家庭之间，长时间的停留将挤占本应当回家做作业、复习和预习的时间，导致在不得不回家后，孩子只能在优先的时间里抢作业进度，作业质量和学习效果难以保证，出现"鬼画桃符"的现象，不利于孩子养成良好的学习习惯。尤其重要的是，由于在外面停留的时间过长，孩子学坏的机会增大，不利于孩子养成良好的行为习惯，甚至孩子被坏人所害的潜在可能也增大，不利于孩子健康成长。

相反，家庭成员之间和睦相处，孩子就会感受到家庭的温暖，获得亲人的支持力量，心理和行为问题就可能较少，甚至对孩子未来的婚姻幸福都有启蒙

---

3　李松.家庭环境对儿童发展影响的研究综述[J].许昌学院学报.2007(4):143－146.

作用。

学校围绕着团结、友爱的原则教给孩子们一系列的行为规范。如果家庭成员之间也能做到团结友爱，将有助于孩子在学校和家庭都坚持同样的待人原则和行为规范。

2. **正确爱孩子**

没有哪个父母不爱自己的孩子，但是父母对爱的理解却不同，表达爱的方法却也不一样。如今，小学生的成长环境发生了很大变化，城市里的独生子女多，有人用“三独时代”来形容：家长、学生和教师都是独生子女。而农村里的留守儿童多，有人用“留守时代”来形容：留守老人或者留守妇女带着留守孩子。在城市的独生子女家庭里，一个孩子身边围绕着四个甚至六个成年人，对孩子关爱有加、娇宠有加，孩子俨然成了“小皇帝”。在农村的留守儿童家庭，祖辈家长的关爱加上父辈家长的内疚，对孩子的放任自流，不能严格要求。可见，并不是每个家长都能很好地平衡爱与管教的关系，不能做到正确地爱孩子。

所谓不能正确地爱孩子，就是在爱和管教之间没有掌握好分寸，要么是爱过头成了溺爱，要么是管教过火成了棍棒教育，都对孩子的成长和发展不利。

当孩子不在场时，很多家长都会说“我们从来不溺爱孩子!”，尤其是和教师交流时，家长们更愿意这么说。这说明家长们普遍意识到溺爱孩子是不对的，有这个认识很好。但是，现实生活中，溺爱既是一种传统，也是当今的一种通病。[4] 溺爱孩子的家长总认为“孩子现在还小，长大了就知道了、就懂了、就会了、就好了……”，虽然孩子的行为与其年龄和理智成熟程度有关，但是如果在小的时候没有很好地引导，年龄增大并不会自然而然就有如人所愿的行为、品质和知识技能。相反，溺爱还可能伤及孩子本人的成长与发展，影响家庭的和谐与幸福。

---

4 冉阳. “中国式家教”的两大通病[N]. 现代教育报. 2005－11－22.

**操作练习**

大多数人都知道溺爱孩子有害，大多数人也都不认为自己对孩子的爱是溺爱，并不是我们刻意回避，而是因为我们不知道哪些行为是溺爱。

请根据自己家里的实际情况，看看哪些是你本人做过的，哪些是其他家庭成员做过的？然后看看哪些做法曾反复多次出现了？

■ 家里好的食品放在孩子面前让他一人享用，或者家里只给孩子一个人过生日。

■ 大人交谈时，如果孩子无休无止地吵着要陪他玩，我会停下来和他玩。

■ 不答应孩子的要求时，如果他哭闹、在地上打滚、不吃饭、往外跑或者掐自己，我们最后就答应他算了。

■ 看电视时，遥控器由孩子掌握，他要看什么节目就看什么节目。

■ 我不让孩子背书包，上下学时，他的书包基本上都是我背。

■ 爸爸要管孩子时，妈妈会出面阻扰："不要太严了，他还小。"或者父母要教育孩子时，爷爷奶奶会站出来责怪："长大了就好了；你小时候，还没有他这个样子呢。"

■ 担心孩子伤着自己，所以我们不要孩子做学习之外的任何事情，即使是他会做的事。

■ 孩子和小朋友发生矛盾时，我们会坚持认为自己的孩子有道理，或者再也不许自己的孩子和小朋友在一起玩。

■ 接送孩子上下学时，即使是学校反对，我们也希望能把孩子送到学校里面。

■ 由于孩子忘记了带学习用品去学校，我们已经给他送过很多回了。

■ 孩子做完作业后，课本、作业本、文具和书包等等都是我们大人帮他收拾好。

■ 孩子做作业时，大人会一直陪在身边，如果不会做，我们会随时告诉他正确的答案。

■ 孩子还需要大人哄着才能入睡。

■ 孩子很容易生气或者发脾气，而他生气或者发脾气往往导致大人之间发生争执或相互指责。

并不是说有上述某种现象就一定是溺爱孩子的表现，但是如果多种现象长期存在或者反复出现，就可能有溺爱孩子的倾向了。

"溺"的基本意思是"没入水中"、"淹没"，可见，溺爱是不正确的爱。被溺爱的孩子，更可能过分依赖成年人、倔强任性、胆小怯懦、偏食挑食、生活自理能力和社会适应能力差，甚至智力低下、品行有问题等。

与溺爱孩子相对应的另一个极端是棍棒教育。我们也有崇尚打骂孩子的传统，例如相信"不打不成器"、"棍棒底下出孝子"以及"打是亲，骂是爱"等等。即使实施棍棒教育的家长也是出于爱自己的孩子，只是认为爱孩子就要对孩子要求严厉，而要求严厉就是通过打骂、呵斥、体罚来实现的。这同样是爱的一个误区。

关于能不能打骂孩子，人们的看法并不一样。但是，关于惩罚孩子，大家都可能不反对。而家庭教育中的现实问题是，有人将惩罚和打骂等同起来了，有人只会用打骂孩子的方式进行教育。尤其是近几年，随着《虎妈战歌》和《所以，北大兄妹》的畅销，华裔美国妈妈蔡美儿讲述的她在美国做妈妈的故事和香港商人萧百佑将三个儿女打进北大的故事，引起了人们的广泛关注和辩论，打骂孩子的做法受到追捧。

我国法律禁止对未成年人实施家庭暴力，要求"父母或者其他监护人应当关注未成年人的生理、心理状况和行为习惯，以健康的思想、良好的品行和适当的方法教育和影响未成年人"。可见，打骂孩子没有法律上的依据。虽然打骂孩子偶有促使孩子成功的案例，但从更多的情况看，用简单粗暴的方法教育孩子对孩子的健康成长是有害的。

**操作练习**

家长打骂孩子的原因很多，可能每次打骂孩子的原因都不同。请根据你家的实际情况或者你对别人家情况的观察，看看在下列什么情况下，孩子更可能挨打：

■ 小孩子挨打挨骂很正常，哪个孩子没有过，我自己小时候就总是挨打。

■ 讲道理也没用，鼓励也没用，什么办法都试过，实在没有别的办法。

■ 没那么多时间和精力跟孩子讲道理，讲道理他也听不进去。

■ 同样的错误反复出现，屡教不改，都被他气死了，不打不长记性。

■ 学习不用功，没考好，打一顿就能管一阵。

■ 犯了错误不承认，还要顶嘴、抵赖。

■ 本来打算教育他几句算了，可是刚一开始，家里其他的人就护着他，气不打一处来，就打了他。

■ 如果当天自己心情不好，教育孩子时我更可能打骂孩子。

家长打骂孩子看起来都是孩子造成的，实际上有家长自身的原因。第一种情况的发生，是因为家长小时候挨打的经历影响了自己对孩子的教育方式，属于简单复制错误的育儿经验；第二种情况源于家长没有找到更好的教育办法，根源在自己难以胜任家长角色；第三种情况说明家长自己没有耐心；第四、第五种情况是因为家长的期望过高，认为打孩子就有效果；第六种情况发生时，家长感觉到自己的权威受到了挑战；第七种情况是打给其他家庭成员看的；最后一种情况是出于家长自己泄私愤。

早期的研究表明，那些经常打骂孩子的父母自己在儿童时代就有挨打挨骂的经历，他们不切实际地期望孩子应当满足他们自己未满足的精神需要，或者符合他们对孩子的期望，因此，他们往往难以控制对孩子动手动脚的冲动。事实上，虽然打骂孩子的行为在有童年阴影的父母当中更为常见，但是那些“正常”的父母也会攻击他们的孩子。这不仅同父母的成长经历和心理问题有关，也同孩子的秉性和特质有关，例如固执的孩子、注意力不集中或者好动的孩子，更可能使自己成为父母打骂的对象。性情顽劣的孩子的父母认为自己很难控制孩子的行为以使其符合自己的期望，他们把孩子的难以管教或者不听话归结为固执的或不良的性情，这种看法导致他们在孩子行为不当时下意识地就动手或者大发雷霆地怒骂。

在一些家庭，对孩子的打骂一旦开始，就会成为家庭生活的一部分不断在各种偶然情境中循环。[5] 例如孩子没考好、不认真写作业、作业中有明显错误或者重复同一种错误、被老师告状、赖在电视机前不走、无休无止地问这问那、止不住哭泣、弄脏衣服、打破了一只饭碗或茶杯、弄丢了东西、倒开水时不小心烫了自己、不小心摔破了膝盖、没照看好弟弟妹妹、拒绝喝药、顶嘴、多次提醒没有回应、不小心弄痛了爸爸妈妈等等。不过，上述情景是否导致孩子挨打挨骂，还有其他一些因素起着基础性的作用。低收入、家庭冲突或婚姻危机、混乱的家庭生活、超强的工作压力等都会增大父母打骂孩子的可能性。

遭受虐待的儿童所处的家庭环境严重损害了儿童的情绪调控能力、自我意识和社会交往能力的发展。随着时间的推移，这些年轻人表现出严重的学习和适应障碍，包括与同伴相处困难、学业不佳、严重的抑郁、越轨行为。经常挨打挨骂的孩子的家庭生活环境中充满了学习暴力的机会，降低孩子的自尊水平，导致孩子严重焦虑、自责，有时这些童年阴影甚至会导致青春期的自杀倾向。[6] 在学校里，他们有严重的纪律问题、叛逆严重、厌学和不成熟的认知能力导致学业成绩较差，发展不良伙伴关系。

---

5　[美]劳拉·E.贝克.儿童发展[M].吴颖 等译.南京:江苏教育出版社.2002:822－823.

6　同上,827.

几乎所有的家长都清楚打骂孩子不好，因此，打骂作为一种教育方式在多数情况下算得上是最后一招，令人遗憾的是，这最后一招常常被使用，以至于家长打骂孩子的现象非常普遍。[7] 经常打骂对孩子的学业、心理、行为以及身体健康都可能有不良影响。英国普利茅斯大学心理学院科学家的一项心理研究显示，那些儿时遭殴打的人患癌症的风险增加70%以上，患心脏病风险增加30%，因为打骂给孩子造成的心理压力过大。打骂孩子可能增加他们患癌症和心脏病的风险，即使打骂教育没导致孩子患癌症，也会导致其长大后患心理疾病的可能性大大增加。在心理学上已经证实，父亲经常打儿子，会造成儿子逆反心理，不愿服从社会规范，或成年后不愿面对现实，缺少男子气的情况。父亲经常打女儿，会造成女儿缺乏自尊和自信，在青春期容易出现早恋的情况。母亲经常打儿子，会造成儿子缺乏自信，性格多疑。母亲经常打女儿会造成女儿嫉妒心强，没有安全感的后果。可见，打孩子不能解决问题，还会造成新的心理问题。[8]

因此，我们要正确的爱孩子，平衡爱与管教的关系。既要爱孩子，又要帮助孩子树立规则意识，尊重父母的权威。我们将在后文通过实例来探讨如何与孩子建立规则。

3. **以身作则**

家庭是孩子最初社会化的地方，在这里孩子学会将来走上社会的技能，习得一些行为习惯。一般来说，孩子和父母接触的时间最早、最多、最长，孩子的言行最初是从模仿父母开始的。他们对社会的判断、对人生的态度、对他人的看法也深受父母的影响。这些影响有的是父母抱持明确目标教孩子的，而更多的都是父母不知不觉中被“偷学”的。在学业、行为和教育理想等方面，父母都会正面教育和强调，对孩子说应该这样做，不应该那样做，以此来规范孩子的言

---

7　[德]克里斯蒂安·温格尔文.中国家长打骂孩子普遍[N].青木 译.环球时报.2005-02-02:9.

8　飞飞.经常打骂增加孩子成年后患癌风险[N].中国妇女报.2012-12-03.

行。可是这种空洞的说教所起的作用往往微乎其微。而父母的一言一行,一举一动,孩子都会看在眼里,并以他们为榜样模仿效法。因此,在日常生活中,谨言慎行,以身示教,凡是不良的言行,首先要杜绝在自己身上发生。在孩子面前,父母的言行举止,都不是小事。希望孩子有怎样的良好习惯,成长为一个怎样的人,父母自己就要先养成那样的好习惯,成为那样的人。

**案例研究**

谢甜的爸爸妈妈都是中学老师,平时两人都有爱看书的习惯,尤其是晚上睡觉前都要看一段时间的书。2008 年暑假的一天早上,谢爸爸起床后到书房去,看到桌子上三本书反扣着,一本是自己看的,一本是谢甜妈妈的,一本是谢甜的。谢爸爸没动这些书,等大家都起床后,他把谢甜和妈妈都请到书房,指着书桌上的三本书,问她们发现了什么问题没有。

妈妈说:"这有什么问题呀? 你一本,我一本,甜甜一本,说明爸爸妈妈爱看书,影响到了孩子,孩子也爱看书。好事呀!"

爸爸问:"是呀,爸爸妈妈良好的看书习惯,对孩子来说是很好的榜样,孩子就学习爸爸妈妈去看书。那么,甜甜,你是什么时候开始爱上看书的,宝贝?"

甜甜摇摇头说:"我不记得了。"

"哦,你不记得,我也不记得。那么,你为什么要把书反扣在书桌上呢?"爸爸接着问。

"我又不知道,你们看的书都是那样反扣着,我也就那样了。"甜甜不知道爸爸想说什么,"我这样反扣着书,不行吗,爸爸?"

"我只是问问,等下我们再聊吧,现在去吃早饭咯。"谢爸爸提议。

早饭后,谢爸爸又和甜甜妈妈聊起反扣着书的事,"我们来想想,甜甜和我们都不知道她是什么时候喜欢看书的,这的确说明家长对孩子的影响是潜移默化的,并不需要专门去教孩子,她不知不觉就学到了。如果说看书的习惯是个好习惯，我们值得为这件事高兴。可是，还有一个细节，那就是我们俩看书后不把书放回原处，随手反扣在书桌上的动作也被甜甜学到了，这很可怕！”

“把书反扣在书桌上，也没什么不好呀。那样下一次要看的时候，拿起来就可以接着上一次看的地方继续，多方便。”甜甜妈妈随手拿起一本书，一边比划着说，“你看，如果把书放回原处，那就要把看到的地方先叠一个书角，或者塞上一个书签，然后合上书，再放回原处。下次要看的时候，取出来，翻开书，拿掉书签或者打开上次叠的书角，再看。一共有六个动作。我们这样反扣着，只要翻过去扣上，再反过来，两个动作就可以看了。不要大惊小怪。”

“我可没你这么乐观，虽然我们说不清楚反扣着书这件事本身是个好习惯还是个不好的习惯，但如果我们再推广到其他的事情上，我想到的是，我们的任何言行都是我们几乎没有评估就说了做了的，而这孩子她在什么时候以怎样的方式观察到，并开始模仿和练习，然后就成了她的行为习惯呢？即使我们反扣着书是件好事，但也不可能保证我们日常所有的言行都是好的，我现在担心的是，她究竟学到了我们哪些不好的言行？”

“这真是个问题，真的好可怕！”甜甜妈妈惊讶地说，“你这样一说，真的需要我们反思。我也听学生家长讲过做家长要为孩子树立好榜样，但是没细想过怎样做才是好榜样，看起来，不是那么简单地说说就可以的。我以后要注意，你也要注意，我们都要注意。”

1.甜甜的看书习惯和反扣着书的做法，哪一件更有可能是爸爸妈妈教过的？你为什么这样认为？

2.你觉得看书后把书反扣在桌子上是个好习惯吗？

3.请你和家里其他成年成员一起讨论这个案例，大家每个人列举一个自己和孩子或者某个孩子都有的习惯，然后再另外列举一个孩子和某位家庭成员都有的习惯。把这些都写下来。

4.一个一个地看刚才我们记下来的那些大人和孩子都有的习惯，然后尽力回忆孩子是什么时候开始的，我们是不是专门教过？最后数一数，我们清楚地知道孩子什么时候开始的一共有几个，我们专门教过的又是哪几个。

美国当代著名心理学家，社会学习理论的创始人阿尔伯特·班杜拉(Albert Bandura)认为，儿童社会行为的习得主要是通过观察、模仿现实生活中重要人物的行为来完成的。儿童要想进行观察学习，就必须有和他们比较接近的、值得学习的榜样，而给儿童影响最显著的榜样是给儿童温暖和关爱的人，拥有更大权力、影响和技能的人，以及与儿童相似的人。这些人在儿童的不同年龄阶段对孩子的影响不一样，最初儿童是以父母为榜样的，父母的表现在很多情况下成为孩子的参照。我国陶行知先生要求“以教人者教己”，就是说我们成年人要以自己教育孩子的那些来教育自己，为孩子树立良好的榜样。

4. **有一颗教师的心**

家长都希望教师有一颗父母心，既要认认真真教学生，又要像父母那样爱学生，即爱生如子。客观地说，这对教师的要求不高也不过分，因为《中小学教师职业道德规范》就要求“关心爱护全体学生，尊重学生人格，平等公正对待学生。对学生严慈相济，做学生良师益友。保护学生安全，关心学生健康，维护学生权益。不讽刺、挖苦、歧视学生，不体罚或变相体罚学生。”但是，要真的做到爱生如子并不是一件很容易的事。

美国霍布金斯大学爱普斯坦教授主张学校、家庭和社区建立合作伙伴关系，提出了两个重要的概念：家庭般的学校和学校般的家庭。其中，家庭般的学校强调教师要将学生视为孩子，甚至于学生可能会说溜嘴并将教师称为“爸爸”或“妈妈”，然后尴尬又开心地笑着。而在学校般家庭中，父母可能会说，“我确信我女儿知道家庭作业是第一位的”。孩子在餐桌上发表看法前可能会举手示意，然后戏谑地发言，就像是在学校一样。[9] 家庭般的学校要求教师像家长般地关心学生个人，有一颗父母的心，相应地，学校般的家庭要求父母需要有一颗教师的心，像教师对待学生那样对待自己的孩子。

如果说教师要有父母心不容易做到的话，家长要有教师的心会更难。通常，家长都会叮嘱孩子在学校要遵守学校纪律，好好学习，敦促孩子做家庭作业等等，但是如果就此认为这样做的家长就有了一颗教师的心，还为时过早。拥有一颗教师的心，要求家长注意到孩子的学生身份，即使是孩子回到了家里或者和自己一起出门走亲访友、上街购物、打闹游戏的时候，我们都要有一个意识：这孩子是个小学生。

孩子的学生身份不只是局限在校园里或者教室里，也不只是因为教师在场。他只要上学了就具有了学生身份，在求学期间，他学生身份是始终的。要求家长注意到孩子的学生身份，既包括家长督促孩子按照学校和社会对学生的要求行事，还包括家长自觉扮演起教师的角色来，后者往往被忽视了。

**案例研究**

一个礼拜三的下午，思怡的外婆去学校接她。由于下雨，外婆比平时提前了几分钟出门，到学校门口的时候还没放学，外婆和几个认识的学生家长一边聊天，一边等着学校放学。三点四十，门卫打开校门后，没见一个孩子出来。又等了一阵，几个撑着伞的孩子走出了校门，一群没撑伞的孩子冒雨往外跑，人越来越多了。思怡外婆努力往学校里面挤，手上的伞被旁边经过的人撞得摇晃不定，身上淋了不少雨。等看到思怡时，她大声叫着“思怡”，思怡听见外婆的叫唤，缩着头钻到外婆的伞下。

“你们老师怎么这么晚才放学？等这么久，衣服都淋湿了。”外婆一脸不

---

9　[美]乔伊丝·J.爱普斯坦 等.学校、家庭和社区合作伙伴：行动手册(第三版)[M].吴重涵，薛惠娟译.南昌：江西教育出版社.2012：5－6.

高兴。

“老师说，下雨人太多我们不好找家长，省得我们淋了雨，叫我们等人少一点再出来”思怡说。

“他懂个屁！怎么不好找？自己家里的人还不好找，这么大的雨，害我等那么久。有病！”外婆气呼呼地拉着思怡往外侧身挤出去。

路过围墙外的小商店时，思怡要买冰激凌吃。外婆不让她买，“下雨吃什么冰激凌！”思怡坚持要买，最后还是买了。思怡吃完冰激凌后，由于身边没有垃圾桶就把包装袋和木调羹抓在手上，往前走。“吃完了，还抓垃圾在手上干什么？扔掉！”外婆抖了一下思怡的肩。

“没垃圾桶，扔哪里呀？老师说不能乱扔的。”思怡也有点不高兴。

“没垃圾桶，你就带回家呀？这又不是学校，笨得要死！”外婆骂了思怡一句，一手抢下垃圾，往身边地上狠狠一甩。

思怡看了看地上的垃圾，推了一下外婆的肩，站在那里不走。外婆又骂了一句，一把将她拉走了。

1.你觉得思怡外婆的言行有什么不妥吗？如果你是外婆，你会怎样说和做呢？

2.如果你想说的和做的与思怡外婆不一样，请想想为什么你们不一样？

3.回忆一下，在日常生活中，你是否有过类似言行？如果家里的其他成员出现过类似言行，邀请他一起分析该案例。

家长有教师心，视孩子为学生，就要像教师那样评估自己的言行是否会对孩子的成长有不良影响，是否会抵消学校和教师对孩子教育的效果。也就是说，在校外，家长要像老师对待学生那样对待自己的孩子，接过教师手中的“接力棒”。

教师以教育学生为自己的职业，他们的言行举止都要遵循特定的职业规范。入职前，他们要接受系统的职业理论教育和实践训练，入职后他们在学生面前、在学生家长面前、在知道他们职业的人面前严格按照职业规范行事，直到他们完全习惯并自觉地遵循职业的规范要求，为人师表。所以，教师的身份是通过学习和练习而获得的，而家长不同，是自然获得的身份。我们没有一个通行的家长行为规范，而且家长往往不了解教师是怎么变得为人师表的。因此，对于家长来说，要想有颗教师的心就要学习和练习。那么，家长要学习什么呢？

首先，家长要学习儿童发展的相关知识。学习儿童发展的知识并不是教师的专利，既然家长从事家庭教育并要参与到孩子的学校教育当中去，就要像个教育工作者那样。学习有关儿童身心发展的知识，有助于家长了解孩子在每个成长阶段的身心发展特点和特殊需求，可以增强教育的科学性和针对性。

其次，家长要学习家庭教育方面的知识和技能。如果我们把家庭教育看作是一门艺术，那么我们可以不需要学习，因为艺术更加强调个性化的经验。然而，家庭教育是一门科学，有自己的规律。了解家庭教育的基本要求和规律，有助于家长科学认识和利用自己家庭教育资源的优势与特色，并将人类社会反复实践检验的家庭教育知识和技能与自己的家庭实际结合起来、与每个孩子的不同特点结合起来，真正做到对每个孩子因材施教。

再次，学习学校教育的基本常识。很多家长感觉到和教师交流与接触的时候有压力，进入学校后有一种弱者的感觉，因为他们内心深处认为自己不懂教育、不懂课程。甚至有家长认为“我养育了这个孩子，现在轮到你们来教育她了。”[10]学校教育的专业性很强，广大家长不从事这个专业，如果不通过学习来增进了解，就难以有效参与子女教育，也难以实现高质量的家校合作。家长对学校教育有所了解，不仅可以提高家长到学校办事的效率，还将有助于家长理解学校的要求和发展规划、配合教师对孩子开展教育，也将有助于改善学校以儿

---

10 [美]乔伊丝·J.爱普斯坦 等.学校、家庭和社区合作伙伴：行动手册（第三版）[M].吴重涵，薛惠娟译.南昌：江西教育出版社.2012：5

童发展为核心的各项工作。

## 3.2 当好家长的活动

当好家长的目标就是要建立视孩子为学生的家庭生活环境和学习环境，即营造学校般的家庭。显然这是一个宏伟的目标，家长需要通过一系列的活动来实现这一目标。然而，每个家庭的教育资源不一样，每个孩子所在的学校也存在差异，因此，某个家庭需要完成哪些活动才算建立起了视孩子为学生的家庭环境，很难有统一的标准。不过，有些活动却是共性的，每个家庭都值得去做。

**1.创设良好的家庭学习环境**

寒暑假、法定节假日和周末，孩子们都在家里而不用上学，即使是正常上学的时候，孩子们的很多学习过程也是在家里完成的，例如家庭作业、预习和复习等等。因此，家里的学习条件如何，对孩子们的学习效果有重要影响。或许我们可以用在贫困时期、战争年代的艰苦环境下，好好学习的典范来质疑创设良好的家庭学习条件的重要性，但我们现在不是贫困的战争年代，时代的变化已经改变了孩子们学习和成长的环境，我们同样需要与时俱进。

小学生的家庭学习究竟需要怎样的硬件设施和软件环境，需要配置哪些学习工具，也要根据不同家庭和孩子的自身情况而定，家庭差异和孩子的个性差异具有十分重要的意义。但是，小学生学习的心理特点和学习的目标要求是每个家庭建设良好家庭学习环境的依据。

**操作练习**

放学回家后，有些孩子会自觉做家庭作业，而有些孩子需要在家长的一再催促下，才极不情愿地开始做作业。家长往往提醒孩子开始做作业，有时却忘记强调孩子在什么地方做作业。对照下列地方：

■ 客厅里的茶几上

■ 书桌上

■ 拼在阳台上或者家门口的小方凳(椅子)上

■ 床上

■ 饭桌上

■ 电脑桌上

■ 屋外的石头或者台阶上

1. 你的孩子主要在上面哪些地方看书或做作业？还有没有上面没有列举的其他地方？

2. 你最反对他在哪里做作业或看书？为什么？

3. 你认为孩子在家学习是否需要有自己的独立空间？为什么？

固定的学习场所有助于孩子快速进入学习和写作业的注意状态。然而，很多孩子在家学习时“打一枪换一个地方”，有时候在饭桌上，有时候在茶几上，有时候用两个小方凳拼在一起蹲在阳台上或者大门口，甚至我们在九江市调研时有家长反映说他的女儿在床上写作业。不停地变换学习地点，妨碍孩子的注意力集中，当他们准备写作业时，坐下来后首先做的一件事就是收拾饭桌上、茶几上的东西，这需要花费孩子的时间，使他迟迟难以进入学习状态。而在做作业过程中，一旦遇到有问题卡住了，需要思考的时候，他们一抬头就可能注意到茶几上与学习无关的东西，这并不是因为那些与学习无关的东西本身让人看着不顺眼或者真的妨碍孩子做事，而是因为在写作业时，书本和学习用品以及对问题的思考都构成了做作业的背景，而其他与学习无关的东西则成为与背景形成对比的新异事物，新异事物更加容易引起孩子的无意注意，这无意注意就干扰了孩子在有意注意支配下的学习。

我们来看看孩子们在学校的学习场所，在那里孩子们能快速进入学习状态。教室是孩子们固定的学习场所，在那里他们被分配到不同的组和座位后，相对固定下来。虽然他们会按照一定的顺序在教室里循环地由第一组换到第二组，再由第二组换到第三组，换到第四组后，他们又会回到第一组开始下一轮循环，但这种座位变换并不会改变教室里的学习环境，由于是整组整班地统一参与循环，甚至每个孩子的同桌、邻桌都基本保持不变，因此，孩子们始终在一个相对固定的场所学习。加上孩子们的课桌上基本没有什么新异的东西，因此，即使是课间他们在操场上“满天飞”着尽情游戏，一旦在教室座位落座下来，他们就能很快地进入学习状态。

孩子们在固定的学习场所中，能快速进入类似于课桌边的学习状态，但这并不是全部，因为在家里做作业的过程期间，安静的环境有助于孩子更长时间地保持良好注意。小学生的抗外界干扰的能力一般都不够好，他们容易受到来自外界环境的影响，这不是某个孩子主观问题，而是这个年龄段的孩子心理发展阶段的自然现象。然而，家庭中往往存在很多未被注意到的干扰因素：

◆其他物品。现在很多家庭的居住条件都比以前改善很多，家里存放物品的空间较宽松，但我们还是发现有些爸爸妈妈会将自己的东西放到孩子的书桌上或者书桌的抽屉里。一方面导致孩子在做作业时，需要花时间来收拾场所，另一方面还可能发生父母为了寻找自己的物品而打断孩子的思路和注意力。我们还在有些家庭看到，家里有独立设置的书房，这原本是件好事，孩子的学习场所固定，但是，书房里往往同时配有电脑，这对孩子来说可能是个潜在的干扰。有些孩子会把房门关上，躲在里面伺机玩电脑游戏，有些孩子虽然不会利用做作业的时间用电脑，但可能需要花精力来克服想玩玩的欲望，毕竟电脑就在眼前。更有甚者，有些父母在孩子做作业时，自己就在旁边上网或者玩游戏，严重影响孩子的学习。因此，我们建议家庭在装修的时候就要考虑不要把电脑放在书房里，或者孩子就在自己的卧室学习而不去装配有电脑的书房。如果家长必须常常用电脑办公，那么使用笔记本电脑可能更方便拆装，可以将对孩子的干扰减少到更小的程度。总之，让孩子学习场所的功能更加独立，家长尽量不要侵占孩子的学习空间，对其养成集中注意力学习的习惯是很有帮助的。

◆电视与音响。孩子在看书或者写作业的时候，其他家庭成员在看电视，而电视机的声音很大，祖辈家长由于听力方面的原因，往往把电视机的声音调得特别大。而就在附近写作业的孩子，一面写作业，一面听电视，碰上特别吸引人的情节，他们会时不时地扭头眺望电视。即使在书房里写作业的孩子，也可能竖着耳朵听电视，因为声音达到了他足够听见的地步。相反，如果没人看电视或者看电视的声音很小，孩子听不见就会专心致志地做自己的事了。同样的声音干扰还有音响等都可能干扰孩子的注意力。因此，为避免影响孩子的注意力，建议在孩子写作业和看书时，关掉电视、音响等，如果实在要看电视，至少请家长将声音调低些。

◆家庭娱乐。有些娱乐即使不是孩子在学习期间，也建议不要在家里举行，例如打麻将。随着人们休闲的时间增多，打麻将在很多地方几乎成了最为普及、最受欢迎的娱乐活动。打麻将一般人多嘴杂，噪音和成年人在麻将桌上说那些不适合孩子听的话，加上常有金钱刺激，对孩子的影响非常不好。更有家长放任孩子一旁观战，甚至在自己需要上厕所时，让孩子代为摸牌，为孩子习得麻将技术、赌博意识提供机会。还有家长打麻将一时兴起，持续作战，到了做饭时间都不停歇，孩子嚷着要吃饭，要么会遭骂，要么被打发到奶奶家吃饭，要么干脆直接在“赌资”中抽出五元、十元让孩子去买方便面解决。既没有一个家长应当具有的节制形象，也没有向孩子传递爱的感觉，让孩子认为麻将都比他重要，还影响孩子的身体健康。其他的家庭娱乐包括打纸牌比如斗地主、二七王等等都有同样的不良影响。因此，我们建议只要家里有孩子在上学，都不要招引人回家打麻将、玩牌，家长在外面玩的时候，也要节制。再看看学校里的那些教师，他们素来都避免当着孩子的面做不适当的事，大家在学校按照严格的时间表作息，一般不会发生因为自己的个人原因影响到孩子们学习生活的事情，更不会因为自己的娱乐影响孩子学习。

◆帮助孩子学习。首先需要明确的是，帮助孩子学习并不是单指辅导孩子学习某门课程或者教他做题目，而是包括辅导、监督、帮助以及共同完成等多种参与形式。这个话题我们将在第五章“在家学习”专门探讨。有关家长要不要参与孩子的课程学习或者参与到什么程度、什么时候的讨论，一直以来就难以统一意见。但是在小学一年级时，家长参与被认为是不得不为之的事情。由于孩子识字太少，基本读不懂作业的指令语，所以家长在孩子刚上小学时不得不参与。在很多家庭，这一参与往往不知不觉就成了孩子和家长的习惯，即孩子做作业的时候，家长都会陪在旁边，干扰时常发生。例如，孩子在写字时，由于坐姿不端正、握笔的姿势不对、写字的笔顺错误、书写的内容出差错、算出来的答案不对等等，都可能被家长随时的提醒、呵斥、勒令纠正或重写而打断。有些孩子一次次地擦掉重写，甚至条件反射地一听到家长提醒就不管三七二十一地全部擦掉，然后握着笔坐在那里一动不动，脑子一片空白，不敢下笔。这样，孩子做作业需要的集中注意力就被破坏了，导致他们中相当多的一些，后来做作业速度慢，在反复地擦掉重写中浪费时间。家长参与孩子学习过程的时候，要保持克制，容忍孩子犯错误，等孩子将作业全部做完后，再来检查和引导他纠正错误，比随时打断更有助于孩子养成良好的学习习惯。

◆会客。孩子在家学习时，大声的喧哗会干扰孩子的注意力集中。因此，建议让孩子到单独的房间去写作业，其他人在客厅里或者房门外谈话尽量小点声。把家里哭闹的孩子带到另一个房间或者带出家门外。绝不可以因为自己要去做家务，而让大一点的孩子边做作业边照看弟弟妹妹，因为弟弟妹妹在旁边会想要哥哥姐姐的书本和文具，会拉着哥哥姐姐和他说话、陪她玩，这不是学习的环境。有些时候，孩子正在做作业，而远方的爷爷奶奶、外公外婆或者舅舅姑姑等来电话，想和孩子说说话，我们也建议不要打断孩子学习，可以告诉对方孩子正在学习，等他学习结束了，再回电话过去。不过，如果是孩子的同学来电话要和他讨论作业的问题，当然可以。

**2. 参加家长学校和家庭教育讲座**

前面我们已经讨论了做家长需要学习的问题，但调查显示，并非所有家长都会积极主动学习。一项有关是否了解、学习有关子女成长的知识的调查显示，有过此打算而没开展行动的家长比例为 35.4%，而根本没有涉及的家长的比例为 12.6%。在被问及是否购买、借阅过有关如何当好家长的书籍、光盘等资料时，23.9%家长有过想法而没行动，18.1%的家长甚至从没有过想法。现在很多小学都设立了家长学校，通过面授、研讨会、录像或网络等形式开展家庭教育讲座，为全体家长进行家庭教育指导培训。然而，在参与家长学校等家长教育培训机构，并参加所提供的课程或培训的家长只有 26.7%，只是听说过的家长比例为 40.6%，而没有参加过的家长高达 32.7%。[11] 通过多种方式了解子女成长和发展的知识，应当成为家长的必修课，而没有此类行为的比例的确不低。

◆获取通知。孩子就读的小学组织参加家长学校，一般都是在开学前后不久发出通知，而相关的家庭教育讲座则通过临时通知。家长在学校的网站上、家长 QQ 群、校讯通的短信平台以及校门口的公告栏里都可以看到相关通知，有时候学校还会通过孩子带纸质通知或口头通知回家。

◆反馈信息。学校举办相关讲座时，通常会考虑学校的活动安排和家长可能方便的时间，但要兼顾到每位家长方便的时间的确是一件难以实现的事。因此，家长在得到相关通知时，需要按照要求及时反馈是否参加的信息，以便学校有机会更细致地安排好相关事宜，例如，安排场地和座位、安装投影和音响设备以确保到会的家长更容易跟上讲座的节奏、布置志愿者导引到校的家长进入讲座会场或者利用提前到校的时间参观校园等，这些安排将让家长到校后更加自在。

此外，参加家长学校后，往往有一系列学习资料与活动，如果资料不全或者得到的信息不充分，都需要家长及时反馈。

---

11 吴重涵，张俊，王梅雾．家庭背景与家长参与关系的实证研究[M]．南昌：江西教育出版社．2014：152.

◆认真学习。按照学校的安排，学习家长学校发放的各种资料。那些学习资料都是专业人员结合自己的调查研究或者总结了他人的研究成果编撰的，对于更新育儿观念、提高育儿水平有现实指导意义。

到学校参加家庭教育讲座的时候，家长最重要的是要做到守时和认真听讲。学校、教师和做讲座的教师都不喜欢听众迟到，不仅仅是让人感觉迟到者不够尊重人，还因为稀稀拉拉的入场会导致讲座不得不推迟或者影响其他家长听讲座。很多学校会告诉家长讲座开始的时间，例如早上8点半开始，家长要想不迟到就应当像孩子上学那样提前出门，考虑到在路上需要花费的时间，可能8点或者8点一刻就要出门。中小学全面禁止吸烟，而且学校对于公共卫生有很多要求，家长进入学校后，需要严格遵守相关规定。入场后，按照学校规定的座位分布入座，即使看到了熟悉的人，只需要点点头示意一下打个招呼就行，而不要在会场上大声吆喝。讲座开始后，大家都需要认真听讲，因此，关掉手机很重要。家庭教育讲座的目的是为了帮助家长更科学地教育孩子，学校请来做讲座的人往往都是在该领域关注较多或有研究的人，所以除非临时有特别紧急的事，既然到了会场就坚持听完讲座再走。

按照一般的流程安排，讲座结束后，做讲座的教师或专家还会预留时间接受现场听众的咨询，如果你有疑惑，这是一个比较好的机会。

◆贡献资源与力量。家长、教师、家庭教育研究人员以及在育儿方面有心得体会的，都可以利用各种机会亲自为其他学生家长做讲座，或者组织小型座谈会。如果家长在家庭教育或家校合作方面有方便联络的专业人员，也可以向学校或者班级推荐，请他们通过各种方式为学生家长做讲座。

**3.通过各种渠道了解学校对孩子和家庭的要求**

学校和班级都有自己的发展规划，对孩子的要求也略有差别。这些差异化要求今后会直接影响到孩子与其他学校或班级学生的行动，因此，家长了解这些越早越好。一般来说，学校都有自己的官方网站，那里有关于学校的很多信息，包括办学历史、发展规划、工作计划、规章制度、组织机构及其职责、办事指南等等，有的学校还有家长委员会、校友会等家校合作组织方面的信息。通过浏览学校官方网站的信息，家长可以了解学校的基本情况，并将这些情况通过适当方式介绍给孩子，尤其是向孩子讲述学校的优秀办学成果。如果已经知道孩子班主任和任课教师的情况，也要将有关这些教师的好告诉孩子。向孩子传播学校办学的良好声誉和教师良好的职业声誉，可以增强孩子对学校和教师的好感，让孩子更加喜欢学校和自己的老师。而孩子喜欢学校就愿意按照学校的要求行事，喜欢自己的老师就愿意听老师的话，喜欢老师教的那门课程。然而，有些学校没有自己的网站，不过，当地的教育网上一般都可以找到该校的一些宣传信息。现在按照学区划片入学，学校就在附近社区，家长平时偶尔接触到的那些有关学校办学成果的信息，也可以告诉孩子。

此外，家长还可以通过家长手册、校报、致家长的一封信、QQ共享或短信平台等途径，从学校那里获得营养、健康、安全、学习辅导和教育福利政策等方面的信息。这些有助于家长理解学校的办学思路，了解学校的工作动态，明确学校对家庭的期望和需要家庭合作完成的工作及要求。

# 第四章 相互交流

相互交流是所有人际关系中最基本、最重要的互动，人们通过交流来交换信息，传递情感，促成相互理解并获得共识，而这些正是合作共事的基础。然而，由于相互交流在我们的生活中太过基础，以致我们对待交流太过随意，使得很多时候的交流并不那么有效。

在孩子的教育过程中，我们同样离不开交流，例如，我们对孩子的说服就是通过交流来实现的；有关孩子成长的很多信息，也都是通过我们与教师的交流与沟通来获得的；我们还在家庭会议上，讨论或者辩论有关孩子教育的问题，即使有时候我们争论得面红耳赤，也是一种交流；偶尔，我们还会接到孩子同学的家长打来电话，抱怨班上又换了英语老师的事，等等，这些都是有关孩子教育的交流。按照参与交流的人不同，我们可以把与孩子教育直接相关的交流分为：亲子交流、亲师交流以及家长之间的交流。每一类交流的参与人不一样，目的、内容与方法要求也有差异。

亲子交流就是家长和自己孩子的交流，这是最重要、最频繁的交流。然而，由于交流完全融入日常生活，以致我们没有注意到自己的某些观念和做法影响到了亲子交流的效果。例如，当我们试图干预和矫正孩子的问题行为时，父母往往没有很好的脾气和语气，结果问题行为依然如故。所以，我们需要改善与孩子交流的技巧。亲师交流就是孩子的家长与教师之间的交流，这很重要，但是受双方作息时间的影响，并不能想什么时候交流就能办到，加上家长与教师的专业背景、成长经历不同，有时候令交流变得障碍重重。而不同孩子的家长之间的交流，随着社会生活节奏的加快，在城镇化的进程中，正变得越来越少。以至于我们原本可以很方便地借鉴身边的经验，却求助无门。

## 本章要点

本章主要探讨不同主体间的相互交流对儿童成长的意义，以及相互交流的基本要求，以增强家长参与相互交流的技能，提高儿童成长过程中各层面交流的质量。

家长与孩子、家长与老师、不同孩子的家长之间相互交流既是家庭、学校和社区这三个儿童成长的主要环境保持良好互动的基础，又是互动本身。为了儿童成长开展的交流，虽然不少，但效果并不够理想，其主要原因在于交流常常是单向的。交流如果是双向的，就更有助于父母充分了解孩子的需要和成长信息，并能及时给予必要的帮助和指导；也将更加有助于教师了解儿童的家庭背景信息，为家长参与提供针对性的支持，并努力做到因材施教；还可以为家长提供相互学习和借鉴经验的机会，提高育儿水平。然而，在交流中表现出来的随意，已经并正在背离交流双方或者发起交流者的初衷。交流的目的、对交流对象的态度、交流的时间和时机、交流中运用的必要技巧、交流的形式和内容，都可能影响交流质量和效果。本章无法穷尽亲子交流、亲师交流以及家长之间交流的技巧或者注意事项，但我们努力讨论了这三个层面的相互交流中应当坚持的主要原则，并通过分别呈现一些常见的活动，以便读者举一反三。

本章将：

●描述亲子交流的基本要求，并通过解析家庭会议，呈现亲子交流中需要增强的技巧。

●描述亲师交流的基本要求，并通过解析常见的交流活动，呈现亲师交流中需要增强的技巧。

●描述家长间交流的基本要求，并通过解析常见的交流活动，呈现家长间交流中需要增强的技巧。

快速浏览[1]

## 相互交流与儿童成长

一、家校相互交流对儿童成长有直接的正向的影响

总体来看，家校间交流频率越高，儿童成长状态越好。在家校交流频率较低的1473户家庭中，儿童成长等级较低的比例为26.7%，等级较高的比例是21.4%；而在家校交流频率较高的2935户家庭中，儿童成长等级较低的比例下降到16.9%，等级较高的比例上升到31.2%。可见，家长参与之相互交流对儿童成长有直接的正向影响。

二、家校相互交流减弱家庭社会经济地位对儿童成长的影响，对低社会经济地位家庭的低成长等级的儿童、高社会经济地位家庭的中成长等级的儿童特别明显。

在低社会经济地位家庭，如果家校交流程度低，那么儿童成长等级低的为29.2%，如果家庭与学校的交流频率高，那么儿童成长的等级低的只有25.9%。可见，在低社经家庭中，相互交流能在一定程度上减弱家庭的不利影响，促进儿童成长，特别是对成长等级为低的儿童来说，意义更大。

在高社会经济地位家庭中，如果家校交流程度为低，儿童成长等级高的为33.3%。如果家庭与学校的交流频率高，儿童成长等级高的提高到36.9%。相互交流对儿童成长有正向作用，特别是对低社会经济地位家庭中的成长等级低的儿童，和在高社会经济地位家庭中的成长等级中等的儿童来说特别明显。

三、家校交流在一定程度上减弱社区环境对儿童成长的影响，对较差社区环境中的低成长等级儿童最为显著

在社区环境较差的家庭中，如果家校交流程度低，儿童成长等级低的为30.9%。如果家庭与学校的交流频率高，那么儿童成长等级低的降为20.6%。

---

1　吴重涵，张俊，王梅雾. 家庭背景与家长参与关系的实证研究[M]. 南昌：江西教育出版社. 2014：182—216.

可见，在较差的社区环境中，相互交流能在一定程度上减弱社区环境的不利影响，促进儿童成长，特别是对成长等级为低的儿童来说。

在社区环境较好的家庭中，如果家校交流程度为低，那么儿童成长等级高的为19.2%。如果家庭与学校的交流频率高，那么儿童成长等级高的则达到32.0%。可见，在较好的社区环境中，相互交流能在一定程度上促进社区环境的优势影响，促进儿童成长，特别是对成长等级为低和中的儿童来说。

四、家长参与的相互交流类型能在一定程度上减弱儿童智力水平与儿童成长的相关性，对低智力水平的低成长等级儿童的影响最为显著

在智力水平低下的儿童中，如果家庭与学校交流频率低，儿童成长等级低的为28.0%。如果家校交流频率高，儿童成长等级低的降为15.4%。可见，家校交流对低智力水平的儿童来说，在一定程度上减弱智力水平与儿童成长的相关性。

在智力水平优秀的儿童中，如果家庭与学校交流频率低，儿童成长等级高的为20.8%。如果家校交流频率高，儿童成长等级高的提升到30.3%。可见，家校交流对高智力水平的儿童来说，在一定程度上减弱智力水平与儿童成长的相关性，特别是对低、中成长等级的儿童影响最大。

## 4.1 亲子交流

亲子交流在家长参与子女教育中具有特别重要的作用。有助于父母及时、充分了解到孩子的需要和成长状态信息，并能及时给予必要的帮助和指导，有助于在家庭中建立亲密的亲子关系，给孩子安全感和归宿感。良好的交流，使孩子感到自己受重视，感受到父母的理解与关爱。而父母也可以通过交流与沟通了解孩子心理、思想的动态变化，有助于增进亲子间情感的融洽。良好的亲子交流有助于缓解孩子的逆反心理，缓解或者消除代沟的负面影响，有助于增进两代人的相互理解与宽容，帮助孩子顺利度过青春期。

然而，在过去几年里，父母与子女之间的交流习惯已经形成，以至于到了孩子上小学的年龄或者进入青春期早期的时候，我们可能没有意识到与孩子交流对孩子的成长存在正面或者负面的影响，并据此评估自己和孩子的交流效果。显然，亲子交流对孩子成长的重要性，亲子交流的方法与技巧并没有受到足够的重视。

**案例研究**

2008年暑假结束后，小荔的妈妈要去武汉学习半年。这对于小荔和爸爸来说都是个挑战，因为小荔和爷爷奶奶住在九江市的一个县城并在那里上学，而爸爸在市里工作，平时每个月才回家一次。幸好爸爸妈妈商量决定，无论如何爸爸都要保证每周末都回来陪小荔。8月31日，也是开学的前一天，小荔说要去买自动笔，爸爸欣然答应并陪她去了县城最大的文具店，为了拉近和小荔的关系，爸爸许诺只要喜欢，小荔可以想买什么就买什么，想买多少就买多少。那天，小荔买了6支自动笔。由于第二天是周一，爸爸当晚就赶到市里去了，小荔第二天也上学去了。期间，爸爸每天都会给小荔打电话，还在电话里讨论作业中的问题。9月5日，爸爸下班后从市里回到家里。第二天，小荔做完作业后，爸爸问："宝贝，我们现在去玩吧？"小荔说："爸爸，我想买自动笔，可以吗？"爸爸心想："这孩子上周不是买了6支吗，怎么一周就用完了？"但是，担心拒绝孩子会让孩子不高兴，引起孩子想妈妈。所以，满口答应了："好，我们去买自动笔。"他们又到那家文具店买了4支。接下来的两周，都是这样，小荔做完作业就要去买自动笔。到了9月30日，妈妈回来了。小荔可高兴了，做完作业后，要妈妈带她去广场跳蹦蹦床。爸爸心想"这孩子，妈妈一回来，就不要我了。"就问："宝贝，我们这次不去买自动笔吗？"小荔说："我有呀！"爸爸说："是呀，你有呀。可是，你不是每周都买了自动笔吗？我早就想问，为什么你要买那么多自动笔呢？你原本上学的时候就买了很多呀。是不是你掉了？"小荔不说话，眼泪汪汪的。爸爸还想追问时，妈妈暗示爸爸不要问了。爸爸就没做声，和妈妈一起带着小荔到广场玩去了。

晚上，妈妈把小荔自动笔的事告诉了爸爸。原来，小荔是班长，每天中午都要帮助老师在食堂里给同学们分饭菜，并维持本班的就餐纪律。老师觉得她很辛苦，就会多打一点饭给她，可是小荔的饭量不大，每餐都吃不完，又不敢和老师说，每天都要剩饭。学校是不许剩饭剩菜的，墙上都贴了"浪费粮食可耻"，身为班长更不能浪费了。怎么办呢？小荔想了个办法，把吃不完的饭倒进自己事先准备好的塑料袋中，再把塑料袋夹在腋下带回教室，装到书包里，下午放学后带回家扔掉，爷爷奶奶不会批评自己的。可是，才干了一天，第二天就被班上的一位同学发现了，该同学扬言要告诉老师，小荔吓得不知所措。那位同学给了小荔一条出路：给他自动笔，他就不会告诉老师。原来小荔在学校遇到了这种精神上的强制啊！

现在让我们来看看，在这个案例中，出现了哪些交流与沟通方面的问题呢？

■老师觉得小荔辛苦了，给她多打点饭，可是，他不知道小荔实际上没那么大的饭量。而小荔自己吃不完，却又不敢和老师说。

■爸爸只想表达伟大的父爱，和小荔拉近距离，在小荔频繁要买自动笔的情况下，发现了异样，也没说。而小荔受到强制，既不和老师说，也不和家长说，只好承受压力把自己的笔给那位同学。

■爷爷奶奶作为小荔的实际监护人，每天看着小荔带饭回家扔掉，既不问小荔的原因，也不询问老师。

让我们一起来想想，如果你是小荔的爸爸，要解决这件事，你会怎么做呢？

■你将怎样和你的孩子小荔交流这件事呢？比如，你会提到"你早就应当告诉我呀！""你为什么不和老师说你吃不完，不要那么多呢？""你也可以和爷爷奶奶说呀，让他们去给老师说。""他要你的笔，你为什么不告诉老师呢？"你会不会想到，如果你说得不适当，虽然你叮嘱时，孩子在点头，而心理却在怪妈妈把这事告诉了你，并下决心以后有什么事再也不和妈妈说了？

■你会直接把这事告诉孩子的老师吗？你是否考虑过，老师可能在班上公开批评那个孩子，也可能同时责备小荔不主动告诉他吃不完饭的事，而天天浪费粮食？

■你会不会亲自去找那个孩子，或者找到那孩子的家长？你想没想过，那个孩子可能会因此而挨打，并由此对小荔怀有敌意？或者他的家长指责你小题大做？

■你会不会抱怨你的父母，说他们没有过问孩子天天倒饭的事？你是否想过，父母可能在你和孩子妈妈都不在家的时候，批评孩子有事不回家说，害得他们被你抱怨？

■你是否反思过自己和孩子的交流出了问题？例如，你没有和孩子交流过她的学校生活。尽管感觉到了不对劲，你也没有就自动笔的问题和孩子交流，只是很慷慨地陪孩子继续买笔。

### 4.1.1 亲子交流的基本要求

#### 1. 至少要保证专门时间

在我们的传统中，在孩子小的时候，主要由女性家长照顾孩子。而孩子上小学的时候，专职在家带小孩的妈妈已经不多了。很多农村孩子的妈妈自孩子上幼儿园开始，就远走他乡外出务工，孩子自幼就成了留守儿童。城市孩子的妈妈，则多数回到了自己的工作岗位。因此，家长每天和孩子见面的时机并不多，即使不用工作的妈妈和孩子见面也要等到孩子放学后。所以，孩子在家的时间成为家长和孩子交流的可能时间，即早上孩子出门前后、下午放学后、周末以及节假日。但并不是孩子有时间，就可以交流，还要家长有时间，所以实际可以用于交流的时间要等到父母和孩子都有时间的时候。可见，与孩子交流，并非随时都行。

父母没有那么便利的时间和机会与孩子交流，这并不是父母的错，而是生活所迫。由于父母承担着充满压力和竞争的工作，需要努力维护和改善家庭生活。有些父母还陷入无法摆脱的困境：如果不出去工作，家庭生活和孩子接受教育所需要的经费都难以维持，而出去工作又意味着孩子在成长的重要时期缺乏亲情陪伴，成长状态不够好。对于外出务工人员来说，不远走他乡打工，孩子读不起书，而让孩子留守在老家，又读不好书。虽然这些都不是父母的错，但对孩子的成长并不是好事。所以，我们鼓励家长只要有可能，就要利用一切时机和孩子交流，至少要保证专门时间。

安排专门时间和孩子交流的办法可以很好地解决父母难得和孩子在一起的问题，至少能避免我们因为没有时间而以"下次再说"的决心无限后延交流时机。

安排专门时间和孩子交流并不是指拉开架势通过一问一答来了解孩子，而是要通过一种活泼的形式和孩子交流。对于小学生来说，和孩子在一起做做游戏或者带着孩子做点小家务，在活动中，你们的交流会更加自然流畅。

选择一段并不需要太长但一定要有保障的时间。期间要把注意力全部放在孩子身上，关注孩子的表情、语调、动作等等，用心捕捉这些信息。为了有机会专心致志地和孩子交流，你不能接打电话，也不能在和孩子交流期间，时不时瞄一眼电视。我们建议家长放下自己需要做的其他事情，关掉电视和电话，不去理会门铃声，不同时照看其他孩子，不兼顾其他家务。总之，除了和孩子在一起交流，不做其他任何事情。当你决心做这些时，把这个计划告诉孩子，让他知道这段时间就你们在一起。

**2. 倾听是最重要的**

随时并加上定期和孩子交流，孩子对家长的信任感会越来越深。他会向家长袒露内心世界，也可以让家长了解孩子的感觉以及他对事物的看法。我们常常以为和孩子交流时，需要及时表明自己的观点或态度，因此，我们说个不停，而事实上，孩子们更需要的是我们用心听他说，倾听他们，发现他们。

孩子从学校回到家里，有时候他会主动告诉我们一些事情，有些是认为伤心的事，有些是他认为好玩的事，还有些只是他想说给你听的事。可是，孩子的生活经历太少，他们认为好玩，我们可能并不认为好玩，他们觉得伤心的事，我们觉得算不得什么大不了的事，而有些事我们甚至觉得无聊无味。所以，在孩子边讲边笑的时候，我们面无表情地看着他，甚至责备他没见过好玩的事；在孩子伤心落泪的时候，我们一个劲地说“这有什么关系呢?”甚至告诉孩子哭是一件很丢脸的事；而在他们只是想告诉我们一些事情的时候，我们却很不耐烦地说“知道了，知道了”，甚至批评孩子“读书不用功，搞这些鬼名堂一身的劲”。我们的这些反应都可能挫伤孩子和我们交流的积极性，并认为我们是不可靠的人、不值得信任的人，让孩子缺乏安全感。或许孩子的这些看法，在小学的时候不会显现出什么出格或者极端的表现，但一旦他们进入中学阶段，他们更可能在伙伴中寻找那些愿意倾听他的人，而在初中阶段结交上早熟的孩子。因此，家长在和孩子交流时，一定要保持足够的耐心，用心倾听，而不是为了早点结束。

◆克制自己，不要指导或者急于指导孩子应当怎么做或者做什么。和孩子交流时，只是为了了解孩子的内心世界，并不是为了发现他的不成熟或者错误来纠正他。从孩子的角度来说，他们也并不是因为自己面对某件事的时候没有主张才和家长交流，他们只是想说说，所以我们也只是需要听听。如果孩子每次和我们交流，都有被纠正的经历，这极有可能降低他参与交流的热情。因此，我们需要鼓励孩子说出自己的真实感受，家长的话语中流露出来的期待和兴趣会鼓励孩子抓住机会向你透露有关他自己的新情况。

◆和孩子做游戏，在游戏中听。适合孩子和你一起玩的游戏不是选出来的，而是你们一起创造出来的，因为只有你们之间是相互了解的。因此，即使游戏来自书本或者网络的推荐，也要进行适当修改，以便你们不需要花太多精力适应游戏规则，而只要去关心和留意孩子的反应与暗示。做游戏时孩子特别放松，当他们开始笑的时候，倾听的机会就来了。为了倾听更有效果，我们建议家长在充满爱心地做游戏时，与孩子应当有身体接触，并放下身段，而不要顾及自己的“尊严”。游戏不要太大强度，时间也不宜太长，不要到孩子厌倦的时候才收工，尽量不要压过或者超过孩子，避免孩子不愿继续下去。在游戏中听孩子说，并做出响应，同时将你所想说的话，在游戏中告诉孩子。总之，在游戏中倾听孩子，是一种鼓励孩子全身心感受父母之爱的交流方式，可以使其确信自己是父母所爱的。

◆耐心陪伴哭泣的孩子。当孩子哭泣时，我们会心烦，即使在我们心情很好的时候，我们对孩子的哭泣都可能会感到恼火、厌倦甚至愤怒，所以我们尽力劝她“好了，好了”。如果孩子还不能停下来，我们可能就没那么好的脾气了，怒不可遏地通过呵斥甚至打骂来强令孩子停止哭泣，有时候这一招有点作用，但是孩子低着头，看起来很难过。有些妈妈则把孩子搂在怀里，轻轻地拍着孩子的背，安慰她说“好了，好了，没事了。有妈妈在呢，不怕。”之类的话，或者哄男孩说“不哭了，男子汉哭很丑的。”这样的做法当然要温柔得多，却同样是希望阻止孩子哭。我们之所以在孩子哭泣的时候心烦，是因为我们没有认识到哭是孩子成长中必不可少的需要，是排除所受到的伤害的自然康复过程。因此，我们建议在孩子开始哭的时候，不要流露出不安，也不要给以忠告或者试图刚一开始就帮他擦干眼泪，你只需要靠近他，在他身边，轻轻地搂着他，让孩子说他想说的话或者只是在你怀里哭，不要打断孩子说话或者限定他哭的时间。当孩子哭着快要收场的时候，和蔼地引导他把烦恼告诉你。当孩子说的时候，让你们的目光相接触，同情而不要否定他的感受和情绪，并让孩子确信你一定会帮助和保护他。这样孩子便能体会到你对他的爱，增强安全感。

◆陪着孩子笑出声来。倾听孩子的笑，并不是一件很复杂的事情，但是做起来依然不轻松，因为有时候我们觉得孩子所说的或者引他笑的那些事，并不怎么好笑。孩子的生活体验很少，他们看待事物的角度和我们成年人不一样，很简单的事都可能逗乐他们。如果他想把好玩的事讲给我们听，说明孩子希望分享他的快乐，希望我们肯定他的感受。因此，建议家长在孩子讲述令其发笑的事情时，带着微笑鼓励他说完，即使他被自己难以控制的笑打断了几次，也别显得不耐烦。就算孩子讲述的事并不能激活你的笑点，仅孩子那么开心地笑本身也值得我们和他们一起笑出声来。

当然，有时候让孩子笑的事情可能涉及伦理问题，比如把自己的快乐建立在他人痛苦或者身体缺陷上，这确实是一件需要认真对待的事情。不过，孩子可能并不知道自己这种情况下的快乐伤害了他人，因此，我们只需要态度严肃地告诉他相关的道理，教他试着想想别人的处境，而不必打骂孩子。

◆把鼓励孩子的话说得更加有效。很多人都认识到对孩子要多鼓励，但也有很多家长抱怨鼓励并没有什么效果。鼓励是为了巩固孩子的良好行为，然而，有的父母由于缺乏鼓励的技巧，变成了期望重复良好的行为结果。这是很多鼓励虽然能让孩子即时高兴一下，不久却“原形毕露”的重要原因。

我们建议将鼓励孩子的话用三部分来表述：描述行为、与其责任联系在一起、表明态度。例如，孩子这一次考试成绩很好，要鼓励他，怎么办？很多家长都会说：“考得不错，很棒！”看起来好像是鼓励了，其实对孩子来说，没什么意义，因为他不知道以后要做什么。如果按照“三段论”的方法鼓励孩子，孩子就知道自己要继续做什么了：这段时间，你的作业做得很好，老师说你上课听讲很认真（描述学习行为），所以这次考得这么好。我的宝贝比以前更懂事了，真的长大了（与其成长责任联系在一起），我很高兴，我给陈老师打电话，她说她为你这段时间做作业和上课的表现也感到高兴（表明态度）。这样的鼓励，可以帮助孩子发现好成绩是因为认真完成作业和听讲带来的，他想继续取的好成绩，他就要继续认真完成作业和认真听讲。

◆对孩子说“不”。我们常常抱怨说孩子长大了没有以前那么听话了，也没有以前那么让我们觉得好玩了，这主要是因为孩子虽然天性活泼可爱，但渐渐长大的时候慢慢有了自己的主见，所以行为在我们看来“失常”。当孩子行为“失常”时，他们变得不可理喻：做出没有意义，让人生厌的举动。例如蛮不讲理地纠缠着要某样东西或者要做成某件事，甚至不惜采用哭闹的方式或者无休无止地絮语。当然，孩子年龄逐渐长大后，他们的方式会改变，其中非暴力不合作的举动特别常见。在孩子行为失常的时候，需要有人说“不”，这会给他们提供一个发泄、释放负面情绪的机会，帮助他们恢复原来的自我。但是，说“不”并没有我们平时做得那么随意，因为我们既要说“不”，又不能伤害孩子的自尊和亲子感情。

当我们和孩子为了某件事情正好处于胶着状态的时候，温和而坚定地说“不”对孩子来说几乎是解救他们走出负面情绪的“稻草”。因为他们可以借着对你说的“不”“现在不行”之类的话表达不满而发泄出使得自己行为失常的不良情绪。然而，如果我们的方式方法不当，例如伴随着说“不”的打骂，将加重孩子的负面情绪，可能伤害孩子。

留在孩子身边，听他们抽泣的时候哽咽着说的那些话，对孩子非常重要。在和孩子说“不”的时候不要斥责、打骂孩子，不要将拒绝孩子变成自己泄愤的机会。因此，我们建议也按照“三段论”来对孩子说“不”：第一，倾听孩子的问题。当孩子行为失常的时候，你要尽量克制自己的不快，让孩子告诉你他非得那么干的原因。他的原因可能并没什么道理，但是让他说出来，至少可以帮助你了解孩子的需要，关注他的感觉。第二，温和而坚定地说“不”。说“不”并不需要很长的时间，不需要絮絮叨叨的指责，更不能打骂，甚至都不需要说太多道理。因为那些做法会让孩子意识到我们没有关注他们的感觉，而是在关注自己的感受，没有让孩子感受到父母的关爱。第三，耐心倾听。孩子被拒绝了，往往会以此为契机把不良情绪发泄出来，并在宣泄的过程中和我们算总账：哪一次父母做得不对，什么时候爸爸妈妈答应了什么，为什么不可以先去玩再来做作业等等，孩子愿意说这些，并不需要你当面解答，所以你不必辩解，因为孩子只是需要把“积怨”和盘托出，来减轻自己的烦恼。大一点的孩子会用不理人的方式生闷气，这时我们仍需要陪在他们身边，而不是“你不理我，我还不愿理你呢”的心态，或者庆幸落得个轻松，你爱咋咋地。在孩子恢复正常后，我们需要克服好奇心，既然事情都过去了，我们就没必要去打听“你刚才那样，是不是因为……”，如果你觉得需要让他们明白一些道理，也只要点到为止即可。总之，听比说更重要，听到了就适可而止。

3. **不仅仅是考试成绩**

几乎所有的家长都很看重孩子的成绩，即使那些标榜“只要孩子快乐，成绩并不是唯一”的人。学业成绩作为衡量儿童成长的一个重要指标，确实值得关注和强调。然而，自孩子上小学开始，它成了亲子交流中最容易被谈到的话题。在小学校门口，接孩子放学的家长，一看到孩子就迫不及待地问：“昨天考的数学多少分呀？”孩子说：“98。”家长不满足，又问：“班上最高分多少分呢？”孩子回答说：“100 分。”家长把脸一沉：“你怎么没考到 100 分？”待到哪一天孩子终于考了一个 100 分，很得意地老远就举起试卷给家长看，叫着：“奶奶，你看 100 分！”可是，奶奶看都没看试卷就问：“班上几个 100 分呀？”孩子回答：“4 个。”奶奶可不高兴了，哼了一句：“又不是你一个人 100 分！”成绩成了亲子在相隔 7、8 个小时之后的第一话题。即使回到家里，成绩仍是重要的亲子交流话题。例如，想和小伙伴玩的时候，会被家长提到这次没考好，“考试不行，玩起来一身劲。”要买个玩具的时候，会被家长要求承诺下次考多少分再买等等。总之，成绩不知不觉就成了家长最感兴趣的话题。

如果我们和孩子交流，每次都从谈成绩开始，或者都只谈成绩，这难以让孩子感受到我们无条件的爱，孩子可能错误地认为我们的关爱和他们的成绩之间存在联系（事实上，真有不少家长将自己对孩子的爱与孩子的成绩挂起钩来），因此，一旦孩子没考好，就会担心父母不爱他。特别容易产生不良影响的是，家长和孩子谈学习成绩的时候，往往只关注考试，问考得怎么样。而原本应当关注的是孩子学得怎么样，应当关心孩子的学习过程，而不仅仅是考试结果。当我们将关心的重点落到学习过程时，孩子就会意识到要将主要精力放在日常的学习中。如果我们能跳出学习成绩，而愿意关注孩子的其他方面，亲子交流将成为吸引家长和孩子共享温情的美好时光。

因此，我们建议家长和孩子交流一切由他发起的话题，积极回应孩子的交流邀请。

### 4.1.2 亲子交流的活动

亲子交流原本就是父母子女之间的基本需要，用不着通过专门设计的活动开展。但是，双薪的家长与上学的孩子待在一起的时间并不多，加上现代社会的生活节奏将工作延展到家庭渐渐成为一种趋势，家长不得不挤占休息时间参加应酬或者把有些工作带回家做，导致亲子之间能轻松相处的时间越来越少。而良好的亲子沟通与交流状态需要日积月累的细心呵护，所以，幼儿园和小学设计了包括亲子共读、亲子趣味运动会、妈妈我要对你说等等专门活动来努力推动亲子之间的交流与沟通。如果我们想向学校学习，那么我们在充分利用好一切随手可得的与孩子交流的机会的同时，也可以在家里安排专门的亲子交流活动，例如家庭会议等等。

**家庭会议**

我们和孩子常常在晚餐的时候才能聚在一起，晚餐之后，孩子又要做家庭作业，所以，很多父母便抓住这个难得的机会，边吃边聊孩子的学习，于是晚餐时间成了家庭教育工作会议时间。关于晚餐时间是否适合讨论孩子的教育问题，人们持有不同看法，有反对者认为讨论教育可能影响孩子的食欲，因为那是一个令人紧张的话题。也有支持者认为，除此之外没有其他合适的时间了，问题本身并不损坏胃口，关键在于讨论的方式与技巧。现实情况是，每天我们除了抓紧上学、放学的时间以及晚餐时间，几乎没有其他更好的时间了。因此，定出专门时间全家人在一起聊聊天，还是很有必要的，一旦固定下来了，我们需要给它定个名称，就叫家庭会议吧。

家庭会议是全家人坐在一起共同分享的形式。它不仅可以增进亲子关系，而且更能凝聚家人的情感和共识。虽然不能解决所有问题，却是亲子沟通及家人沟通的有效方法之一。

家庭会议并非所谓民主时代才有，在过去以父权为中心的时代也有，甚至还有规模更大、规格更高的家族回忆。但那种家庭会议不以诉说、倾听、交流、沟通为目的，而是为了贯彻父权的专制统治。现在我们要召开的家庭会议，其前提是家庭成员之间的关系平等，不分长幼、年龄和性别，人人都有参与权和发言权。其目标在于促成家庭成员之间、亲子之间坦诚沟通、相互尊重、共同参与决定、表达个人感受、情感交流分享、分担责任、归属感满足等。借由家庭会议，不仅让全家人都有机会参与决定，解决家庭实际问题，同时也使家庭关系更加和谐。

然而，家庭会议很可能被家长误解或误用。因此，需要进一步说明家庭会议的进行程序、基本规则以及重要技巧。

父母如果持有民主开放的态度，支持这种定期的家庭聚会，那么家庭会议必能让成员们尽情表达个人感受，沟通彼此意见，使每个人从他人的反应和回馈中，互相关心扶持，分担责任，分享彼此的快乐。父母也有机会真正了解孩子，增进家庭教育的针对性。还可以借此机会讨论一些家庭之外的事情，以增强孩子分析问题的能力。

◆家庭会议的形式可以是拓展了的，而不仅仅指正襟危坐地聚在一起安静地听某个人说。因此，周末或者假日的集体活动都可以被看做是家庭会议，甚至在饭店里点菜后，等着上菜的那会儿，我们就可以开始开会了。开会的形式并不重要，关键是父母以开放的姿态，倾听孩子诉说，交流情感，分享快乐，分担压力。所以，全家人的旅游、看电影、走亲戚或者共同完成某项家务，都可以彼此交换意见，这些都是家庭会议的时机和形式。

当然，每周固定时间，全家人正儿八经地坐在一起，关掉电视、电话，甚至不去理会敲门声，心无旁骛地聊上半个小时或者一个小时，再好不过了。

◆家庭会议要有一定的议事规则，例如不能打断别人说话，即使是提出反对意见也要放低语气等，尤其要保障孩子的意见有机会获得完整的表达。在家庭会议上，通过相互倾听、交换意见可以让孩子们学习到如何表达自己、倾听别人、参与讨论，了解一般的议事过程和决定形成的规则，由于家庭会议还会回顾上一次的决议落实情况，所以孩子们有机会逐渐学会对自己的决定负责，培养孩子的自信心和责任感。在会议中通过意见的沟通，使彼此更能相互体谅，也更能以同理心去感受别人。使大家都认识到问题的症结所在，这有助于日后解决问题，顺利度过因为鸡毛蒜皮的小事引发的冲突和危机。这将可以让孩子们认识到只有开诚布公地把话说开来，让别人了解你的感受，才能避免误会，独自生闷气，或者责难别人、推诿责任、坚持己见是不能解决问题的。

特别要注意的是，鼓励孩子说出自己的想法来，无论这些想法多么不可思议，都要耐心听完，要从孩子的角度理解他的想法，而不能指责他，绝对不可以作为日后援引过来批评他的理由。我们相信，孩子的想法多数都是在和我们互动中生成的，因此，错误的想法，也有一部分来自我们。理解孩子，体谅孩子，对孩子更多一些宽容，亲子之间的交流就可能更加顺畅。

◆家庭会议的内容可以涉及家庭生活的方方面面，也可以就社会生活领域的事件交流看法，还可以专门讨论某一件事。在刚开始计划召开家庭会议的时候，如果不知道应当讨论什么话题，可以先召开一事一议的会议，比如讨论家务分配问题，或者旅游目的地，或者孩子是否需要参加辅导班，或者孩子的生日怎么过、孩子的零用钱等等。此后，循序渐进，慢慢地讨论两件事、三件事，时间长点了，就可以开放家庭会议的议题了，大家每人提出自己的议题，只要不过多就行。不过，若采用拓展的形式召开家庭会议，讨论的主题不宜太多。

如果上次会议形成了相关决议，那么下次会议就应当有执行者汇报的环节，这样就可以保障决定不会落空，使孩子明白行动的意义。

◆如果可能，我们建议家庭专门有一个会议记录本，不仅方便落实行动，培养孩子严肃认真对待会议的态度，还可以为孩子留下一份成长记录的档案。

## 4.2 亲师交流

对孩子的成长来说，家长和教师都具有重要影响的人。从理论上看，家长和教师的目标应当是共同的：儿童成长。但是，实际的教育生活中，家中和教师为了实现共同目标的合作，却常常出现问题。其中很重要的就是家长和教师之间的交流较少、有障碍或者无效。

多数家长虽然希望全面了解孩子在学校的情况，却因为没有时间之类的个人原因，与教师接触很少。有些家长在孩子入学后，孩子的班主任姓什么都不知道，科任教师是谁也不知道，孩子和班里的哪些同学在一起交往得较多更不知道。要是老师主动联系家长说孩子的问题，先是不相信，接着就是对老师有看法，认为老师偏向有钱有势的人。

**案例研究**

2010 年 10 月，我们来到某县五里中学（属于城乡结合部）开展家庭教育指导活动，我为到场的 120 多个学生家长讲完了讲座后，该校校长给学生家长讲了一个案例：今年上半年的一天上午第三节课，我在办公室听见校门口有人在大喊大叫，学校的铁门被弄得很响，好像是有人在吵架。我来到校门口，原来是保安和一位站在校门外的家长在吵架。保安说这位家长要进校园找自己的儿子拿家里的钥匙，因为自己的钥匙被锁在屋子里的。保安要他登记，由于他没带证件，保安要他说孩子的基本情况，他什么都不知道，不知道孩子的班主任是谁，也不知道孩子任何一个任课教师的名字和电话，甚至连自己的孩子在哪一个班级都不知道。最后，保安拒绝让他进校，尽管该家长说他有急事要找儿子拿家里的钥匙，但是保安坚持不让他进校，于是他就骂保安，并用力摇用脚踹学校的铁门。我严肃批评了这位学生家长平时对孩子不关心，到了有急事的时候，又在学校门口胡闹。所幸这位家长知道孩子在学校叫什么名字，也知道孩子在哪个年级，我回到办公室后让该年级的年级组长通过查阅学生花名册找到了孩子所在的班级，再把孩子送到保安室，确认身份无误后，才让这位家长拿到了钥匙。

■对照这位学生家长，你知道自己的孩子所在的班级，以及班主任的电话号码吗？其他任课教师呢？

■如果你有班主任以及所有任课教师的电话号码，你和他们通过几次电话？是你主动打过去，还是你接到了他们的电话？

■如果是你打过去的，你是在什么情况下打的？如果是老师打电话给你，当时是为了什么事呢？

■在电话一接通的时候，你是怎样和老师打招呼的？老师和你说的那些话，你是怎样想的？你还记得，在要挂电话的时候，你们是怎样结束的吗？

■除了电话，你和老师还有过接触吗？你们说了什么？是你发起的话题，还是老师？你觉得你们之间的谈话，让你知道了心里想知道的那些东西吗？如果没有，为什么？

从教师的职业伦理上讲，教师对孩子不能有什么偏向，对全体孩子一视同仁。但是，从教师的职业技能上讲，教师应当根据每个孩子的不同特点进行教育，因此，对每个孩子的教育方法又不能一样。而从教师职业行为的事实层面上讲，教师面对全班那么多孩子，很难做到注意力平均分配。在自然状态下，也就是如果所有的家长都不和教师接触，都不和教师交流，多数教师较为关注的主要是成长得较好的孩子和有困难的孩子，而对于表现一般且稳定的孩子关注得相对少一点。任何人的注意范围都是有限的，教师也不例外。在一堂 40－45

分钟的课上，教师在面对不少于45个孩子的情况下，首先要保障完成教学计划，期间通过课堂互动、观察等来了解孩子们的状况，不可能每个孩子都能引起教师的注意，即使是很优秀的教师也做不到和每个孩子互动或者注意到每个孩子。而孩子在教师的关注中可以获得鼓励、表扬，从而巩固学习的自信和兴趣，也可以在教师的启示下找到自己需要改善的方向。一个受到教师关注不多的孩子要引起教师的注意，可以通过短时间内的显著改善来争取，这并不是一件容易的事，或者通过超出常规的不良表现来获得，这不是我们的目标。但是，如果家长经常和教师取得联系与交流，通过交流来关注孩子在校内的表现，并告诉教师自己家庭的基本背景、对孩子的教育理想以及孩子的个性特点等等，将有助于唤起教师对孩子的注意，教师就也会不自觉地关注和留意这个孩子，重视这个孩子。所以，只有家长先重视自己的孩子了，才会引起老师的重视。而引起教师重视，最主要的就是和教师多交流。

### 4.2.1 亲师交流的基本要求

#### 1.平等交流

尊重教师。教师是孩子成长中的最重要第三人，是帮助孩子和家庭实现教育理想的专业人士，应当受到足够的尊重。然而，由于家长和教师的成长体验、思维方式、教育方法、专业背景等方面的差异，家长和教师之间分歧在所难免，因此，家长和教师交流时，要有平和开放的心态、尊重教师的姿态。

◆ 尊重教师的专业。有关教育的话题，似乎每个人都可以说上几句，好像每个人说的都有点道理，但教师接受过教育专业规范训练，他们是专业人士，家长可以保留自己对孩子教育问题的看法，但应当尊重教师的专业意见。

尊重教师的专业还包括重视教师的努力付出，鼓励教师的勤勉工作。家长在孩子有进步或者取得好成绩的时候，往往都会表扬孩子或者奖励一下。孩子的进步固然是孩子努力的结果，但也和教师的工作有关，因此我们建议家长在表扬和鼓励孩子的同时，也通过电话或者短信的形式，表达对教师的感谢，和教师一起分析孩子进步的原因，以便我们在家里帮助孩子巩固促成其进步的那些学习和行为习惯。不是等到孩子退步的时候打电话问教师为什么，而要在孩子有一点点进步或者改善的时候和教师交流孩子进步的原因以及如何巩固。

◆ 尊重教师的人格。现在我们提家长和教师联系，就好像是鼓励家长和教师拉关系，就是要请教师吃饭或者给他们送礼。家长的这些想法已经使很多教师心里有负担，表示甚至不敢主动和家长联系，实在不得已才找孩子的家长。绝大多数教师都是恪守职业道德规范的，当他们和家长主动联系或者告诉家长孩子的不良表现时，并没有暗示家长请客送礼的意思，家长不能以社会上的不良风气来揣测教师。

◆ 体谅教师。每个人的言行都可能有自己个人的独特角度，而这个角度在另一个人看来，是不正确的或者有问题的。教师对孩子教育问题的言行虽然是专业的，仍可能杂有自己个人角度的成分，因此，在职业生涯中，可能就某些问题和家长有不同的观点。家长对教师的要求再高都不过分，但我们依然需要体谅教师。尤其是当我们认为自己的孩子在学校受到了不公正对待的时候，需要从教师的角度考虑。我们鼓励家长对学校的管理、教师的教学提出自己的看法，鼓励家长通过家校合作的各种渠道表达自己对学校和教师的期望，但我们建议家长理性介入与孩子有关的学校问题。除非教师明显不负责任或者明显对孩子们产生了负面影响，也就是说连那些表现优良的学生也难以适应某位教师的教学方式或者学校的某项纪律要求时，才出面干涉。即使是这个时候的交涉，也不要带着孩子一起兴师问罪，可以通过家长委员会反映自己的诉求和看法。只要我们本着正向参与的原则，我们便不会只是想“到学校去教训一下那帮家伙”。

◆ 家长不是弱势群体。很多家长反映说当自己进入学校的大门后，面对下课后成群成堆从身边跑过的孩子，在偌大的校园里艰难地寻找办事部门，站在响应了他的招呼后继续低头批改作业的教师身边，深深地感觉到自己是弱势群体。到学校办事的确不是一件很容易的事情，一方面是学校接待个体家长参与的能力的确有限，更重要的一方面是因为学校按照教育行政管理部门的要求在安全管理方面的压力很大。家庭和学校、家长和教师在孩子成长的目标上是一致的，没有强弱之分，虽然我们不懂教育或者谈到教育时没有那么专业，依然可以有自己的想法，即使是错误的，也恰好需要教师帮助纠正，术业有专攻而已。

有些家长声称怕和教师交流，因为教师可能会说到孩子的不良表现，让家长感到很没有面子。而教师们声称对很难得一见的学生家长，他们想抓紧时间介绍孩子的问题，以便和家长交流，获得更多的信息，并指导家长参与改善。谁知道家长往往一听见说自己的孩子不好，就着急上火，草草结束谈话回家撒气去了。没有达到交流目的。其实，只要家长多和教师交流，提前和教师交换意见，教师就不会再强调孩子的不良表现，而是关注如何改善。因此，建议家长多和教师交流，多了解孩子在学校的表现，发现优点进行鼓励，出现问题及时解决。也让孩子知道，即便你不在身边，你也对他的行为还是有所掌握，这也会提醒他不至于忘乎所以，出了错也不会想着对你隐瞒什么。

2. **双向交流**

家长和教师的交流应当是双向的，而不是完全由一个人说给另一个人听。有时候，我们在交流的过程中表现得像个话唠一样喋喋不休，难以被插话进去，除了说话者的性格，也有见到对方实在太难了的心理，所以，家长需要多和教师联系，这样就不至于你们一见面，教师就说个不停。家长也要避免不着边际地说，因为教师的时间宝贵，既要面对其他家长，也有自己的个人事务需要处理，因此，家长在和教师沟通之前，需要明确自己想从教师那里了解到什么，想让教师了解什么。

◆ 充分利用机会。很多家长不愿意主动与教师进行交流，往往借口工作忙、事情多等原因。而所谓学习困难或者成长出现“问题”的学生，其家长多数都是被教师请到学校，被动地与教师见面交流。现代生活的节奏较快，家长的压力不小这是事实,但是孩子的成长离不开家长的参与。因此,我们建议如果家长没时间参加学校固定的交流活动,可以在活动结束后向教师主动了解活动情况,并利用平时得闲的时间,和教师通过电话、信息或者网络交流。在路过学校的时候,进去找孩子的科任教师和班主任交流。在路上迎面碰到教师的时候,主动和教师打招呼并与其交流。总之,尽量早地了解学校对固定的家校合作活动的时间安排,并尽量早地协调好自己的工作,参加相关活动。充分利用各种难得的机会,主动和教师交流。

◆ 听和说。家长与教师交流,既要听,又要说。听就是听教师说,不要急着找理由为自己解释或者为孩子解释,先听教师说完,以便整体上把握情况后,自己才能理解教师的角度,也知道需要向教师传播什么信息。有些家长过于偏爱自己的孩子,听得进表扬孩子的话,不愿意接受批评孩子的话,往往找各种理由,替孩子辩解,造成教师对家长的教育观念不能接受,交流变得不畅通,效果不好。

当然,家长也不能一切都听老师的。由于感觉自己处于弱势,或者因为自知对教育不懂,不少家长对教师有点"惧怕",与教师交流常说:"一切都听老师的!"或者"孩子全拜托您了,该骂就骂,该打就打"。虽然表达了对教师的充分信任,却让教师感觉到你根本不愿与他合作,他还是一个人孤军奋战,和你交流是白费时间。家长应该明白一个道理,和教师交流不是找问题让教师独自解决,而是和他一起协商寻找更适合你的孩子的教育方案。所以,家长需要向教师介绍自己的家庭背景、孩子的个性特征、家庭对孩子的期望、孩子在家的学习情况等等,还需要向教师咨询学校的规章制度和计划、对孩子们的基本要求、教师对孩子以及家长的期望、孩子在校的学习和行为表现等等。双方充分交换信息,是良好合作的基础。

### 4.2.2 亲师交流的活动

亲师交流的活动很多,既有学校组织的家长会、家访、亲师恳谈会,也可以是家长通过面谈、电话、信息和网络等方式发起的交流。

**1.参加家长会**

学校在开学的时候、期中或期末考试后可能会组织召开家长会，有些学校将家长会和校园开放日结合在一起，也有的学校举办科技节、文化艺术节等活动，将家长会作为期间的一项内容，总之，很多学校都有意请家长到学校来交流，家长会几乎是每所学校都会举办的。参加家长会对于家长来说，好像是很简单的一件事，但是要想取得良好的交流效果，并非每位家长都能如愿。

◆ 做好准备。学校召开家长会的目的在于与家长沟通，交流学校、家庭教育的情况，促进双方高效合作，服务于孩子更好地成长。为了保障家长会的成功，又让我们到校后感觉到更加自在，学校、年级和班级都要做很多准备工作。

家长参加家长会，并不只是去听会，而是参与学校一项家校合作的活动，因此，也要做相应的准备。家长的准备工作要从获得会议通知开始，例如拿到会议通知后，按照要求在会议通知的回执单上填写参加会议的意愿和联系方式，并向单位请假或者协调好自己的工作，以保障到时候自己一定会参加会议。

接下来就是要尽可能多地了解孩子本身以及班级的情况。家长在平时和孩子交流的基础上，整理一下自己了解到的孩子在学校的表现情况——上课听讲情况、作业情况、组织纪律情况、与同学交往的情况、与教师的关系等，以及日常自己曾经想到过的需要咨询教师而没来得及咨询的问题。了解到了基础性的情况后，在家长会上听学校领导、班主任、任课教师讲话时就心中有数，可以将自己了解到的情况与家长会上的教师通报的情况进行对照、补充，掌握更加全面的信息，不仅对自己孩子的情况有更加全面的了解，对孩子在班上的相对状况也有较为准确地认识。

出门前，家长需要考虑一下自己的穿着是否适合在学校活动，例如睡衣、过于暴露、透明的衣服都建议不要穿到学校去，因为那里对包括你的孩子在内的全体孩子的穿着打扮有着较为严格的规范要求，我们去学校的时候需要为孩子们做榜样。同时，家长在心理上要有所准备，可能听到教师对孩子或家长的表扬、批评甚至责备，如果我们能从教师的角度想想他们承受的职业压力，或许我们就能体谅他们良好动机之下的不当说话方式了。如果带个笔记本，可能会帮助我们将听到的内容记得更全面些，而且日后还可以对比。

◆ 按时参会。众所周知，守时是现代人必备的素质之一，而在学校参加活动守时具有特殊的意义。学校是我们的孩子接受教育的专属领地，我们平时要求孩子们上学不能迟到、早退，而轮到我们参加学校活动，守时本身就是对孩子的身教。同时，学校活动的时间是周密计划好了的，如果家长迟到，学校不得不推迟开始时间，这样就影响到了后面的活动流程，甚至也可能影响到原本预留给家长回家做饭或者去幼儿园接小孩的时间。此外，有些家长早早地就到了学校，我们也不应当让他们等得太久。我们在学校的调研发现，有些教师基于以往家长会的经验和教训，将原本计划 9 点开始的家长会修改成 8 点 45 分写在通知上，以此来催促家长早点出门来学校，并确保有些踩着 8 点 45 分的点出门的家长不会错过家长会的开始，而有些家长信以为真并提前出门，结果到学校后，原来自己是最早的。如果家长对开始时间有疑问，或者需要确定一下以便自己抓紧时间多处理一点事后再去学校，可以给班主任打个电话再确认一下。当然，如果你真的来早了，也可以在学校的公告栏、走廊等地方看看，那里常常展出的是学校的办学成果、发展规划、工作安排和规章制度。如果运气不错，你还可以利用这段时间，单独和孩子的教师聊聊，这比你消极地坐在会场上抱怨还不开始要有意义得多。

需要特别强调的是，无论家长什么时候到了学校，都要遵守学校有关卫生和安全的管理规定、遵守活动安排，尤其是有孩子一起参加活动的时候。例如学校现在是全面禁烟的，因此，请家长到校后不要吸烟。又如，排队按秩序参加活动，完成学校现场需要完成的问卷、不要乱丢乱扔，不要随地吐痰等等。

◆认真倾听。一般学校举办家长会，都希望能充分利用这次难得请到家长到校的机会，对家长“灌输”更多的信息，所以安排了学校领导、年级主任、班主任讲话，安排了任课教师、班干和课代表通报情况，甚至还安排了家长代表发言、专家讲座、文艺汇演等等。家长到校后，都要认真参加这些活动，在听的同时，记录下来和你的孩子有关的内容和你所感兴趣的那些，对比自己之前了解到的学校、班级和孩子的情况，并在需要进一步了解的、需要重视和学习的以及需要改善的方面做记号。

◆会后交流。家长会属于集体活动，可能解决了你的部分问题，也可能完全没涉及你认为需要解决的问题，因此，除非你认为通过家长会，你已经了解到了足够的情况，否则，家长会后，你需要单独和教师聊聊，以便补充你想了解的信息，并告诉教师你孩子的一些信息。

更多的家长参加家长会只是想知道自己孩子的考试情况，了解到孩子的成绩进步了，就认为“万事大吉”，笼统地表扬一下孩子“你还不错”就完事了。也有的家长由于孩子被教师点名提了一些建议，就认为孩子不争气，憋着一肚子火，回到家里对孩子就是一顿劈头盖脸地叫骂，甚至暴打，使得孩子此后就怕学校召开家长会。这些都是不正确的。事实上，家长会的效果在于会后的工作：

首先，和孩子聊聊家长会的情况，包括会议的内容、参加的人等等，让孩子了解家长会的过程。介绍家长会的内容，帮助孩子了解家长会是干什么的，而不至于让他们感觉到家长会就是告状会、批斗会。

其次，说说哪些同学因为什么收到了表扬，哪些又因为什么而被批评，如果自己的孩子收到了表扬，则要特别强调受到表扬的原因、教师的态度和自己的高兴心情。

再次，以适当的方式转述了解到的孩子的情况，鼓励孩子巩固好的行为、改善不良行为，并和孩子一起讨论下一阶段的计划。

最后，通过学校的网站或者家长 QQ 群，了解教师、家长代表们整理出来的会议总结。

### 2.接待教师家访

家访的目的在于:加强学校和家庭、教师和家长的沟通;了解学生成长环境、思想动态及校内外表现;及时通报学生在校表现情况;宣传学校的办学理念、管理政策、教育教学改革计划和家庭教育的科学理念与方法;征求学生家长对教师和学校工作的意见、建议,营造以儿童成长为中心的教育环境,提高家庭、社区对学校教育的满意程度。为了实现这些目的,家访前学校和教师都要做些准备,因此,家长也要做好准备工作。

◆接待准备。教师上门家访并非因为我们的邀请,而是按照学校的工作安排进行的,所以,家访是教师的一项工作,是学校的一项家校合作活动。从家校合作的角度上讲,首先,家长在接到学校关于家访的通知后就要协调好自己的工作和时间,并向教师反馈自己方便接待家访的时间,最好告诉教师几个时间段,以便教师有更多选择来协调那些没有你方便的家长。其次,确定自己家里参加家访座谈的人员,确保家中主要负责孩子教育的家长要在场,由家里分管教育的家长负责整理孩子在家学习和行为的基本情况、孩子的个性情况、家庭背景情况、教育抱负、家庭对学校和班级的期望以及希望从教师那里了解的问题等,并做好记录,以便和教师交流时做到条理清楚,没有遗忘项,提高接待家访的效率。

◆接待来访。到了家访的当天,和教师确定具体的时间点,提前在家里等候。家访就要在家里进行,而不要建议教师去茶楼或者饭店边吃边谈,这是他们的工作,而不是来我们家做客。但是必要的待客之道还是要的,例如家里收拾干净整洁,适当配点茶水、水果是可以的,但是教师进门后,不要将主要精力放到请教师品尝点心、水果上,过于热情的邀请教师吃喝会让他们感觉不自在,他们可能会将你邀请他们吃喝视为送客,所以他们就会早早离开,而事实上你们的工作都没完成。

对待教师的态度要真诚友好,热情礼貌,按照教师的提纲进行交流后,再提出自己整理出来的那些希望交流的内容，但要避免婆婆妈妈地唠叨或打听教师的个人问题。如果家里有更小的孩子，在教师进门前，让某位家庭成员把孩子带到另一个房间去或者干脆带孩子出去走走，以防止你们的谈话被孩子的吵闹打断而不得不草草结束。我们还建议，在接待家访时，关掉电话、手机和电视，以便大家都很专心的交流。

至于孩子本人是否参加家访座谈，可以视情况而定。我们建议表扬可以当面，批评可以避开，至少不要当着孩子的面向教师告状，说孩子怎样怎样，给孩子贴个标签。孩子的某个不良行为如果只在教师或者家长单方面暴露了，他并不希望另一方也知道，而这种死守，恰恰是可以改善的动力源泉。

在家访结束的时候，带着孩子一起礼貌热情地送教师出门，并感谢教师对孩子的关注和付出。

◆家访后的交流与反馈。家访教师离开后，要先整理一下与教师交流获得的信息，思考如何和孩子说，是否需要先和其他家庭成员交流后再和孩子说等等。和孩子交流家访内容时，要注意方式方法，尤其要强调你对教师的正面评价，告诉孩子老师们都很喜欢他、很看好他，你很喜欢他的老师们。

针对家访获得的情况，和孩子一起讨论学习和生活计划。注意观察孩子的改变，并及时向教师反馈家访后孩子的进步信息。

3. **校访**

有时候，因为各种原因教师家访并不是那么方便，所以我们不能坐在家里等教室上门家访或者学校举办家长会。我们需要创造交流机会，即亲自前往学校与教师交流。

◆预约时间。学校是一个制度化的组织，有着严格的作息时间和工作规程，并不是我们方便的时候，教师就方便，所以在决定校访之前，我们需要和相关教师预约。有时候，教师可能在电话里问你需要了解什么信息，所以在拨通预约时间的电话之前，我们要思考一下我们的目的和希望获得的信息。不过，给教师打电话本身就是一件比较冒险的事，因为学校都有严格的纪律规定，教师上课期间不得接打电话，如果你不清楚什么时候和教师打电话合适，可以通过短信、QQ 留言或者让孩子带便条的方式预约。

如果你想见到孩子的班主任和所有科任教师，那么你需要计划呆在学校的时间将更长，因为他们中的某个人那时正好有课。

合适的时机并不完全是教师决定的，有时家长或孩子的特殊情况也特别需要家长临时校访一次。家长要出远门一段时间经商、打工、培训学习或者开会，在外出前和教师交流，将有助于引起教师对孩子的特殊关注，如果在外出期间还能经常通过电话和教师保持联系与交流，就可能将家长不在家的影响减到更小。此外，孩子在情绪、行为、成绩有重大变化的时候，也需要家长主动校访。

◆走进学校。多数学校的门卫都有着繁琐的盘问和登记程序，有时这难免令人不悦，但是你需要体谅和配合学校的工作，因为关系到全体师生的安全，其中也包括你的孩子在内。

校访是家长主动发起的家校合作活动，应有目的和针对性。家长对于自己希望了解或反映孩子在思想品德、学习、情绪、身体、交友等哪方面的情况，自己准备采取的措施，希望老师做哪些协助工作等要清楚，在有针对性地用简短的语言表达自己的想法后，要认真听取教师的意见，向教师请教相关办法。切忌事先没有考虑，找到老师后要么不知道说什么，要么说一大堆无用的话。

和教师交流孩子的情况时，要全面客观，既不要把自己的孩子说成一朵花，也不要把自己的孩子说得一无是处。作为家长，只有帮助教师对孩子客观全面的了解，才更有助于教育孩子。

切忌简单询问孩子怎么样，而要将问题细化。很多家长在和教师交流时喜欢笼统地问“我家小刚怎么样啊？”使得教师在一时之间不知道如何回答，只好也笼统地说“还好”、“不错”、“还可以”之类的话，没有传递更多的信息，家长依然不知道自己孩子的情况，无法有效参与。我们建议家长和教师交流时将“怎么样”细化成“上课、做作业、伙伴关系”三方面，并将上课情况细分为“上课听讲是否认真、回答问题是否积极、参与讨论是否专心”等三个小问题，将“做作业”细分为“书写是否认真、正确率怎么样、产生错误的原因是什么”等三个小问题，将“伙伴关系”细分为“和谁玩、和他玩的人怎么样、他们在一起玩什么”等三个小问题，这样一问就是九个问题，教师的回答将有助于你全面了解孩子课堂、课后和交友情况。而且这样的问法，可以影响教师对孩子的注意范围，使孩子受到更多的关注。

家长到学校后，在不影响正常教学秩序的情况下，经过教师同意可查看孩子的作业本、试卷以及行为记录等，还可以去教室或者运动场看看孩子的上课情况。也可以利用这个机会，多了解学校的相关规定和计划，以便更好参与子女教育。

◆校访后的反馈与交流。向接待教师道谢后，离开学校回到家里，校访后的重要工作就是和孩子交流以及给教师反馈。和孩子交流今天去学校了解到的情况，介绍教师对孩子的表扬与肯定，告诉孩子教师对孩子的期望。

家长找到老师交流了孩子的情况后，通常双方会约定一些合作的措施。因此，家长要切实履行，不要教师能坚持、孩子能坚持，而家长不能坚持。

### 4.3 家长间交流

无论是学校还是家庭，不同学生的家长之间相互交流，一直未受到足够的重视。虽然同一所学校或者同一个班级的学生家长之间也存在相互交流的机会，但那些交流主要是以地缘（大家都住在一起）或者血缘（大家原本就是亲戚）为基础的，还不是以学缘（纯粹因为孩子们在同一所学校）为中心的。长期以来，家长之间的交流都处于零散的、临时的状态，只是在参加学校活动的时候才偶然相见和交流，其他时候都只有在家里听孩子讲人家孩子的闲闻趣事。可喜的是，这种状况正在改善，一方面由于信息时代的到来，网络和电话为家长之间的交流创造了便捷条件，另一方面学校成立了家长委员会、家长志愿组织等家长组织，为家长参与子女教育提供了组织制度保障的同时，也为家长之间的相互交流提供了组织机制。

### 4.3.1 家长间相互交流的基本要求

**1. 相互认识**

家长分散在不同的社区生活，即使是同班同学的家长，生活与工作交集并不多，所以大家相互认识的机会并不多，往往是学校组织活动的时候大家才聚在一起。但是交流需要大家相互认识作为基础。

从教师那里获得包含家长基本信息的班级花名册，快速认识孩子同桌、同一小区里其他孩子的家长，是我们相互认识的起步。在这一方面，农村小学的学生家长有优势，因为大家之前几乎都认识，而城市却不一样，因此需要专门营建和其他家长的联系。回去后通过花名册，寻找自己与其他家长的相似性，快速建立交流连接。例如同一小区、相同的工作或者系统、老乡、QQ 或者电话号码的尾数相同等等都可以让你们的初次谈话变得更加轻松。

加入班级 QQ 群并参与讨论，积极参加学校、班级组织的家校合作活动等也有助于我们被其他家长认识和认识其他家长。

**2. 相互尊重**

每位家长的成长体验、专业背景、工作经历不同，每个人都有令自己感觉良好的成功之处，因此，任何其他孩子的家长都值得尊重。孩子同学的家长当中有的是具有教育专业背景的人，有的是事业成功、学业成功或者营业成功的人士，有些在家庭教育方面很有一套，这些人身上都有正能量值得发掘，都可以成为我们教育孩子提供帮助或资源。

有时候，我们面对孩子的某些问题或者状况，不知所措，甚至都不知道向谁咨询。或者虽然我们自以为有经验、有方法，却效果并不明显。如果我们认识更多的孩子家长，我们就可能从他们那里获得帮助，因为我们家里发生的事，他们家过去已经上演过。

家长因为孩子而相识，都是为了孩子成长参与到相互交流中来，因此，大家应当平等交流，尤其要尊重那些职业社会地位不够高的家长，没必要将社会上的分层观念带入到交流孩子的问题上。要克服对单亲家庭、外地转入家庭、贫穷家庭等特殊家庭的歧视，以开放的心接纳衣着朴素的其他家长、长相不够帅气漂亮的家长、身体残疾的家长、普通话夹杂着外地口音的家长。尊重其他孩子的家长，因为其他孩子的家长可能是你的孩子的教育资源，他的家庭具有不一样的教育资源的优势与特色，除了物质或者社会地位方面的差异，我们的人格尤其是我们对孩子的爱都是平等的。

相互尊重体现在交流时，为每位愿意发表意见的家长提供平等的表达机会，谦逊地倾听每位家长的发言，同情每位家长的焦虑和担忧，重视每位家长的意见，而不是将家长有关孩子教育的看法同他的社会经济地位或者其他无关的因素混在一起，即使是对待表现很不好的学生家长。

**3.贡献力量**

参与到家长之间的相互交流，原本是为了学习和借鉴别人成功的经验，交流对于班级管理和学校教育教学的看法，因此，表达自己的观点，为交流贡献力量十分重要。

既然是相互交流，大家都可以谈自己的看法和观点。当然，由于可能是多个人在一起交流，所以力求自己的观点客观、理性是有必要的。家长委员会的成员、志愿者、专业工作组的成员或者其他自愿的家长都可以临时肩负起家长相互交流的组织者，引导参与交流的家长参与，并帮助家长总结他的发言。

### 4.3.2 家长间相互交流的活动

家长之间相互交流的活动形式很多，既可以是学校组织的，也可以是家长自己组织的，还可以利用参加学校组织的其他家校合作活动的机会，规模可大可小，时间也很随意，甚至可以利用接送小孩上下学的机会相互交流。其他通过网络平台、手机等也可以交流。总之，参与相互之间的交流，家长可以利用好家长联盟的力量服务于自己教育孩子。

1. **家长交流会**

家长交流会可以由学校组织，也可以通过家长委员会等组织。相对于家长会而言，家长交流会的程序可以简单一些。家长们还可以就某个专题召开交流会，例如优秀家长经验交流会、毕业班家长交流会等。

◆会前准备。家长交流会的会议形式虽然可以相对松散一些，但并不是一次闲聊的机会，家长聚在一起同样很难得。因此，如果希望自己参加交流很有效果，就需要提前做准备。建议孩子的父母双方都参加交流会，那将帮助你们获得更多有意义的信息。参会前明确会议的主要目的和主题是什么，并思考自己有什么问题需要其他家长提供帮助、有什么心得体会值得分享。例如在教育孩子的过程中，遇到什么烦恼；我自己有什么教育子女的好方法；平常我们是如何与孩子沟通的；有没有需要讨论的案例等等，做好发言准备。

◆积极参与交流。认真听其他家长的发言，记录下来你认为重要的那些内容，并在需要附和的时候声援发言者的观点。主动争取发言机会，表达自己需要帮助解决的困惑，分享自己的心得体会。

◆会后交流。家长交流会并不直接涉及自己孩子的表现情况，但是有关信息却对孩子教育有帮助，所以家长回到家后更多的是自己调整教育方法。如果交流会是在学校举办的，你在学校了解到的有关孩子的表现信息，也需要以适当形式和孩子交流。当然，如果交流时有家长提到他通过自己的孩子了解到有关你的孩子的优良表现，回到家里就要转述给孩子听，这算是意外的收获。

如果在交流会上，你错过了很好的内容或者需要更加详细地了解相关信息，则可以利用交流会后的时机，当面向那位发言者咨询。

2. **班级 QQ**

很多学校会鼓励家长建立 QQ 群，也有些学生家长自发设立了班级 QQ 群，方便大家联系、沟通、讨论，分享教辅资料，探讨教育方法，共同促进孩子成长。但是 QQ 群的管理和利用上也带来某些负面的影响，例如家长过度关注、利用公共交流平台夸大某些问题等等。

◆不要只是围观。加入了 QQ 群后，家长既可以在这里了解班级活动信息、作业信息，还可以交流激励孩子学习的措施以及课外活动的安排等信息。然而，相当一部分家长总是潜水在那里，不参与交流。虽然围观别人的交流也可以收获一些有意义的信息，但是参与讨论将可以获得更多人对你的问题的看法，帮助你兼听。

群里有些家长会帮助班级处理一些事务，例如整理作业完成情况，并发布在群中供大家共享，或者利用自己的专业知识为家长释疑解惑，这些工作都是无私奉献的，因此，即使我们不参与讨论，也要加入到感谢和鼓励这些家长的行列中。

◆ 文明利用公共平台。群里的信息传递非常快，家长不应发布商业广告、股票信息甚至不健康的内容，否则不利于孩子的成长，也会损伤大家参与交流的热情。

充分评估自己的言论可能造成的负面影响。群里难免会谈到李老师的数学课孩子听不懂、语文的作业太多了、学校的规定很奇葩之类的话题，家长需要理性关注，避免情绪化的表达，更不可以利用这个交流平台搞人身攻击。

◆ 延伸到网下交流。家长可以通过 QQ 群给孩子营造丰富的课余生活，寻找玩伴，加深孩子们之间的友谊。

# 第五章　在家学习

孩子很小的时候，我们羡慕那些孩子已经上学了的家长：把孩子往学校一扔，就可以轻松地做自己的事了。于是，我们天天盼着孩子快点长大快点上学，可是真等到他们上学了，我们发现自己一点都不轻松。从他上学之初的第一次家长会开始，我们就被教师不断要求监督和检查孩子学习：写字姿势、家庭作业、寒暑假作业、背诵、阅读、重做、罚抄、抄写、听写、默写、造句、周记、网络学习等等，并在课本上、作业本上、家校联系本上的指定地方签上家长自己的名字，以示负责。在孩子没交作业、没完成作业的时候，在孩子成绩下降的时候，甚至在我们忘了签字的时候，都可能接到教师的电话，从起初的询问为什么到后来说完"你家刘文林又没交作业！"就直接挂掉电话，我们只好向教师求饶"老师，我真的没有办法！"后来我们就怕接到教师的电话，再后来他们不打电话了，而我们陷入了无知无措的恐惧中。

在家校合作的六种实践类型中，家长对孩子在家学习的参与是最高的，[1]但并不能就此乐观地认为家长都心甘情愿地参与，更不能简单地推论到家长的参与能力和方法。事实上，相当一部分家长参与孩子的在家学习是应教师的要求勉为其难，因为他们担心如果不按照教师的要求去做，孩子可能被“穿小鞋”而受到不公正的对待。还有一部分家长在参与孩子的在家学习上并不得法，因为他们认为参与在家学习就是辅导孩子的课程学习，而辅导孩子的课程学习就是辅导孩子做作业，由于自己的文化程度不高，根本就无能为力，在孩子问题目时无所适从，焦躁不安。更有甚者，恼羞成怒地发孩子的脾气，责备孩子上课没认真听讲、责备孩子学习不努力、骂孩子没用等等。这种情况，在农村更加普遍。在那里，父母接受的教育不算高，虽然读了几年书，但当年成绩并不好，所以难以胜任辅导孩子课程学习的职责，说得最多的就是“一二年级我还可以，到了五六年级好多题目我都做不到。”在大量的农村劳力外出务工后，留守儿童由留守老人照看，参与孩子在家学习成为极其困难的事，孩子们得到了不算很坏的喂养，却没有得到很好的教养。

因此，教师对家长提出的检查作业之类的参与要求受到了质疑和批评，被视为教师为了减轻自己的工作量而把教育孩子的责任丢给家长。“如果我会教，还要你们老师干什么？”的说法，备受同情。

然而，如果我们能够从教师那里获得更多的支持，使我们了解孩子各个年级的学习要求和特点，了解不同课程学习的要求和特点，并得到他们在方法上的指导，或许我们的恐惧感会得到一定程度的缓解。事实上，即使是没读过书的家长，也能参与到孩子的在家学习中来，因为参与孩子的在家学习，既不等同于直接辅导孩子的课程，也不等同于教他做题目，而是敦促、监督和检查他的学习。例如收集子女各门功课所需知识和信息，并将这些提供给他们；在家监督

---

1 吴重涵，张俊，王梅雾. 家庭背景与家长参与关系的实证研究[M]. 南昌：江西教育出版社. 2014：254、396.

孩子做作业时集中注意力,规划安排学习和玩之间的顺序,为孩子请到帮助者;参与到和子女学习相关的学校活动中去,并向教师和其他学生家长咨询在家辅导孩子的方法;要求孩子展示所学的知识,认真听孩子读书,配合孩子完成互动型家庭作业;指导孩子制定适应自己的每天或每周活动计划;与子女一起讨论学习目标和上大学的理想等等,这些都不需要家长能亲自动手做出某门功课的题目来。

## 本章要点

本章主要探讨家长对孩子在家学习的参与，以帮助家长理解小学生的学习心理和基本要求，增强家长辅导孩子在家学习的能力。

家长参与孩子的在家学习是指家长在家帮助学生学习、生活等，包括从学校获取相关信息和观念，与学校合作辅导子女家庭作业、完成课程相关活动、安排子女作息、进行学习决策和计划等。家长参与在家学习，可以带来学生、家长、教师等多方面的有益结果，其中在学生方面包括通过完成家庭作业和课堂作业获得技能，并提高考试分数、对学业的积极态度、将家长视同于教师、将教师视同于家长，以及自我意识到作为学习者的能力获得提高等。

教师花在任一孩子身上的时间是有限的，而且他们需要家庭的理解与帮助以支持课堂教学。家庭可以提供这种支持的一个重要途径就是使他们的孩子对可带回家做的家庭作业产生兴趣或者发现最有效的方法来辅导他们的孩子做作业。研究表明，当家人积极支持儿童时，他们在学习上更可能成功。当家庭成员与孩子们一同阅读，与孩子们的教师保持沟通，积极参加学校或其他学习活动，并辅导孩子做家庭作业，那么他们就给孩子们提供了一个巨大的优势。然而，家长的参与既可能缺乏科学依据，也可能增大孩子的学习压力，导致孩子的学习并不能达到大家的期望。因此，家长参与孩子的在家学习，需要跳出经验的圈子，科学参与。

本章将：

●解释小学生的学习心理和分科学习的目标，以帮助家长了解孩子的记忆特点，了解影响孩子学习动机的因素，增强家长参与在家学习的科学性。

●解析家长参与孩子在家学习的几个活动示例，为家长提供参考，并为家长辅导孩子家庭作业，在阅读、写作和数学等方面提供一些建议。

**快速浏览**[2]

## 家长参与在家学习与儿童成长

一、家长参与的基本现状

总的来看，家长对在家学习的参与都比较高，并偏向于在家中的相关活动。如超过80%的家长能较好地监督孩子完成作业，有74.2%的家长较好地参与在家的亲子共读活动等，而需要与学校合作或需要到校参与的活动，如从学校了解辅导子女的方法，参与率较低，只有63.0%的家长表示做得很好；另外，需要专业知识或设备，如确定学习计划、规划，和网络收集资源等，家长的参与率也较低，做得较好家长在60%左右。

二、子女个人特征与家长参与在家学习

（一）无论男生还是女生，家长对在家学习参与程度都较高，但对女生的参与要显著高于男生。而在儿童智力水平的5个等级中，儿童智力水平越低，家长对在家学习的参与程度越高。儿童智力受先天遗传和环境的共同影响，家长在家对子女的辅导和照看，有益促进儿童智力发展，另一方面，儿童智力水平的现状，也会影响家长的参与。

（二）学生年级越高，家长参与在家学习的程度越低。在小学1—3年级，参与程度在75%以上，这一阶段是儿童进入正规学习过渡的关键阶段，需要较多的家长辅导；在小学4—6年级，家长对在家学习的参与降低了10个百分点。这可能和课程的难度增加、学生的自觉性提高等因素有关。

（三）独生子女家庭家长参与在家学习程度为高的比例74.7%，而非独生子女家庭的比例是62.9%，留守儿童家庭的家长参与在家学习程度高的比例是60.6%，非留守儿童家庭为73.8%。可见，非独生子女、留守儿童家长参与在家学习程度低，非独生子女的留守儿童的家长对在家学习的参与程度最低。

---

2 吴重涵，张俊，王梅雾．家庭背景与家长参与关系的实证研究[M]．南昌：江西教育出版社．2014：251—283．

三、学校特征与在家学习

(一)学校越接近城市，家长对在家学习的参与程度越高

学校位于市区的家庭，家长对在家学习参与高的比例为74.5%，县城学校的家庭中，参与高的只有61.8%，而在镇乡家庭中，参与高的下降到53.9%。总体来看，在市区、县城和镇乡三类学校中，家长对在家学习的参与依次下降，趋势明显，且差异显著。

(二)家长对在家学习的参与显著高于教师，在效能感方面，两者趋于一致。在家学习的各类活动主要是家长辅导、督促子女的学习，教师的参与主要在于对家长和学生进行指导，而发生地以家庭为主。从现实的参与程度来看，家长对在家学习的参与程度高于教师。在家学习参与程度为高的方面，教师的比例为49%，显著低于家长的68.2%。从效能感角度审视，家长与教师比较一致，程度为高的都在85%左右。

四、家庭社会经济地位与在家学习

(一)家庭社会经济地位越高，家长参与在家学习的程度越高，且城镇家庭在家学习的参与程度高于农村家庭。

(二)父母学历越高，在家学习的参与程度越高。父母的职业地位越高，家长对在家学习的参与越高。

(三)从不同家庭类型上看，大多数家庭的家长在参与子女在家学习方面都非常努力，参与等级为高的比例较为接近，都在55%以上。但是，婚姻不完整的家庭，参与率略低，其中，丧偶、未婚家庭的参与程度最低。

五、社区环境与在家学习

社区环境越好，家长对在家学习的参与程度越高。社区基本情况、硬件条件、社区氛围等越好，家长对在家学习的参与程度越高。

六、在家学习与儿童成长

(一)家长参与在家学习对儿童成长有直接的正向影响。家庭对在家学习

的参与程度越高，儿童越可能获得较好的成长状况，同时这个结论也是与当好家长、相互交流和志愿服务相一致。

（二）家长对在家学习的参与，在一定程度上减弱了家庭社会经济地位与儿童成长的相关性，对儿童成长有正向作用。也就是说，在低社经家庭中，家长对在家学习的参与能在一定程度上减弱家庭的不利影响，促进儿童成长；而在高社经家庭中，参与在家学习能使得家庭优势发挥出来，促进儿童更好成长。

（三）在家学习减弱社区环境与儿童成长的相关性，特别是在较好的社区中，作用更明显。

（四）家长参与在家学习对智力水平与儿童成长间的相关性有显著影响。在低智力水平儿童中，家长对在家学习的参与越高，儿童就越有可能获得较好的成长状况，而在智力水平优秀的儿童中，家长参与在家学习对成长状态不够好的儿童有一定的影响。

## 5.1 小学生的学习

### 5.1.1 小学生的学习心理[3]

**想一想**

2013年8月，教育部就《小学生减负十条规定》公开征求意见，拟规定，一至三年级不留书面家庭作业，四至六年级要将每天书面家庭作业总量控制在1小时之内。然而，六成家长认为应该给孩子布置家庭作业，因为“光靠课堂上45分钟的学习肯定是不够的”。也有家长认为“很多负担并不在学校的作业，而是在各种兴趣班、辅导班上。”[4]2007年8月21日发布的《上海市中小学生家长对子女学业与成长的教育态度及家校合作现状的调查报告》显示，有70%小学生

---

3　本节的有关理论主要依据《教育心理学精要：指导有效教学的主要理念》（第3版）相关章节的内容，[美]简妮·爱丽丝·奥姆罗德著，雷雳，柳铭心，郭菲 译，中国人民大学出版社，2013年版。

4　涂明明，高小茜．"小学生减负十条"引争议 六成家长同意布置作业[N]．南昌晚报．2013－9－17．

每天除完成学校布置的作业外，还要完成父母布置的作业。[5]

孩子进入小学阶段便开始接受正规的学校教育，真正进入为期9年以上的以学习为重要生活内容的学生时代。也正是从小学开始，孩子们要面临各种各样的学习任务和要求，其中“写字”或者“做作业”最为常见。除了家庭作业，你认为小学生的学习方法与途径还有哪些呢？

很多教育工作者和研究人员认为家长关注孩子的学习主要是看考试成绩，而对于学习过程几乎不关心。这并不符合实际情况，因为除了考试分数外，家长还会讨论孩子的记性和作业情况，讨论孩子的脑子好不好使等等。可见，家长并非不关心学习过程，而是不知道如何表达对学习过程的关心，也不知道如何参与孩子的学习过程。但他们注意到了记忆、智力、强化（通过作业）等与学习心理有关的方面。

**1. 小学生的学习与记忆**

学习不仅仅是从环境中获取信息的过程，它尤其是一个通过学习者自己的非正式经验和教育者的正式教导去对信息进行精细加工的过程。显然，对新内容的学习依赖学习者的已有知识。小学生的已有知识极其有限，这令他们掌握正式教育中的规定内容显得艰难不足为奇，尤其是在低年级阶段。

我们以为学习主要是靠记忆，记忆又靠重复，而重复就要舍得花时间去做，事实并非如此。尽管重复的确比什么都不做要好很多，但是重复并不一定总是奏效。如果能将新知识与已有知识相连接起来，学习会变得更加容易，记忆的时间也会更长。例如，小学一年级学习认识数字的时候，将数字的外形与筷子、鹅等等孩子已经感知过的事物形象相联系，有利于孩子准确记忆。又如小学生学习英语的时候，字母的发音与汉语拼音的发音容易混淆，这实际上是孩子的

---

5　王婧．上海七成小学生每天要做父母布置的作业[N]．新闻晨报．2007－8－22．

已有知识与新知识发生了错误的整合。所以家长需要时间等待的同时，还需要丰富孩子们的生活体验，让孩子们所学的知识与技能在生活中得到运用，以便他将来很容易将新事实和观点与存储的信息挂上钩。这样孩子们就能更好地理解他们的经验、更容易提取已经学过的知识，并在此基础上丰富新经验。

◆低年级孩子的典型学习策略。孩子开始采用复述的方式记忆词汇材料，出现使用视觉表象来增强记忆的能力，尤其是得到成年人的建议时，更愿意通过看到的内容帮助记忆，但是，学习和记忆并不是孩子有意努力的目的和过程，而是其他活动的副产品，例如玩玩具、讨论故事、聊天等。

因此，建议家长创造机会让孩子参与到相关的活动中去，而不是简单地坐在那里听或看，例如通过动手涂鸦或者游戏来学习，并将心得内容与孩子已有的经验联系起来，为那些需要孩子记忆的内容提供实物或者图片，鼓励孩子模仿复述来加强记忆。

◆中高年级孩子的典型学习策略。孩子开始有效地通过复述来加强短时记忆，虽然还有自发的成分，但有意为之的成分显著增加，视觉表象的使用更加有效，有意增加通过相互联系开展有意学习。

因此，建议家长强调学习不是为了记忆信息，而是要理解信息，鼓励孩子将新知识与已有知识组织起来，通过知识间的联系来学习，而不是记住零散的东西。为孩子示范并鼓励孩子尝试通过自己创造图画或视觉表象来增强记忆。例如通过想象游戏、表演或者画简笔画的形式来增强记忆。如背诵人民教育出版社小学四年级《语文》上册第 18 课《颐和园》第五段课文，可以采用鼓励孩子画简笔画的方式，来增强记忆：

“从万寿山下来，就是昆明湖。昆明湖围着长长的堤岸，堤上有好几座式样不同的石桥，两岸栽着数不清的垂柳。湖中心有个小岛，远远望去，岛上一片葱绿，树丛中露出宫殿的一角。游人走过长长的石桥，就可以去小岛上玩。这座石桥有十七个桥洞，叫十七孔桥；桥栏杆上有上百根石柱，柱子上都雕刻着小狮子。这么多的狮子，姿态不一，没有哪两只是相同的。”

这段课文描写的场景中有湖、堤、岛、桥，而堤上有桥和垂柳，岛上有葱绿和宫殿，桥上有石柱和雕刻等那么多的景物，需要理清之间的位置关系，否则就会影响背诵。利用画简笔画很容易就让众多景物的关系变得清晰、易记。下图由江西省德安县第三小学刘小芬老师供稿，我们在指导孩子时，比这画更简单的都可以，孩子的画不必要如何漂亮，只要有助于他自己记忆就行。

2. **小学生的学习与强化**

人都是在背景中学习的，学习者过去或现在的环境影响着他们在任何特定时间的行为和想法。小学生从当前环境中获得刺激，并对该刺激做出反应，而强化可以巩固孩子对刺激做出反应。此外，环境中的伙伴以及更大意义上的社会文化环境都对孩子的学习有影响。例如，当孩子认为家长说的内容太多以至于他无法记住时，他就可能表现出不耐烦、干脆充耳不闻、逃离或者用声称记不住的方式打断家长继续说。

从一般意义上，学习者更可能掌握可以产生预期结果的行为。例如，林光华有一本新华字典，语文课堂上的生字他都认识。所以你的孩子也要你买一本同样的字典。而学习者可能也会掌握有助于他们逃避或者避免令人不愉快的环境。例如，严伟伟要和爸爸妈妈去老家看爷爷奶奶，为了不必在老家的时候还要因做作业的事败坏自己享受田园乐趣，他利用在学校的时间和动身前的那天晚上把所有的作业都做完了。而他班上的另一个孩子刘秀，抱怨教师布置的作业太多了，放假还没有上学轻松，有些题目很难，便把作业本扔在一边，去冰箱里翻东西吃。令人不快的家庭作业在她离开书桌的时候消失了。很多时候，孩子通过观察其他人来学习行为，而成为榜样的极可能是成年人也可能是他们的同龄伙伴。

所以，家长常常通过鼓励孩子来强化孩子的学习行为，而教师却总是提醒家长要注意言传的同时更要身教。

◆低年级孩子学习的有效强化物。和大的、迟延的奖赏相比，小学低年级阶段的孩子更喜欢小的、当前就兑现的。较为有效的强化物包括实物强化物，例如玩具、爱吃的食品、心仪的其他小玩意儿等；家长的赞许，如微笑、鼓励、表扬或者爱抚、拥抱等。

因此，建议家长对孩子的好行为给予即时表扬，不要拖欠。表扬的时候，要详细描述他做得合适的那些行为，采用公开奖赏的方式标注孩子完成得很好的任务，例如在你认为背得很熟的课文后面签字后，再加盖一个美羊羊印章或者贴一张她喜欢的《冰雪奇缘》卡通人物剪纸。当然还可以让孩子体验他受到奖赏来履行家长的责任，例如布置当天或者明天的家务任务，并在检查后进行评价。

◆中高年级孩子学习的有效强化物。迟延满足的能力增强，例如为了获得更大的强化物，即使该强化物不是眼下就有的，也可以推迟小的强化物。实物强化物、家长的赞许依然可以起到强化作用，自由支配的时间、同伴的接纳与赞许开始成为有效强化物。

因此，建议家长减少使用实物强化物的频率。在孩子较好地完成了作业后，允许他和小伙伴在一起玩。记录孩子一周的表现(可以是作业完成情况、控制看电视的时间、起床准时、收拾房间、获得教师表扬等等)，按照事先确定的规则打分，当分数达到优良的时候，为他在本周表现总评中加一个五角星，当积攒了 5 个五角星的时候，就带她去吃一次肯德基或者哈根达斯。

◆对小学生的惩罚。惩罚的目的在于减少不希望发生的反应。惩罚包括训斥、怒视、打骂、罚抄、原地站立不动等，还包括丧失预期可以得到的东西或者机会、做家务、罚款等等。但是，惩罚有时候并不会发生我们期望的“减少不希望发生的反应”而导致另一种反应。例如，当孩子把没考及格的试卷带回家让家长签字时被打了一顿，他以后再也不把没考好的试卷带回家。如果有一次他在试卷上写下了妈妈的名字后向教师撒谎说爸爸出差了，并成功混过了关，那么以后他就可以不必担心考试考得不好回家挨骂了。因此，建议家长给孩子惩罚的时候，要注意引导孩子明确需要改善的方向，而不能只是为了自己出一口气，因为不恰当的惩罚可能成为一种负强化。又例如，孩子在做一道数学题时，用了一种新方法，结果算错了，导致考试没考好，回家挨骂了，此后这孩子再也不敢冒险了，于是，稍微有点变化的题他都不会做。

3. **小学生的学习与动机**

孩子有多大可能去做他们有能力做的事情或者学习他们有能力学习的东西，涉及的是孩子的动机问题。日常，我们通过讨论孩子的学习态度、兴趣来分析孩子的学习动机，并自觉或者不自觉地附加了不少价值判断，例如“态度不好”“动机不明确”“就是懒”“不听话”等等。然而，动机与人的需求有关，学习动机与基本心理需求的满足状态有关。当学习者的基本心理需求得到了很好的满足，他们就会更有动力去学习和表现。

◆低年级孩子的学习动机。倾向于将教师和家长选定的事视为“作业”，而自己选的活动是“玩”，所以，多为孩子创造真实的选择机会，让孩子自己选择，而不是成年人一意孤行地布置。有些孩子的兴趣较为稳定，而有些孩子的兴趣可以迅速改变，所以，改变兴趣和相应的行为，并不能完全怪罪孩子的态度。孩子对活动本身的趣味性更感兴趣，而不是对活动让人获得成功感兴趣，所以，通过鼓励孩子自己动手，像做游戏一样使其对学习内容感兴趣，例如自己朗诵、合作表演、画画等方式吸引孩子进行阅读。当孩子成功的时候，他们更加倾向于将成功归结于自己的努力上，因此对能够完成的事情很乐意接受，而对于难以完成的事情明显排斥，所以建议家长向孩子展示他们长期以来取得的进步，描述他们努力的行为和练习是如何促进了他们的成功的，而不是简单地表扬说“干得不错”“你真棒”。

◆中高年级孩子的学习动机。孩子们出现相对稳定的兴趣，并倾向于认为天生的能力是影响学习和表现的重要因素，难以改变。例如，吕燕喜欢古筝，电脑课上，妈妈数落她打字的速度没有同龄表姐周明霞那么快，她说：“我是弹古筝的，我就是不会敲击键盘，明霞喜欢弹钢琴，她当然会打字咯。”孩子越来越倾向于将自己的成绩和同伴比较，因此整体上的自我效能感在下降。例如，在家长没问到的时候，不会主动说同伴的考试分数。有时孩子会说“下次，我一定要考得比李若滢好！”

因此，建议家长允许孩子在独立阅读和写作中追求个人兴趣，在兴趣爱好补习项目方面尊重孩子的意见，并和孩子一起通过尝试来明确孩子的兴趣方向。教孩子学习从成长历程中看待自己的成长的方法，而不只是盯着同伴的成绩作比较。如果家长总是拿孩子和其他人比，会进一步降低孩子的自我效能感，损伤孩子的自信。家长要看到自己孩子的长处，并为孩子较弱的项目提供有效的支持项目，例如家长更多的参与、补习辅导等。

### 5.1.2 小学分科学习的目标

小学生的学习从不同的角度上看，有不同的特点和要求。例如从分科学习的角度看，每门课的学习特点和要求不一样；从分年级的角度上看，每个年级的学习特点和要求也不一样；从学习过程上看，在上课、作业、复习、预习和考试等不同的环节又具有不同的特点和要求。小学生除了通过做作业学习外，还需要通过阅读、游戏、校内外的活动、生活体验和经历等学习。

**小学语文课程学习阶段目标**[6]

■1～2 年级

（一）识字与写字

1. 喜欢学习汉字，有主动识字、写字的愿望。

2. 认识常用汉字 1600 个左右，其中 800 个左右会写。

3. 掌握汉字的基本笔画和常用的偏旁部首，能按笔顺规则用硬笔写字，注意间架结构。初步感受汉字的形体美。

4. 努力养成良好的写字习惯，写字姿势正确，书写规范、端正、整洁。

5. 学会汉语拼音。能读准声母、韵母、声调和整体认读音节。能准确地拼读音节，正确书写声母、韵母和音节。认识大写字母，熟记《汉语拼音字母表》。

6. 学习独立识字。能借助汉语拼音认读汉字，学会用音序检字法和部首检字法查字典。

（二）阅读

1. 喜欢阅读，感受阅读的乐趣。养成爱护图书的习惯。

2. 学习用普通话正确、流利、有感情地朗读课文。学习默读。

3. 结合上下文和生活实际了解课文中词句的意思，在阅读中积累词语。借助读物中的图画阅读。

4. 阅读浅近的童话、寓言、故事，向往美好的情境，关心自然和生命，对感兴

---

6　节自《义务教育语文课程标准（2011 年版）》。其他学科课程标准可向孩子就读的学校索取，也可以在教育部官网搜索《教育部关于印发义务教育语文等学科课程标准（2011 年版）的通知》（教基二［2011］9 号），或直接登录：http://www.moe.gov.cn/publicfiles/business/htmlfiles/moe/s8001/201404/xxgk_167340.html

趣的人物和事件有自己的感受和想法，并乐于与人交流。

5. 诵读儿歌、儿童诗和浅近的古诗，展开想象，获得初步的情感体验，感受语言的优美。

6. 认识课文中出现的常用标点符号。在阅读中，体会句号、问号、感叹号所表达的不同语气。

7. 积累自己喜欢的成语和格言警句。背诵优秀诗文50篇(段)。课外阅读总量不少于5万字。

(三)写话

1. 对写话有兴趣，留心周围事物，写自己想说的话，写想象中的事物。

2. 在写话中乐于运用阅读和生活中学到的词语。

3. 根据表达的需要，学习使用逗号、句号、问号、感叹号。

(四)口语交际

1. 学讲普通话，逐步养成讲普通话的习惯。

2. 能认真听别人讲话，努力了解讲话的主要内容。

3. 听故事、看音像作品，能复述大意和自己感兴趣的情节。

4. 能较完整地讲述小故事，能简要讲述自己感兴趣的见闻。

5. 与别人交谈，态度自然大方，有礼貌。

6. 有表达的自信心。积极参加讨论，敢于发表自己的意见。

(五)综合性学习

1. 对周围事物有好奇心，能就感兴趣的内容提出问题，结合课内外阅读，共同讨论。

2. 结合语文学习，观察大自然，用口头或图文等方式表达自己的观察所得。

3. 热心参加校园、社区活动。结合活动，用口头或图文等方式表达自己的见闻和想法。

## ■3～4年级

(一)识字与写字

1. 对学习汉字有浓厚的兴趣，养成主动识字的习惯。

2. 累计认识常用汉字2500个左右，其中1600个左右会写。

3. 有初步的独立识字能力。会运用音序检字法和部首检字法查字典、词典。

4. 能使用硬笔熟练地书写正楷字，做到规范、端正、整洁。用毛笔临摹正楷字帖。

5. 写字姿势正确，有良好的书写习惯。

(二)阅读

1. 用普通话正确、流利、有感情地朗读课文。

2. 初步学会默读，做到不出声，不指读。学习略读，粗知文章大意。

3. 能联系上下文，理解词句的意思，体会课文中关键词句表达情意的作用。能借助字典、词典和生活积累，理解生词的意义。

4. 能初步把握文章的主要内容，体会文章表达的思想感情。能对课文中不理解的地方提出疑问。

5. 能复述叙事性作品的大意，初步感受作品中生动的形象和优美的语言，关心作品中人物的命运和喜怒哀乐，与他人交流自己的阅读感受。

6. 诵读优秀诗文，注意在诵读过程中体验情感，展开想象，领悟诗文大意。

7. 在理解语句的过程中，体会句号与逗号的不同用法，了解冒号、引号的一般用法。

8. 积累课文中的优美词语、精彩句段，以及在课外阅读和生活中获得的语言材料。背诵优秀诗文50篇(段)。

9. 养成读书看报的习惯，收藏图书资料，乐于与同学交流。课外阅读总量不少于40万字。

(三)习作

1. 乐于书面表达，增强习作的自信心。愿意与他人分享习作的快乐。

2. 观察周围世界，能不拘形式地写下自己的见闻、感受和想象，注意把自己觉得新奇有趣或印象最深、最受感动的内容写清楚。

3. 能用简短的书信、便条进行交流。

4. 尝试在习作中运用自己平时积累的语言材料，特别是有新鲜感的词句。

5. 学习修改习作中有明显错误的词句。根据表达的需要，正确使用冒号、引号等标点符号。

6. 课内习作每学年 16 次左右。

(四)口语交际

1. 能用普通话交谈。学会认真倾听，能就不理解的地方向人请教，就不同的意见与人商讨。

2. 听人说话能把握主要内容，并能简要转述。

3. 能清楚明白地讲述见闻，说出自己的感受和想法。讲述故事力求具体生动。

(五)综合性学习

1. 能提出学习和生活中的问题，有目的地搜集资料，共同讨论。

2. 结合语文学习，观察大自然，观察社会，用书面或口头方式表达自己的观察所得。

3. 能在老师的指导下组织有趣味的语文活动，在活动中学习语文，学会合作。

4. 在家庭生活、学校生活中，尝试运用语文知识和能力解决简单问题。

■5～6 年级

(一)识字与写字

1. 有较强的独立识字能力。累计认识常用汉字 3000 个左右，其中 2500 个左右会写。

2.硬笔书写楷书，行款整齐，力求美观，有一定的速度。

3.能用毛笔书写楷书，在书写中体会汉字的优美。

4.写字姿势正确，有良好的书写习惯。

(二)阅读

1.能用普通话正确、流利、有感情地朗读课文。

2.默读有一定的速度，默读一般读物每分钟不少于300字。学习浏览，扩大知识面，根据需要搜集信息。

3.能联系上下文和自己的积累，推想课文中有关词句的意思，辨别词语的感情色彩，体会其表达效果。

4.在阅读中了解文章的表达顺序，体会作者的思想感情，初步领悟文章的基本表达方法。在交流和讨论中，敢于提出看法，作出自己的判断。

5.阅读叙事性作品，了解事件梗概，能简单描述自己印象最深的场景、人物、细节，说出自己的喜欢、憎恶、崇敬、向往、同情等感受。阅读诗歌，大体把握诗意，想象诗歌描述的情境，体会作品的情感。受到优秀作品的感染和激励，向往和追求美好的理想。阅读说明性文章，能抓住要点，了解课文的基本说明方法。阅读简单的非连续性文本，能从图文等组合材料中找出有价值的信息。

6.在理解课文的过程中，体会顿号与逗号、分号与句号的不同用法。

7.诵读优秀诗文，注意通过诗文的语调、韵律、节奏等体味作品的内容和情感。背诵优秀诗文60篇(段)。

8.扩展阅读面。课外阅读总量不少于100万字。

(三)习作

1.懂得写作是为了自我表达和与人交流。

2.养成留心观察周围事物的习惯，有意识地丰富自己的见闻，珍视个人的独特感受，积累习作素材。

3.能写简单的记实作文和想象作文，内容具体，感情真实。能根据内容表达的需要，分段表述。学写常见应用文。

4.修改自己的习作，并主动与他人交换修改，做到语句通顺，行款正确，书写规范、整洁。根据表达需要，正确使用常用的标点符号。

5.习作要有一定速度。课内习作每学年16次左右。

（四）口语交际

1.与人交流能尊重理解对方。

2.乐于参与讨论，敢于发表自己的意见。

3.听人说话认真耐心，能抓住要点，并能简要转述。

4.表达有条理，语气、语调适当。

5.能根据对象和场合，稍作准备，作简单的发言。

6.注意语言美，抵制不文明的语言。

（五）综合性学习

1.为解决与学习和生活相关的问题，利用图书馆、网络等信息渠道获取资料，尝试写简单的研究报告。

2.策划简单的校园活动和社会活动，对所策划的主题进行讨论和分析，学写活动计划和活动总结。

3.对自己身边的、大家共同关注的问题，或电视、电影中的故事和形象，组织讨论、专题演讲，学习辨别是非、善恶、美丑。

4.初步了解查找资料、运用资料的基本方法。

## 5.2 在家学习的活动

### 1.辅导孩子做家庭作业

家庭作业已成为学生生活的一部分。它可以提高孩子们的思维和记忆，能帮助孩子们养成对他们整个人生都有用的学习技巧和习惯，也能激励孩子们很好地管理和利用自己的时间，独立学习，并养成自己的事自己干的责任意识。辅导孩子做作业不仅对孩子的学习本身有帮助，也是家庭了解孩子在校学习的一种方式，家长可以藉此与孩子和教师交流。同时，家长通过辅导家庭作业表现出来的对孩子教育的兴趣可以激发他们的学习热情，使他们明白学习是有益的，值得努力。

然而，辅导孩子的家庭作业并不总是一件容易的事情。在家长会和父母交流会中，家长常常提到这些问题，比如：

我怎样才能让明明去做家庭作业？每晚都要很费力地让他关掉电视去做作业。

为什么孩子回去总说没有作业？

为什么小莉总有那么多的作业？

小孩应该什么时候做作业呢？她要上钢琴课，要练毛笔字，还想和她的布娃娃过家家。到做完这些后，她就想睡觉了。好像没什么时间去学习。

我自己都没读多少书，拼音也很差，读不准，我这样才能帮助我家杰杰拼拼音呢？

**快速浏览**

### 教师为什么要布置家庭作业？

教师布置家庭作业的原因有很多。家庭作业可以帮助学生：

复习和练习课堂上所学习的知识与技能，并为第二天的课程做准备；

学会通过图书馆、书店、参考资料和网络等多种渠道和途径找到学习资源或有关某个主题的信息；

通过将课堂上所学会的知识与技能运用到新情境中来扩展学习，或将许多不同的知识与技能运用到某个单一的任务中，开展综合性学习，比如写读后感、试卷分析等等；

养成良好的学习习惯和积极的态度，使他们通过独立完成任务的机会，学会自律和管理时间。

那些有明确的目的，清晰的要求，与孩子的能力相匹配，并有助于发展孩子的知识与技能的家庭作业，如果被孩子认真完成了，又能得到家长和教师建设性评语反馈，是可以帮助孩子在学校做得更好的。在小学低年级阶段，家庭作业能帮助孩子发展良好的学习习惯和积极态度。从3至6年级，每年逐渐增加的少量家庭作业也许能帮助孩子改善学习成绩。

另外，家庭作业也能增进家长与教师之间更好地相互交流，增进相互了解。家长监督孩子完成家庭作业为家庭了解孩子的所学、了解教师和学校的计划提供了机会。

◆表明重视的态度

孩子们需要知道爸爸妈妈对家庭作业的态度是怎样的，如果他们知道家人都很在乎，孩子们就会有很好的动机去完成家庭作业并及时上交。家长可以做很多事情向孩子表明大家都很重视教育与家庭作业。

设置做家庭作业的固定时间。某个家庭的时间表虽然很好，但也许并不适合另一个家庭，因此，适合你们的才是最好的。好的时间表取决于孩子的年龄和他的具体需求。例如，有的孩子在下午放学回家后就能把作业做好，而有的孩子则要在晚饭之后才能开始做作业。不过，别让孩子将作业留到睡觉前才动手。

如果孩子要参加课外辅导班，也许意味着你们需要一个灵活的家庭作业时间表。有几天，孩子在放学后就学习，而其他时候，要等到吃完晚饭再学习。假如试运行了一段时间，证明没有足够的时间完成家庭作业，也许需要放弃一些课外活动，让他知道家庭作业有更高的优先权。

你有必要和还在上小学的孩子一同去制定一个时间表，以确保它切实可行。将时间表写出来或者打印出来，并贴在你们经常能看到的地方，如冰箱门上，这样做是有益处的。

选择地点。孩子做作业需要一个稳定、独立、安静而又光线较好的地方。稳定是指不能打一枪换一个地方，做作业的地方要固定下来，以避免今天在茶几上，明天在席梦思的一个角落里。独立是指不要将与学习无关的东西放在写作业的地方，包括其他家庭成员的东西都要拿开。安静的地方就是指避免干扰，在做作业期间，关掉电视，阻止孩子接打社交电话。少数孩子在轻背景音乐下能很好地做作业，这是可以接受的。但来自音乐播放器、收音机或电视的吵闹噪音，对做作业可能有不良影响。假如你生活在一个小而又吵闹的家庭，在做家庭作业期间试着使所有的家庭成员安静下来。或者你正和其他人合租房子带着孩子陪读，此起彼伏的噪音可能会影响到你的孩子，因此，你需要和其他人家协调时间，大家都安静下来，让孩子们在这段时间都做作业。如果分心还是难以避免，你的孩子也许可以在图书馆的阅览室或者托管中心去完成作业。

提供物质资源。铅笔、钢笔、橡皮擦、纸、作业本、字典等文具必不可少，其他可能需要的文具包括订书机、纸夹、计算器、卷笔刀、胶带、胶水、剪刀、尺子、涂改液等。如果可能的话，提示孩子在做作业前就准备好这些，以避免开始后不久就要不断地停下来东翻西找。关于孩子做作业是否需要使用电脑，你也许要向教师了解学校的有关规定。许多学校，教师们将家庭作业和班级工作的信息发布在班级博客、网页或者 QQ 群上，这里同时可以互动交流，学生和家长可以向教师提问题，其他人也可以回答。虽然电脑是很好的学习和做作业的工具，但我们不必仅仅为了孩子较好地完成家庭作业而在家中配置电脑。小学生需要电脑的时机总的来说并不是很多，有时候你的智能手机就可以帮你很大的忙。

树立一个好榜样。向孩子解释他正在学习的知识与技能是他将来作为成年人所做事情的重要组成部分。让孩子看到家长阅读书籍、报纸和杂志；写文章、报告、信件和电子邮件；运用数学记录家庭装修的预算、支出和家具尺码；告诉孩子你上班时所做的工作。

参与他感兴趣的和有趣的事情。尽可能地与孩子一起阅读。在家庭会议中谈论学校的学习活动。问他课堂上讨论了什么。假如她说得不多，可以试试另一种方法，例如，要求她大声念她所写的一段话或者文章。当你们走过邻居家、在商场购物、参观动物园或博物馆时，与他谈论他所看到和听到的，帮助他回忆哪些曾在课本上出现过。积极参加学校的活动，比如家长会、文艺汇演和体育活动。抽点时间到孩子的教室或在特殊事务上给予帮助，向孩子了解一些他的同学和他们的家长，告诉孩子家庭和学校是一个团队。

◆监督作业

家长需监督孩子做作业的紧密程度取决于他的年龄、独立性程度和在校表现。不管孩子的年龄多大，只要他没有令人很满意地做完作业，就需要更多的监督。

咨询学校与家庭作业有关的规定。在学年开始时，询问教师孩子完成作业时应当遵循的规则，以及他们布置作业的基本考虑。由于每个教师对父母的期望是不同的，有些教师希望家长能密切监督，而其他教师则只要求家长简单检查一下以确保作业按时完成，对于不同的孩子，教师也有不同的期望，自觉性很好的孩子，教师对家长的要求可能是并不多，而对于那些“不听话”的孩子，教师对家长有很多期望，所以同教师交流你在辅导家庭作业时的角色，十分必要。

**案例研究**

在很多家庭，监督孩子做家庭作业往往是从陪伴孩子做作业开始的。江西省萍乡市一位初中二年级学生的妈妈讲述了她陪伴孩子做作业的经历：

孩子上小学一年级的时候，由于孩子看不懂题目，要帮她读题目，所以就陪她做作业。后来，她可以看懂题目了，还要我陪在身边。那时候，她还小，我也没什么事，所以就那样陪了下来。到了上四年级的时候，老师都说家长没必要陪着做作业，也最好不要陪了。我就和孩子商量她一个人做作业。孩子也答应了，可是做作业的时间很长，而且会时不时地问我。我一看这样不行了，养成了拖拉的习惯不好，而且耽误休息的时间。没办法，又陪她。一直陪到现在，这么大了，她做作业，我还要坐在她身边。我坐在她身边，她并没什么问题，问了我也不会做，就那样坐在那里。只好织毛衣，我所有的亲戚都穿过我织的毛衣。不知道该怎么办？

■你如何看待这位母亲的陪伴？如果算得上是个问题，你能估计一下原因在哪吗？

■你陪伴孩子做作业吗？为什么？

■如果你陪伴孩子做作业，你主要做些什么？

■你打算如何与孩子交流陪伴他做作业的事？

■你有没有计划问问孩子的老师或者其他孩子的家长？

有限度地陪伴。做作业时，许多小学生喜欢家长守候在身边回答他随时可能要咨询的问题。一年级的孩子由于识字不多，有时候题目都看不懂，所以陪伴在初期是难免的，但是要告诉孩子，你陪伴的原因，并强调一旦他能自己看懂题目，你就不会守在他身边了。父母的不当陪伴，会使孩子形成依赖。

检查已完成的作业。查看孩子完成家庭作业的情况，并按照教师的要求在相应的位置签上你的名字和签字日期，希望你认真书写，因为你曾要求孩子书写不能潦草。在教师返回已完成的作业后，阅读教师的评论既可以看看孩子是否圆满完成了作业，又可以示范孩子也重视教师的评语。

监控看电视和玩电子游戏的时间。与完成家庭作业相比，看电视或玩电子游戏的吸引力更大。在许多家庭，只有在看电视和玩游戏受到了限制后，孩子们才能下决心去做作业。事实上，你和孩子共同制定的作业时间表需要明确他可以看什么节目、什么时候开始看以及看多久。值得注意的是，电视也可以成为学习工具，找一些与孩子在校所学相关的节目，比如有关历史、自然或儿童文学的节目，而不只是动画片。可以的话，和孩子一同看节目，讨论节目，并鼓励在节目之后去拓展阅读或者收集相关资料。同样，限制孩子玩电子游戏的时间，与电视节目一样，了解他喜欢玩的游戏类型，并和他讨论他的选择。

◆提供指导

家庭作业不是你的，而是孩子的，因此，不要亲自给孩子写作业。有些家长看到孩子做作业很慢，写得太晚了，怕影响睡眠和明天的精神，或者觉得教师布置的作业都是“简单重复的劳动”，所以就为孩子做作业。这不会帮助他理解作业的重要性，也不会帮助他对自己的能力有信心。

指导你的孩子做事有条理。前面已经提过，帮助孩子制定一个计划表，并张贴在你们很容易看到的地方。白纸黑字地写出任务，将帮助孩子习惯于记录应该做什么和完成的期限。假如孩子很小还不能够写计划，和他讨论并替他写，告诉他到他自己可以写的时候，由他自己写。在家里为孩子配几个能安全保管作业的文件夹，指导他分门别类的管理自己的作业本，也能帮助他做得更有条理。

鼓励良好的学习习惯。接受教师关于如何学习的建议，并在家里加强训练，以帮助孩子养成良好的学习习惯。你可以帮助孩子学会管理时间来完成作业，尤其是较长的假期或者较复杂的作业任务，都可以制作一个图表，载明他预期在每一步骤或阶段上的任务与时间。也可以为孩子提供测试，检测他的学习效果，例如听写，复述等。你还可以和孩子讨论作业，通过询问“你知道自己应该做什么吗?”“在理解如何动手做这个作业上，你需要帮助吗?”“你有完成这些作业所需要的文具和资料吗？”“你的答案讲得通吗?”等等问题，来帮助孩子全面思考作业，并将作业分成既小又容易管理的部分。不过，如果孩子出现了沮丧的信号，让他休息一下，并鼓励他，让他知道问题原因，增强他做这个作业的信心。

赞美孩子的作业。任何人都会对赞美作出积极回应，孩子尤其如此。他们需要家人的鼓励，家人的看法他们最在乎。“你的乘法学得很好！”或“你的字写得很清楚！”对激励他们去完成作业有很大的帮助。孩子们也需要知道他们什么时候没有出色地做好作业，但批评应是建设性的。不要对小学生说，“你不能交潦草的作业”，而换成“如果你写得更清楚些，老师就能更好地理解你的想法了。”

◆同教师沟通

家长重视、监督并指导孩子家庭作业，的确可以避免一些作业问题。但有时候，只有这些还不够，我们需要同教师交流、合作。

告诉教师你的问题。比如，尽管你十分努力地去帮助他，孩子还是拒绝做作业，或者你和孩子都不明白作业的要求，或者作业要么太难要么太容易，或者作业量不均匀，周一到周三都没作业，而周四的作业太多等等。

与教师合作。在问题出现之前，就要熟悉孩子的教师，让每位教师都知道你想和他们保持联络。大部分学校都会定期举行家长会或开放日，你可以利用这些到学校去的机会。假如你孩子的学校不能提供这样的机会，给教师打电话预约一个会面的时间。如果在学年初，你就跟孩子的每位教师建立了联系，那么一旦你怀疑自己或孩子有家庭作业方面的问题，就要联系教师，而不能直到发成绩单的时候才知道孩子的学习困难。在教师之前就发现问题。通过提醒教师，你们可以在问题还处在萌芽期时，就合作解决掉它。如果觉得电话里说不清楚，你可以要求和教师见面来讨论家庭作业问题。带着合作精神接近教师，相信教师想帮助你和孩子，即使你们在某些事上意见不一致，也没必要直接去找学校的领导。教师们不大可能为每个孩子设计适合他个人需求的作业，但他们也想布置的作业每个孩子都能成功完成，所以他们希望得到反馈。如果孩子认为作业太难或者太容易，你得让教师知道这些，或许他们下次会努力让更多孩子的家庭作业更有意义一些。和教师一起想办法来解决或缓解你和孩子的问题。比如是家庭作业经常太难还是孩子已经落后了，需要教师或家庭额外的帮助赶上去？又如除了家庭和学校所能给予的帮助外，孩子需要额外的支持吗？征求教师的建议，孩子需要怎样的课外辅导项目等等。

2. **亲子共读**

除了帮助孩子健康快乐成长外，最重要的事情还包括帮助他们发展阅读技巧。可以毫不夸张地说，孩子学习阅读不仅直接影响他们在学校里如何成功，还将影响他们整个一生。当孩子学会阅读，他们就获得了打开世界知识之窗的钥匙，而没有这把钥匙，就会掉队。孩子应当从什么时候开始阅读，或者我们应当什么时候开始尝试亲子阅读，看起来是个问题，其实不然。阅读并不仅仅是孤立的"读"本身，而是支撑孩子对语言理解的四条腿：听、说、读、写，这四条腿都非常重要，相互支撑。从这个意义上说，孩子的阅读开始于第一次听见我们的声音，后来我们对他说、唱歌给他听，回应他的咿咿呀呀等都是在帮助他发展对语言的理解，他正是通过这些过程，来开始自己成为阅读者之旅的。

孩子是在成年人的引导下一步步地成为阅读者的。但他们对阅读技巧的掌握步骤并不一致，大多数孩子在 7 岁左右基本都能自己开始阅读，有的会晚点，而还有一些可能需要更多的帮助。如果孩子在早年就得到了正确帮助，以后他们面临的阅读困难就会少很多。因此，亲子共读越早越好。

◆营造家庭读书环境。经常看到父母读书的孩子更容易爱上阅读，因此，父母要在孩子观察得到的地方阅读。家庭营造良好的阅读环境还依赖于一些硬件投入，例如书房或书柜、书架、书桌、台灯和让人坐着阅读感到舒服的椅子等。家里要有一定数量的图书，既有父母的也有适合孩子阅读的课外读物，家庭不仅有藏书，每年还要购买新书、订有至少一种报刊，并和亲戚朋友相互借阅书籍。如果社区或者所住的区域有图书馆，孩子和至少一位家长应办理图书借阅证，并安排固定时间亲子同往图书馆。只要有机会，路过书店门口的时候，最好都带孩子进去看看书。

◆获得书目。家长准备和孩子共读的书籍非常重要。如果你不知道什么书籍适合你们共读，你可以向教师求助，也可以向其他家长求助。很多学校都会向家庭推荐亲子共读书目或者孩子的课外阅读书目，而有些家长已有亲子共读的经验。如果这些方法还找不到适合你们的图书，可以到书店看看，那里往往有推荐孩子拓展阅读的书目，或者在网络上看看有没有他人经验可以借鉴，有些很有名的学校也会在自己的官方网站上挂出来要求本校孩子课外阅读的书籍。如果没有获得专业人士的帮助，而是自己确定阅读书目，特别需要提醒的是，考虑孩子现在的阅读能力。

◆制定阅读计划。家长和孩子共同拟订读书计划，按计划读书。阅读计划既要考虑读书的进度，又要兼顾孩子的学习任务和家长的工作作息，但一旦确定下来就要坚持。所以，开始不要过于理想化，试图一天读一章，十天读一本。阅读量是一个方面，阅读技巧的发展并不是量大就自然而然形成的，所以阅读量和阅读速度都需要循序渐进。确定家长参与亲子阅读的方式、范围和程度，并按照计划坚持。研究发现，很多家庭关于孩子成长的计划往往是孩子能坚持而家长难以坚持。

◆一起读。家长和孩子一起阅读可以有多种方式，并不是只有两人共执一本书同时读才是共读。两个人先分头读相同的内容或者某一个人读快一点都行，更为重要的是，家长要想孩子展示阅读技巧，和孩子交流对阅读内容的观点，表达阅读体会。一起大声朗读、扮演角色表演书中的精彩片段、用简笔画画出书中的某些事件发生经过或者某个场景都是较好地阅读方法。复述、背诵重点句子或段落、讨论对某个人物（句段）的理解或者发展情节（按照自己对内容的理解，估计作者在后文中会怎么写，或者如果要你续写，你会怎么写）。教孩子做读书笔记，告诉孩子读书需要拿笔在手，将自己感兴趣的句段用记号画起来，随时将自己读书时的想法写在书籍的天头、地尾或两侧。每一本书共读完后，都应当指导孩子写读后感，这既可以帮助孩子通过回顾阅读内容发展阅读能力，又可以提高孩子的写作水平。

◆参加交流。亲子共读的成果和外界交流，可以使你们获得更多帮助，也可以使加入阅读的家庭和孩子增多，为孩子营造一个更大范围的良好阅读环境，尤其重要的是，孩子通过和外界交流的机会，展示和分享自己的阅读成果和技能，获得的激励对于巩固阅读兴趣和习惯大有益处。可以在学校通过学校和班级组织的活动交流，也可以在班级网页或 QQ 群中交流，还可以在几个志愿组织起来的家庭之间交流。如果社区里有读书会或者读书比赛，在那里试试身手，孩子会获得更大的激励。

3. **帮助孩子学写作**

良好的写作能力，让孩子乐于自我表达、在学校有更好的表现，而且对孩子升入大学以及之后的生活，都非常重要。毕竟我们一生中的很多时候和场合都要用到“写”。

写作不仅仅是把话写到纸上。它是交流环节的最后一步，而第一步是从思考开始的。写作是交流环节尤其重要的一步，其目的就是不给怀疑、言而无信留空间，例如我们常常在协议上看到的“恐空口无凭，特立此据”，就是这个意思。事实上，法律对于口头协议的认定要比书面协议的限制条件严格得多，所以能写确实很重要。但写作常常不是一件容易的事，而擅长写作则更不容易。

很多孩子依靠编造情节和故事写作文、写周记，并闹了很多笑话。有人忧虑地认为孩子在撒谎，也有人认为孩子缺乏生活体验，事实上，孩子并不是缺少生活体验不得不去撒谎，而是因为对过去发生的事情没有保持足够的记忆，所以只好另起炉灶地瞎编。不过，即使孩子可能大脑里有“货”，也还需要时间思考后才能写出来，而在学校的时间往往不够。

如果我们把说和写看作是输出，那么读、看和听就是输入，输入决定输出。对于小学生来说，阅读能够激发他们通过模仿写自己的家庭或者学校生活。如果孩子读到了好书，他就有可能会写出更好的文章。

◆提供必要的条件。首先需要有一个好地方写作，例如光滑平整表面的桌椅，光线好，这很重要。同时，提供充足的纸张，有格子的、带横线的以及白纸都要，还要有铅笔、卷笔刀、橡皮擦、字典等。

◆和孩子互动。帮助孩子花时间思考要写的题目，或者做一些练习。好的作家都会花时间先好好思考一阵。孩子可能会先晃悠一会儿，例如削削铅笔，准备纸张等等。多点耐心，因为他可能正在思考。回应孩子口头或者纸上表达的想法。要让他知道你对他的写作真的感兴趣。这意味着家长要把注意力放在孩子写“什么”上面，而不是“怎么写”上面。容忍并忽略小错误，尤其是当孩子刚刚把想法整理出来的时候。

◆明确自己的角色。为了帮助孩子更好地学写作，家长的目的就是把写作变得简单有趣，而不是亲自帮孩子写。鼓励在截止时间内完成写作，并对完成的作业负责，要让他感受到作业是自己一个人完成的，这也是好好写作的一个重要部分。对孩子的作文采取积极的方式，说点好听的。例如准确，描述得好，有想法，有意思等等。如果孩子特别喜欢一首歌，建议孩子通过把歌词写下来去学习歌词中的词汇，还可以鼓励孩子抄写最喜欢的电视剧台词，或者引用书籍中的某句话。有很多文字游戏或者智力猜题游戏能够帮孩子增加词汇，和孩子一起做做游戏，既可以让孩子说话和写作表达更流利，还可以增强亲子感情。

◆鼓励写真实的事情。鼓励孩子讨论他有印象的事情，鼓励他描述人或事。如果孩子的描述非常准确、有意思，告诉他“你的描述很好”。为避免孩子无事可写、无话可说，可以鼓励他为旅游或者郊游做记录，描述他所看到的事物。即使是一次散步，一次乘船，一次乘车或者逛超市都有值得做记录的事情。这是一个很好的练习写作的方法，同时也是发泄感受的一个出口。鼓励孩子用日记写在家和学校发生的事情，一个他喜欢或者不喜欢的人，并写下原因，一些要记住的事情，和想做的事情等等。尤其要鼓励孩子写出他个人的感受，高兴或者失望。如果孩子愿意跟你分享日记，读完它，并和孩子一起讨论他对事情的看法。

### 4. 帮助孩子学数学

数学是研究数量关系和空间形式的科学，被广泛应用于社会生产和日常生活的各个方面。小学数学课程能为学生未来生活、工作和学习奠定重要的基础，共安排了“数与代数”“图形与几何”“统计与概率”“综合与实践”等四个部分的课程内容。旨在发展孩子们的数感、符号意识、空间观念、几何直观、数据分析观念、运算能力、推理能力和模型思想，培养他们综合运用有关的知识与方法解决实际问题的意识和能力。

今天，我们帮助孩子努力学习、领会和掌握数学比起以往任何时候都更重要。为确保孩子们为高中做好准备、在大学及工作中走向成功，家长需要早参与并保持参与状态，以加强孩子们的数学技能和对数学的积极态度。

**想一想**

你认为数学在日常生活中有用吗？你擅长或者害怕做需要用到数学知识与技能的事情吗——计算你家装修需要多少平方的指接板，每个月的工资中被扣了多少所得税？

父母可以成为帮助孩子学习数学的积极力量，但如果我们说“数学是很难”，“我以前上学的时候也不喜欢数学，哎，你像我”或“你看，你妈妈数学不好也没关系呀，别担心，宝贝”之类的话，就会破坏孩子对数学的态度。即使父母不能使孩子喜欢数学，也可以鼓励他们去发现数学在日常生活中的价值。

在与孩子的日常互动中，家长可以有做许多事来帮助孩子学会解决问题、表达数学，展示推理能力，而这些技能对学习数学十分重要。

■你会鼓励孩子成为一名问题解决者吗？通过使他处在需要用上数学知识与技能的日常活动中，例如测量大小、称重量、计算打折商品的价格等。

■你会帮助孩子学会数学表达吗？通过要他解释他是如何获得答案的，例如要他画一幅画或一个图表来说明他的思路。如题：

联欢会上，小明按照 3 个红气球、2 个黄气球、1 个绿气球的顺序把气球串起来装饰教室。你知道第 16 个气球是什么颜色吗？

在解决这个问题时，学生可以有多种方法。例如可以通过将数字符号化后，再列表，即用 A 表示红气球，B 表示黄气球，C 表示绿气球，则按照题意，气球的排列顺序可以写成 AAABBC AAABBC AAAB…

从中找出第 16 个字母，由此推出第 16 个气球的颜色。

■你会帮助孩子学习数学推理吗？通过使他注意到问题的相似或差异，并基于差异作出选择或思考事情之间的联系，如题：

测量一个土豆的体积。

孩子们只学习规则物体的体积测量，那么对于不规则物体的体积测量如何解决呢？不规则物体与规则物体的差异可以通过转化来消除，使其变成测量规则物体的体积。例如，准备一个有刻度的容器，先注入一些水，然后把土豆放入水中，观察水面高度上升的情况。上升后的水面刻度减去开始的水面刻度就是这个土豆的体积。

◆告诉孩子关于数学的那些事

我们可以通过告诉孩子一些有关数学的前人经验，来帮助他们在数学能力上树立更多的信心。

一个问题可以有不同的方法解决。尽管很多数学问题只有一个答案，却可能有多种方法得到这个答案。学习数学不仅仅是为了找到正确的答案，而是要通过找答案的过程学到解决问题的本领，以便将来应用这些本领到新问题上。所以，就算是答案对了，还值得继续思考“有没有别的方法呢？”

错误的答案并非一无是处。在数学上，准确性始终都很重要。然而，有时候我们可以用孩子的错误答案去帮助他们找出犯错的原因。分析错误答案可以帮助孩子更好理解潜伏在问题中的基本概念和基本知识。如果孩子做错了，则要求她解释她的思路，讲解她的做题过程。她的解释也许会帮助我们发现她暴露出来的问题，例如运算法则没掌握，或者概念没理解等。

重视数学步骤。告诉孩子数学问题是一步一步地做出来的，每一步都是有意义的，而不只是为了列出一个式子或者简单地算出一个结果来。因此，鼓励孩子在面对难题时，要有勇于冒险的精神，一步一步往下走。

心算是一项重要的数学技能。数学不是局限于笔与纸的活动，心算（默算）是生活中用得着的有价值技能，当我们在水果摊上买水果、在家门口买卖土鸡蛋的时候，让孩子知道我们通过使用心算，快速算出了价格。在孩子学习使用计算器之前，就要告诉他正确使用计算器并不是“我不需要知道数学”的理由，而是需要掌握的一项数学操作技能。否则，他怎么知道所看到的计算器上显示出来的答案是不是合理的呢？

◆ 家里的数学

家是我们和孩子开始探索与谈论数学的好地方，只要我们善于发现和运用，将数学活动与语言合并到家庭的日常活动中，是一件很容易的事情。通过“家中的数学”，我们向孩子表明数学在日常活动中是如何起作用的。例如：

**认真的测量与计算：算出全家人腰围的平均值**

**工具：**尺子（皮尺、卷尺、直尺都行，注意使用方法可能有差异）、铅笔、白纸

**测量对象：**家人的裤子，或者直接就让孩子测量全家人的腰身

**步骤：**先测量。可不可以让家人自己申报，还是自己亲自测量？如果申报，爷爷说的是多少尺，爸爸说的是多少厘米，而妈妈就是不肯说，怎么统一那些不同的数字呢？如果测量，怎样才能减小测量误差呢？或许需要进行三次测量，计算出它们的均值作为最后确定的腰围数。

再算均值。将所有人的腰围加在一起，再算出均值来。

**拓展：**要不要把大家的腰围从大到小排列一下？明年或者冬天再测一次，

有变化吗？还有体重、鞋子，甚至一只手能提起来的东西的重量等等。

## 轻松的游戏：扑克牌算 24

**工具：**扑克牌，只要1—10的数字牌，其他的都装回盒子里去。

**参与人：**两个人或者四个人都行，大家首先平分扑克牌，每个人20或者10张牌。当然，如果是三个人也行，每个人平均多少张呢？多出来的不好分，怎么办呢？让孩子高兴一下，多出的都给他，还是妈妈数学不太好，给妈妈优惠政策呢？或者先放在那里，谁最先要完蛋的时候，作为一次救命机会给他。你们怎样商量都行。

**出牌规则：**两个人玩的时候，每个人出两张牌。四个人玩的时候，每个人出一张牌。都要把数字面朝上。可是，三个人呢？每个回合让一个人出两张，其他人出一张，从爸爸开始，接着是妈妈，最后是孩子，此后接着循环。

**计算规则：**用四张牌上的数字进行加减乘除混合运算，最后的得数是24。每张牌只能用一次，不能重复使用。例如：2、5、6、10四张牌，10除以5等于2，2加2等于4，4乘以6等于24，即$[(10\div5)+2]\times6=24$；还可以5减去2等于3，3乘以10等于30，30减去6等于24，即$[(5-2)\times10]-6=24$。有时，四张牌算不出来24，随便让谁换一张试试，不过，可别轻易放弃。

**胜出规则：**心算（默算）而不能用纸和笔算。无论是谁，一算出来，就拍手，并向其他人解释你的思路。如果你的解释是正确的，你就有权收回全部的四张牌。不过，如果你因为激动或者原本没想清楚就拍了手，致使解释的时候出了问题，你就失去了继续解释的机会，而别人就可以拍手并解释他的算法，然后"抢走"全部的牌！在这个过程中，有人手上的牌越来越少，最后就全部没了。他有救命的机会吗？如果是四个人，他没有机会了。

### 随意的发现：生活中的轴对称图形

让孩子在家里观察哪些东西是对称的或者不是对称的，物品、图形或者空间都行，观察它们是否有对称轴，若有对称轴，数出或说出有几条对称轴。

这个活动可以鼓励孩子主动观察，设法收集（如可以使用妈妈的手机或现场的照片等），鼓励孩子结合自己的生活环境发现、找到他们熟悉的图形中隐藏的对称轴，并在交流过程中丰富自己的经验，如下图：

家长还可以向孩子展示已经做好的正方形，找到尽可能多的方法将它对折（对角线或者中间线），告诉她这两半是完全一样的，也就是对称的。圆形和矩形同样可以这么做。然后给孩子这些形状，要求他自己折叠。

拓展的活动可以将对称的观念延伸到字母，例如 A、C、H、I、W 等，还可以延伸到两分书籍的页数、一根木棍的对折、天上的云彩对分等等。

◆ 商店里的数学

数学能力在现实生活中得到应用的最理想地方之一就是超市或者小卖部。在那里，可以实践测量、估算，学习体积、数量及几何形状、容器的大小与形状之间的关系等等。

### 我不是购物狂

在商店里购物提供让孩子应用一系列的数学技能的机会，包括数据收集、估算以及管理多项事情。

**工具：**铅笔、纸、计算器、环保购物袋，别忘了钱包或者银行卡

**列购物清单：**询问家庭成员个人的需要，了解家庭公共需要的物品，并把它们都记下来，列个购物清单。假如需要某物品的数量不止一个，告诉孩子在该物品边上记下要多少，如果包装有大有小，也要记下究竟是要大的还是小的，记下对商品形状的描述，例如圆筒或者扁盒装的。回顾一下购物清单，看看有没有遗漏，并告诉他在你念到的物品边上做个记号，把漏写的物品写下来。

**选购：**在商店里，让他找到清单上的每一件物品。教他比较不同品牌的同一物品的价格、份量或者同一品牌不同包装的份量、价格，看看买哪个更划算。例如，同一品牌的洗衣粉，小袋(560 克)13.3 元，而大袋(1.8 千克)20.2 元，是买两袋小的划得来，还是买一袋大的？

**付账：**教孩子估算一下所有物品大约要花多少钱，然后拿出计算器来检查估算的答案。告诉孩子，在清单上相应的商品后记上标价，将提高估算的速度和准确性。给孩子钱，让他去付账，商店收的钱和他刚才用计算器算的是一样吗？给了孩子多少钱，找了多少钱？

### 畅享打折

商店总是想着法地打折，开张日、店庆日或者节假日都有，日常还有买满 68 元兑换 5 元优惠券的活动，商品本身还有买多或者买大就优惠的做法。带孩子在打折和优惠活动时购物，可以帮助他了解金钱的价值，给他表现加减法技能的机会。

**工具：**钱(而不是银行卡，一定要有各种面额的零钱)、优惠券、商场传单(上面注明了“凭此单优惠”的话或者贴有优惠券)、铅笔、纸

**列购物清单：**做法同上面“我不是购物狂”，不过，有时候商店打折的活动是选择性的，只针对某些商品，所以并不是我们需要的都可以省钱。但是，附近的其他商店可能有机会，所以计划多跑几个商店试试。当然，如果不想一次教得

太多，就选择买一样也行。

**选购：**向孩子展示商店的优惠券，那里有他喜欢吃的一种食品，这个优惠券在该食品上能节省多少钱，让他点出相应的钱数。例如碗装德芙香浓黑巧克力294g 标价 42.5 元，而优惠券面额是 5 元，商场还有促销活动“满 40 元立减 3 元”，如果孩子要买一件，需要多少钱？给孩子一些整钱和零钱，要他算出怎样的组合能凑满付账所需要的钱，再回过头去看看，你们省了多少。

**拓展：**告诉孩子，省钱可以节约家庭开支，鼓励他们在报纸和传单上寻找家庭所需物品的优惠券。提示他们注意，有些优惠券是有截止日期的，我们很多时候都会遭遇截止日期，比如作业也有。

◆ 户外的数学

我们常常要从一个地方到另一个地方，赶路或者旅行，户外为我们提供了许多机会去帮助孩子学习和应用数学。

**我们去旅游啦**

**工具：**地图、尺、纸、铅笔、记号笔

**做计划：**让孩子参与到制定旅游计划中来，让他学习规划线路、准备随身物品、时间安排等等。在地图上用记号笔画出你们家所在的地方和将要去的地方，大致地测算一下两地相差多远。决定如何去目的地，坐汽车、火车、飞机还是爸爸驾车？哪一种速度更快，哪一种花的时间最长，别忘了坐飞机要提前去候机和安检，那也要花时间的。

**在旅途：**车票上写了几点开车，查查看火车时刻表，预计什么时候到站，现在算一下，还有 3 小时 21 分正点到达。动车电子屏上会显示温度和车速，里面比外面凉快好多呀，那么低几度呢？现在比刚才快了还是慢了，相差多少呢？

如果是爸爸驾车，看看码表上的车速，再看看路边的提示牌上限定的速度，

爸爸超速了吗？我们超过了一辆大卡车，那辆小车超过了我们，为什么？

如果我们打车去预定的酒店，需要 130 元，而乘坐机场大巴每个人只要 15 元，省了多少钱呀？

这里还有其他的好去处吗？主题公园或者博物馆之类的。在城市的地图上找出这些地方来，看看坐公交怎么去，如果我们来去不走同一条线路的话，我们就可以看到关于这座城市更多的风景，不过，来和去的线路相差好几站。看看这里离那儿大概多远。我们和孩子讨论这些的时候，只是为孩子提供机会去使用心算和估算以解决时间与距离的问题，而不是为了让他学会处理复杂的方向问题。

### 有趣的车牌号

在路上随意讨论车牌号，也能帮助孩子们发展他们的数字知识，并为数学技能的应用提供机会。

**工具：**这一次，我们什么都不需要，只要上路就行了

**找对称：**看呀，那个车牌的数字是对称的！赣 AC5115，沪 BH1991，这个呢——浙 G18881？

**三位数：**指出一辆车的车牌，好好看看，用这个车牌上的数字去组成最大的三位数。例如，车牌号码是“鄂 J25106”，可组成的最大三位数是 652. 然后我们用下一辆车的车牌号码数字，同样做出最大三位数，例如“黑 M88036”，可组成的最大三位数是 886，现在，把两个最大数相减的数是多少？相加呢？我们试试另一个游戏吧，现在要组的是最小三位数。

**算术运算：**选择一个车牌号，比如“湘 B40933”，要孩子用 3 个数字得到 10，答案为 $(3\div3)+9=10$ 或者 $4+3+3=10$ 或者 $4+9-3=10$

◆好玩的数学

每天,孩子们都可以从身边的世界中发现有趣数学。例如寻找对称的树叶,收纳箱中能放下最多玩具的办法,把大小不同的书摆到合适的书架上去,看盛开花朵的形状与图案。学习数学,还可以享受数学!

## 我猜我猜

我们或许和孩子一起猜过字谜,孩子对汉字的理解、记忆得到了巩固。数学同样可以做猜猜看的游戏,为孩子们提供应用数学技能和数学语言的机会。

**工具:**纸和笔就行了

**步骤:**让孩子在纸上写下一个数字,然后,通过问他一些问题,尝试去猜猜这个数字。例如:

孩子:我写的数字在1到100之间。

家长:它大于30吗?

孩子:大于。

家长:大于60吗?

孩子:不。

家长:它是偶数吗?

孩子:不。

家长:它大于30但小于50吗?

孩子:是。

家长:能被5整除吗?

孩子:能。

(这个孩子写的数字应该是35或45)

你们也可以反过来,你写,孩子猜。这个游戏可以帮助孩子理解数字的特征,如奇数与偶数,及术语的含义如"大于""小于"等等。也可以像中央电视台"购物街"节目那样,在"高""低"中慢慢猜。

## 随机的并不是瞎碰的

借助孩子感兴趣的摸球游戏，使其体会到数字的随机性，是向孩子们介绍概率的含义的一种方式。

**工具：**不透明的塑料袋、4 个红球和 1 个白球

**步骤：**告诉孩子袋中球的颜色为红色和白色，但不告诉他红球数目与白球数目。让孩子通过多次摸出又放回，统计摸出红球和白球的数量及各自所占比例，由此估计袋中红球和白球数目的情况。

一方面，每次摸出的球的颜色可能是不一样的，事先无法确定；另一方面，摸出又放回。重复多次（摸完后将球放回袋中，摇晃均匀后再摸），就能发现一些规律。

通过摸球，孩子发现每次摸出的球的颜色不确定，初步感受数据的随机性。进一步通过统计摸出红球和白球的数量，可以估计袋中是白球多还是红球多。在不确定的基础上，体会规律性。

游戏时，先鼓励孩子思考，在不打开袋子的前提下，如何估计袋中红球和白球数量的情况，启发孩子想到可以通过摸球得到数据，由数据进行估计。

实际上，如果袋中装有 4 个红球和 1 个白球，可以知道摸到红球的概率为 4/5（也就是 8/10）。通过摸球的试验，可以用红球出现的频率来估计概率，显然，摸球的次数越多，估计的精度越高。知道这些，可以使孩子知道通过摸球的数据进行推测并不是毫无道理的“瞎碰”，而是有数学理论保证的。

**扩展：**告诉孩子概率在天气预报是如何被使用的，如对降水的预报，传统的天气预报一般预报有雨或无雨，而概率预报则给出可能出现降水的百分数，百分数越大，出现降水的可能性越大。概率天气预报既反映了天气变化确定性的一面，又反映了天气变化的不确定性和不确定程度，唤起其注意在日常生活中所起的作用。

# 第六章　志愿服务

父母是孩子的第一任且是最重要的教师，每个家长都希望培养孩子诚实、正直、自信、乐于助人的品格。我们常说，身教重于言传，可是在日常生活中，我们却发现言传容易，身教难。我们苦口婆心教孩子上学不要迟到，认真听老师讲课，而我们自己却在家长会上迟到，在会场上窃窃私语；我们希望孩子在家能按学校规定完成作业，而我们自己在填写各种家长意见书，为孩子作业签字时觉得不耐烦；我们希望孩子听学校的话，而我们自己却不经意地在孩子面前说学校“不行”；我们希望孩子在学校积极表现，争做骨干，而我们自己却觉得参加到学校的各种活动中是一件很难的事情。

家长自己不以身作则，就难以达到教育效果。当家长要求孩子做什么的时候，一定要自己先做到，就算不能给孩子树立成功榜样，也应该尽量做到和孩子共同学习成长。如果要求孩子听学校的话，那家长也应尽量达到学校要求；如果要求孩子在校积极表现，那家长也应积极支持学校发展。

所以，家长“身教”的最好方式，就是家长到学校去，做学校的志愿者，包括参加学校活动，帮学校做力所能及的事，在任何场合维护学校的声誉等，即以自己的实际行动，向孩子展示家长对学校的支持。不但如此，通过家长的志愿服务，还有多种收获，包括强化亲子关系，从学校视角更加深入了解自己的孩子，与学校教师更多的沟通机会，丰富学校教育资源等，可以说，“每个家长都能做学校的志愿者，每个家长都应该做学校的志愿者”。

## 本章要点

本章主要介绍家长参与类型的“志愿服务”，所谓家长志愿服务，是指的在任何时间、任何地点以任何方式支持学校教育、教师工作和子女成长的任何行为，而付出这些行为的家长被称为家长志愿者或家长义工。[1] 志愿服务是家校合作的重要形式，家长志愿服务的范围非常广泛，包括到家长学校去参加学校的活动，帮学校做力所能及的事，甚至在任何场合维护学校的声誉，说学校的好话，制止有损学校的谣言，都可看作是家长志愿服务。家长对志愿服务的参与有着重要的价值，对学校、教师、家长本人以及学生的发展都有着极大的促进作用。在欧美等发达国家和地区，家长做志愿者已被普遍接受，并以立法形式确定下来；在我国，很多家长意识到了参与的重要性，但怀着没有空余时间、不知道如何参与、认为自己没有资格等借口，没有迈出家长志愿服务的第一步，事实上，只要家长们自我反思或评估一下，会发现“每个家长都是家长志愿者，每个家长都能做家长志愿者”。

那么家长如何参与学校的志愿服务呢？本章介绍了家长做学校志愿者的要点，包括向学校表明做志愿者的意愿、家长志愿者注意事项等；我们还介绍了家长志愿服务的主要方式和途径，包括与参与与家长相关的活动，如家长会、家长交流会、家长读书会等；参与与学生相关的活动，如做家长助教、参与学校的各类比赛、演出活动等；其他志愿服务，如校内外安全协管、为学校提供专业服务，以及在任何时间、任何地点支持学校等。

本章将：

●解释什么是家长志愿服务；

●解释每个家长都有参与志愿服务的能力；

●归纳家长参与志愿服务对学生、家长自身和学校的价值；

●举例介绍家长做学校志愿者的要点、方式和途径。

---

1　爱普斯坦 乔伊丝 L. 学校、家庭和社区合作伙伴：行动手册[Z]. 吴重涵，薛惠娟. 南昌：江西教育出版社，2013.

## 6.1 什么是家长志愿服务

家长志愿服务指的是在任何时间、任何地点以任何方式支持学校教育、教师工作和子女成长的任何行为，而付出这些行为的家长被称为家长志愿者或家长义工。美国家校合作研究专家爱普斯坦教授认为，志愿服务是家校合作的重要形式，家长志愿服务的范围非常广泛，包括到家长学校去参加学校的活动，帮学校做力所能及的事，甚至在任何场合维护学校的声誉，说学校的好话，制止有损学校的谣言，都可看作是家长志愿服务。[2]

家长将孩子送到学校，并不是其教育责任的移交，而是家长在对孩子的教育方面增加了专业的合作者(教师)。因此，家校合作既是基础教育和学校改革的主题，也是让家庭教育在学校得到延伸的重要途径。本书前面所述的当好家长、相互交流和在家学习，主要是家长围绕自己的子女，在家中参与子女的教育，而志愿服务则是家长到学校去，以实际行动，支持学校工作。家长参与教育的形式丰富多彩，而成为一名志愿者则是家长参与的一种基本形式，组织家长志愿者为学校服务处于十分重要的地位。学生的学校教育能否顺利进行，学生在学校中的表现如何，都与家长有密切的关系。家长作为志愿者参与学校教育的行为，对学校的所有学生都会有促进作用，更重要的是，家长以身作则，到学校中参与志愿服务，是亲身示范家长认同学校教育，从而子女也会认同学校的教育，学习上也会更加努力。研究发现，当父母以各种方式参与孩子的学习，孩子的考试成绩就比较高，且留在学校受教的时间也较长，孩子的行为表现也有改善的倾向。[3]

重视教育，是中国历来的传统，翻检史册，家长以实际行动支持学校的故事无数，如北宋时期范仲淹“捐宅兴学”，清朝最为人称颂的乞丐武训“乞讨兴学”

---

2 Epstein J. L，Sheldon S. B. School，Family，and Community Partnerships：Your Handbook for Action[M]. SAGE Publications，2008.

3 吴重涵，张俊，王梅雾. 家庭背景与家长参与关系的实证研究[M]. 南昌：江西教育出版社，2014.

等等，他们都可看作是学校教育的志愿者，对我们今天的家长仍不失启迪。

## 范仲淹：捐宅兴学

北宋时期著名的政治家、文学家范仲淹曾在其名作《岳阳楼记》中以“先天下之忧而忧，后天下之乐而乐”言明心志。正是这种以民为先的理念，使他成为历史上有名的教育支持者。

范仲淹自幼家境贫寒，过着“断齑画粥”的日子，他每天用两升小米煲粥，隔夜粥凝固后便划成四块，早晚就着腌菜各吃两块，苦读成才。当他身居高官之后，虽然薪俸丰厚，却依然勤俭，非常热心于赞助教育事业。《范文正公全集》记述了这样一个故事。北宋景祐二年(1035 年)，范仲淹在苏州南园购得一处草木葱茏、溪水环绕的好地。原本范仲淹是想在此建设自家的住宅。当房屋建好后，范仲淹请来一位风水先生。先生探查了一番，连夸此地风水好，称若久居此处“必踵生公卿”，也就是说范家住在这里可以世世代代出高官显贵。范仲淹听后却说，“吾家有其贵，孰若天下之士咸教育于此，贵将无已焉”(我家独享此处的富贵，不如让普天下的人都能来这里读书，这岂不是能出更多的贵人)。于是范仲淹毫不犹豫地将房地献出，奏请朝廷批准设立了苏州学文庙，以期培养出更多的人才。范仲淹捐宅兴学的举动在当时影响极大，以至当地富户纷纷效仿。据说“吴学”日后的兴盛即得益于此，并有了“苏学天下第一”的说法。

## 武训：乞讨兴学

武训也许是中国历史上最为人称颂的乞丐，他曾用乞讨兴学的义举，为后世留下了又一个有关中国助学精神的传奇。

武训，自小家境贫穷，三岁丧父，幼时起便以乞讨度日。由于不识字，武训曾被一个雇主骗去工钱，这让武训决心兴办义学。为了积攒办学的费用，武训白天在街市上乞讨时不惜以丑态哗众以获施舍，晚上则为人纺织麻线挣取佣金。光绪十四年(1888 年)，武训出资四千余吊，在堂邑柳林庄办起了第一座义塾。他高薪聘请塾师授课，并到穷人家去跪求父母把孩子送到学校免费读书。开学那天，武训拜见了每一位老师和学生，并摆下丰盛的酒宴款待他们。武训自觉身份卑微，不便入座，所以就请来了当地有声望的名人陪席。而武训本人只吃些残羹剩饭。平日上课，武训也常到义塾去探视，见到老师勤奋授课，他便跪地拜谢，若是遇到塾师懈怠或学生贪玩，武训就长跪不起，流泪劝其勤勉。师生因此都对武训非常敬畏而不敢懒散。

后来，武训又靠乞讨所得兴办了陶馆、临清两所义塾。山东巡抚张曜得知武训乞讨兴学的义举后，奏请朝廷赐武训"乐善好施"匾。据说光绪帝甚至还赏武训穿黄马褂，以示表彰。光绪二十二年(1896 年)，59 岁的武训在为家乡留下三座学堂后，长辞于临清义塾中。据《清史稿》记载，武训在弥留之际，还在听着学童们的诵读之声，直至含笑离去。近现代的很多名人，如梁启超、冯玉祥、陶行知等，都曾为武训撰文，讲述义丐武训乞讨兴学的故事，赞誉尚善助学的民族精神。

## 6.2 每个家长都是志愿者

### 6.2.1 家长参与志愿服务的现状

在欧美地区，家长志愿服务对学校的重要作用已被普遍认同，美国，以及英国、德国、法国、芬兰和挪威等国家，都已将"家长志愿者"作为学校教育的重要组成部分，几乎每个学校都有家长志愿者组织。美国将家长到学校参与志愿服务作为教育改革的优良传统和宝贵经验，并建立了制度化的规范，如要求每个家长在开学初到学校当义工，每个家长义工都有权表述自己的意见。[4] 美国学校组织的很多活动都是由家长委员会义务服务来完成或在家长指导下由学生去做的。比如说：学生艺术团要开展名为"艺术节"的活动。学校只负责提供活

---

4 Epstein J. L, Sheldon S. B. School, Family, and Community Partnerships: Your Handbook for Action[M]. SAGE Publications, 2008.

动场地，而其他所有的活动都由学生和家长委员会成员来承担。家长们都非常愿意参加这些活动，一方面是为了支持和鼓励孩子更好地参加艺术团的活动，学到更多的东西；另一方面也希望能为学校做点儿事。在家长看来，能为学校义务服务，是做家长的骄傲。在美国，没有家长的无私奉献，学校的许多工作就无从开展。家长志愿者这种方式大大调动了家长参与教育的积极性，减轻学校管理的负担，形成了一个非常和谐的家校教育合力，为学生健康成长创造了有利条件。台湾、香港等地区的许多学校都相继成立了家长义工站，家长逐步走进校园，参与学校的各项活动，了解学校教育的发展，很好地发挥了家校合作的功能。

在我国，自上个世纪五、六十年代以来，开始重视家校合作问题。但根据江西省教育科学研究所的“家校合作大样本跟踪调查”的数据，家长参与的主要形式是通过家长会、家访等方式进行沟通和交流，家长参与学校志愿服务还处于零散的初始阶段。根据调查数据，在近两万名家长中，有超过70%的家长表示愿意参与学校的志愿服务，而实际参与的比例只有7%，这一方面与学校对家长的引导相关，但另一方面，也体现了部分家长“眼高手低”、“说得多、做得少”的心态，很多愿意做志愿者的家长没有参加到学校的志愿服务项目中去。家长参与志愿服务，是家长支持、了解学校的重要形式，如果家长不进入学校，就无法真正深入到学校各个层面全面了解孩子的情况，教师也无法真正把握孩子在家中的状态，无法对孩子的成长作有效的跟踪和指导。[5]

### 6.2.2 人人都来做家长志愿者

家长对志愿服务的参与有着重要的价值，对学校、教师、家长本人以及学生的发展都有着极大的促进作用。在学校教育的每个环节，家长都能够参与，学校也非常希望引入家长的力量，来促进教育教学的改善，学校重视并欢迎家长

---

5　吴重涵，张俊，王梅雾．家庭背景与家长参与关系的实证研究[M]．南昌：江西教育出版社，2014.

志愿者。

很多家长意识到了参与的重要性，但怀着没有空余时间、不知道如何参与、认为自己没有资格等借口，没有迈出家长志愿服务的第一步，事实上，每个家长都是家长志愿者，每个家长都能做家长志愿者。

在此，我们邀请所有家长完成“家长志愿者自我评估表”，这个表可以坚定家长胜任志愿者的信心，同时也能为家长志愿者如何为学校出力指明方向。

## 家长志愿者自我评估表

### 一、参与动机

您是否认为：

1. □学校在家校沟通、学校管理、活动开展、校园环境和文化、安全、教育教学、食堂用餐等方面有待改进；

2. □教师在教学方法、教学内容、班风建设、学生管理等方面有待改进；

3. □自己的孩子在学校的课程学习、习惯培养、心理成长、人际交往、在校表现等方面有待改进；

4. □自己在与学校和教师沟通，与其他家长交流，对孩子的了解，育子方法，家庭作业辅导等方面有待改进。

对以上学校、教师、孩子和家长本人的情况，如果您认为有一项或多项有待改进之处，那么，您便具有了当家长志愿者的动机，用家长志愿者的参与力量，来促进这些方面的改善。

### 二、家长资源

#### (一)您的知识背景

□材料类　　□化工与制药类　　□水利类

□测绘类　　□化学类　　□体育学类

□大气科学类　　□环境科学类　　□天文学类

□地矿类
□环境与安全类
□统计学类
□地理科学类
□机械类
□图书档案学类
□电气信息类
□医学类
□土建类
□电子信息科学类
□交通运输类
□语言文学类
□动物生产类
□教育学类
□武器类
□动物医学类
□经济学类
□物理学类
□法学类
□力学类
□系统科学类
□工程类
□历史学类
□心理学类
□工商管理类
□林业类
□新闻传播学类
□公安学类
□能源类
□药学类
□公共管理类
□轻工纺织食品类
□仪器仪表类
□管理科学与工程类
□森林资源类
□艺术类
□海洋科学类
□社会学类
□哲学类
□航空航天类
□生物类
□政治学类
□护理学类
□数学类
□……

**(二)您的工作行业**

□农、林、牧、渔业

□采矿业

□制造业

□电力、热力、燃气及水生产和供应业

□建筑业

□批发和零售业

□交通运输、仓储和邮政业

□住宿和餐饮业

□信息传输、软件和信息技术服务业

□金融业

□房地产业

□租赁和商务服务业

□科学研究和技术服务业

□水利、环境和公共设施管理业

□居民服务、修理和其他服务业

□教育

□卫生和社会工作

□文化、体育和娱乐业

□公共管理、社会保障和社会组织

□国际组织

□……

**(三)您的爱好与特长**

管理:□组织、□策划、□领导、□团体配合、□动员、□宣传

口才:□演讲、□辩论、□主持、□评论、□交流

运动:□篮球、□足球、□乒乓球、□网球、□排球、□羽毛球、□跑步、□游泳、□滑冰

文艺:□赋诗、□书法、□写作、□画画、□雕刻、□工艺

影音:□表演、□唱歌、□音乐品鉴

舞蹈:□芭蕾舞、□民族舞、□民间舞、□现代舞、□踢踏舞、□爵士舞、□交谊舞

乐器:□吉他、□口琴、□二胡、□钢琴、□风琴、□小提琴、□铜管乐器、□打击乐器、□民族乐器

旅游:□登山、□户外、□探险

饮茶:□品茶、□茶艺、□茶道、□茶文化

棋类:□军旗、□象棋、□五子棋、□跳棋、□围棋

影视:□电影、□连续剧、□短剧、□戏剧

阅读:□文学、□哲学、□经济、□政治、□小说、□动漫

□……

(四)可发动的资源

人手:□家庭成员、□朋友、□其他家长

场地:□为学生户外实践提供工厂、□公司、□园艺场、□军训基地、□消防演练、□社区、□游乐场等场地

设备:□车辆、□服装、□书籍、□照相机、□摄像机、□食物、□鲜花等

三、可提供服务的时间与地点

(一)可提供志愿服务的时间

□每周1次或以上

□每两周1次

□每月1次

□……

□没有时间专门参与

(二)可提供志愿服务的地点

□在学校需要的任何地方

□到学校

□在家

□在我单位

□在社区

……

当您填完这张表时,您会发现,任何一位家长都对学校、教师、学生甚至家长本人都有改进的愿意;任何一位家长都具有一定的知识背景,从事某种行业,

有着不同的兴趣与爱好，并在一定程度上可调动某些资源，这些就是家长可以向学校贡献的资源，他们是家长参与学校志愿服务的基础；任何一位家长都可在合适的时间、地点为学校提供志愿服务，即便是没有时间、无法参与的家长，在任何场合制止有损学校的谣言，维护学校的声誉，反映学校的正面形象，都可看作是家长志愿者，因此，从这个意义上说：

人人都是家长志愿者，人人都能参与志愿服务。

## 6.3 家长参与志愿服务有哪些益处

### 6.3.1 对学生的作用

爱普斯坦认为，家长参与学校教育的形式有六种，其中家长志愿者对学校各方面的发展都具有极大的推动作用，不仅有助于儿童掌握与成人交往的技能和学习的技能，还有利于教师以新的方式鼓励家庭参与，并认识到家长的才能、家长对学校和孩子的兴趣，从而自己更加关注儿童的个别差异，也有益于家长更好地理解教师的工作，相信自己有能力在学校进行工作、与儿童相互促进，意识到家庭是受学校欢迎和重视的，并形成志愿服务的特别技能[6]。因此，家长作为学生生活中最亲密的人，需要重视自身作为志愿者的价值，走进校园做志愿者，以充分发挥教育共同体的作用。

**1. 拓展学生的认知经验**

学校的课程是综合课程，指向学生的一般发展价值，因此学校的课程内容涵盖的领域非常广。学校课程的这个特点，对教师提出了非常高的要求，希望教师有宽广的知识面，能够满足学生的认知需求。但是学校教师并非“全才”，在一些专业指向性比较强的课程内容上，教师往往要“求助于”家长，请他们来做志愿者，担任临时老师或者提供材料的帮助等等。

在某小学一年级二班的主题活动“好吃的食物”中，班主任老师将身为蛋糕

6 爱普斯坦 乔伊丝 L. 学校、家庭和社区合作伙伴：行动手册[Z]. 吴重涵，薛惠娟. 南昌：江西教育出版社，2013.

师的翔翔爸爸请进课堂，当了一次家长志愿者，为小朋友现场演示怎样做蛋糕。大家纷纷围拢在翔翔爸爸身边，饶有兴趣的边看边问："这是蛋糕模具吗"，"哦，原来面粉是用机器搅拌的"……这次活动效果比老师单纯的讲要好很多。

2.丰富学生的情感体验

在学校里孩子天天和老师在一起，长期以来可能就会找不到兴奋点，如果有家长参与进来，对新鲜人、新鲜事、新鲜的做法，也可能出现一些意想不到的新的情境出来，小孩子可能更加兴奋了，更加认真听讲。开展过家长志愿服务的学校都赞同，家长志愿者参与到学校的活动后，孩子们感到非常新鲜，更加有兴趣并且更加主动地去接受活动内容，更愿意自主地学习、独立地思考、大胆地尝试。对家长本人来说，可以更加了解学校，对自己的子女是一种激励。并且，学生会因为自己的父母做家长志愿者而感到非常骄傲、自豪，增强了他们的自信心和对学习的认同感。

家长来做志愿者，家长本人和孩子很容易在活动中更引人注意，更愿意与别人交流也有更多的交流的机会。有的孩子会跟其他同学说，明天我的爸爸会怎么样，我的爸爸是做什么的，然后另外的同学会说我也好想让我的爸爸怎么样怎么样，他们之间就会有更多的交流，当然也包括跟教师之间。爸爸妈妈来上课了，譬如医生妈妈进班级讲卫生知识，小孩子就是会觉得："咦？这不是谁谁的妈妈吗，她来教我们本领咯"。家长在进入志愿者角色以后，他的孩子在班级里面也是很受到小朋友的关注的，这是一个良性循环。更直观的是他觉得家长来了以后，无意之中表现欲增强了，他觉得很自豪。

在某学校家长志愿者活动结束以后，我们看见一名家长志愿者与她的孩子坐在草坪上休息，孩子拿着妈妈身上挂的志愿者胸牌反复地看。我们走上前去与他们聊天。我们问小孩："你知道妈妈挂的是什么吗？"孩子回答到："志愿者的牌子！因为妈妈今天是志愿者！"我们又问："那你知道什么是志愿者呀？""志愿者就是来帮学校做事情的，很光荣的！""那妈妈做志愿者你开心吗？"学生回答到“开心的，很自豪的，妈妈很厉害的！”

可见，家长与教师都看见了家长志愿者的参与给孩子带来了学习的兴趣与动力，带来了快乐与自信。在丰富学生情感的同时，家长志愿者的参与无意中提供给了学生更多与其他成人接触与交流的机会，促进了学生的发展。

3. **为学生树立学习榜样**

俗话说得好“欲让孩子成才，先教孩子做人”，教育的重要任务之一是教会孩子怎么样学习写一个大大的“人”。这种教育并不是说教，而是要用自己的行动去影响孩子。父母是孩子的第一任教师，也是他们崇拜和模仿的对象，家长志愿者正是家长以自己无私奉献的精神进行言传身教，为孩子提供的学习榜样。

某位老师感慨：妈妈很积极地参与学校的活动，他的孩子也会很投入。妈妈有这么热心，他在活动当中也会非常主动的热心地去帮助人。

家长也认为：“我们很清楚地告诉我们家小孩，妈妈去学校是做志愿者，为学校免费服务，帮老师的忙。他立马觉得妈妈好伟大，好有爱心，表示他也要像妈妈那样去帮助别人。我感到很自豪。”

“我们去学校当志愿者不存在为了自私的利益，是为了大家的利益去，为了学校发展得更好。这样对孩子也是很好的榜样作用，孩子们也会向往为了社会利益去做贡献。”

教师和家长都会感受到家长志愿者的这种榜样作用。他们认为，孩子目睹了自己的父母到学校做志愿者，为集体做“奉献”，在这种耳濡目染中，他们小小的心灵也埋下了“奉献”的种子。作为未来社会的公民，每个学生都必须有服务社会、贡献社会的意识。教育的目的之一是要培养社会需要的人，学校正是通过家长的榜样作用为社会培养具有“服务”和“奉献”理念的好公民。

当然，家长志愿者对于学生发展的促进作用还在于使每个孩子会得到更多的关注，并且有更多的和其他成人进行对话的机会，这样对于孩子在语言、社会交往等各个方面都是有很大益处。

### 6.3.2 对家长的作用

家长利用自身拥有的人力、物力资源义务为学校提供服务，在付出自己的时间与精力的同时，也会使家长本人受益。家长不仅可以更好地了解学生，强化与孩子的亲子关系，同时还能够学到更多的教养知识，从某种程度上来说提高了家长自身的素质。

**1.深入了解孩子**

现代的家长都比较重视教育，有很强的了解孩子的需要，有主动参与活动的欲望。比起其他几种家校合作的方式，家长做志愿者使家长和教师有了更多的交流时间以及更深入的交流机会。因此，家长志愿者参与学校活动，有利于家长更全面和深入地了解孩子在学校中的信息，而老师也可以从家长身上得到更多关于孩子的家庭信息，从而有利于老师因材施教。

家长志愿者直接参与到学校的各项活动当中，为家长了解孩子提供了一个窗口，家长可以看见孩子在家庭以外的表现。除了有这样直接地观察孩子的机会，家长做志愿者时跟教师接触增多，互动频繁，促进了良好关系的形成。这样教师提供给家长更加客观具体的信息，教师对学生的评价也比较全面。

某教师表示："因为家长志愿者跟老师接触机会多，老师自然而然地与志愿者们说孩子的在校情况。如果与家长接触少，或不太熟悉，老师就会有比较保守、笼统的说法，比如还好、还行等。接触多的家长，就会与平常聊天一样，跟他说得比较多，没什么后顾之忧，会直接地跟他说你孩子最近哪里表现不太好啦。其他家长就要深思熟虑，或比较委婉地表达孩子的在校情况。"

根据"江西省家校合作跟踪调查"的数据，高达90%的家长都将"希望了解学生在学校的情况"列为家校沟通的主要目的。调查结果从侧面反应了当代家长对于了解学生发展情况有较高的需求，家长志愿者的价值与家长的这一需求相吻合，这也成为了家长志愿者走进学校的助推器。另外，许多教师表示，家长来学校做志愿者，特别是协助组织或者直接参与到教学活动中的时候，可以将目光放到集体中去，了解自己的孩子在集体处于哪个发展层次。

也就是说，家长到校参加志愿服务，能够帮助家长正确认识自己的孩子。有的时候老师向家长真实反映他孩子的不足，家长难以接受，就会引起矛盾，因为家长们总归认为自己孩子是最好的，最优秀的。如果家长参与到学校的活动中去，眼见为实，家长们的看法就会比较客观。比如老师反映家长的孩子上课不专心之类的，家长可能没亲眼看到就认为老师不喜欢自己的孩子或老师自己教得不好。那么家长通过这样的集体活动会感受到，原来我的孩子确实像老师说的那样。这样家长和老师的看法在同一个出发点，可以从家庭和学校两个层面，共同努力去改正孩子的缺点。

许多参与过志愿服务的家长也会认识到，家长眼中不再只有一个孩子，他们可以通过将自己孩子与其他孩子的对照更加科学地了解学生所处的发展阶段以及学生的发展特点。

如一些家长表示："我不参加活动的话就只对自己的孩子有所了解，参加活动之后，就知道了这个年龄段的小孩子大概是怎么样的，还可以有机会接触其他的孩子，虽然时间很短，但在一定程度上，可以了解大概。"

"也可以看到自己的孩子在所有学生中属于哪个状态。说实话平时跟老师接触毕竟是时间少，但组织活动的时候可以随时交流，了解每个小孩子的情况，了解自己小孩的情况，而且更直接，直接看到在班级里处于什么状况。"

家长志愿者参与学校的活动，获得了客观、全面认识学生的机会，避免走进"只见树木，不见森林"的认知误区，从而更加全面了解自己的孩子。

**2.强化亲子关系**

家长作为志愿者来到学校，与孩子一起活动，会使孩子体会到家长对自己的重视，体会到家长对学校的接纳和认同。同时，家长的志愿服务会使儿童用新的眼光来看待家长，感受到爸爸妈妈原来是这么能干，增进儿童与家长之间的亲密关系。

我们在九江某小学调研的时候，看到学校专门为“家长志愿者”做了宣传橱窗。图片中的文字显示了家长志愿者和自己的小孩一起做实验的情景，亲子互动温馨。图片被放在橱窗中进行展示，说明教师肯定了家长志愿者的重要价值，也同样希望其他家长能够受到启发，争做家长志愿者。

3. **提升自身素质**

学生教育工作的复杂性，使得家庭和学校都无法单独完成，对于家长而言一方面感觉到对学生教育的责任重大，另一方面又缺乏教子经验，学校便成了家长获得育儿经验、交流育儿意见的最佳场所。我们发现，许多家长正是抱着多学习一点教育知识，吸收一些教育经验的想法来学校做志愿者，也是带着这样的收获走出学校的。

“去学校做志愿者，对学校会有比较系统深入的了解。这样我们家长就能够主动地配合老师的教育，在家里也能够主动地自我学习。譬如说老师在学校里教了新知识，如果经常跟老师联系，或者经常到学校做志愿者，了解学校的运作规律，那么我们就可以按照新的知识点在家里面强化孩子的学习内容。”

“其实我也不知道他的这个年龄段该是学什么东西，我自己也很困惑。在家里教他多了，自己会觉得很累，教少了我又担心他可能会赶不上，教的方式是不是合适他我也很担心。但我做了学校的志愿者后，就没有这些担心了。专业的知识留给老师去教，我只要跟上老师的要求就好了，老师推荐给我的书我也会看，给我很多新的东西。”

家长对教育子女知识的需要是行动的最大动力。家长志愿者正是切合了这种需要，学校在与家长志愿者的沟通与合作过程中有意识地去指导他们、影响他们，有助于家长形成更加科学的育儿观念，提高了家长的育儿水平。可以说，家长志愿者是学校将科学育儿的理念向家长辐射的一种新形式。

美国家校合作研究专家爱普斯坦教授指出家长作为志愿者参与到儿童的

学习中来，使得家长能够更加明确他们对孩子的成长是承担责任的。家长参与学校志愿服务这种形式为家长搭建了一个平台，在展示自己的同时也能够提高自己在各个方面的能力。

### 6.3.3 对学校的作用

随着素质教育和家校合作的深入，学校普遍认识到家长志愿者作为一种资源已经成为学校教育资源的有益补充。家长志愿者对丰富学校教育资源、保障学校活动的顺利开展、对教师的专业成长以及促进教师与家长沟通等方面都有重要价值。

**1. 丰富学校教育资源**

家长不仅是课程的重要参与者，也是重要的教育资源。家长参与志愿者活动可以为学校开展适宜于学生发展的课程方案献计献策，可以为学校开展的各项活动提供物质和精神上的帮助。家长本身的职业、特长与爱好就是教师可以利用的资源，家长的参与可以扩展教师的教学内容，也会丰富学校的教育资源。

为了让家长们了解学生的成长和学习现状，让家长感受学校的学风校风，赣州某小学四年级级部开展了“家长进课堂”系列活动。一班学生小锦的妈妈是一名大学美术老师，她以学习《蒙娜丽莎的微笑》为主题，让学生感受美，欣赏美。二班学生小洁的家长是一名电脑工程师，他讲的是《睁开慧眼看网络》，从身边的实例讲起，让孩子们懂得不能沉迷于网络，要看清网络的利与弊，合理利用网络。四班小泽的家长紧扣时代主题，用孩子们喜闻乐见的形式详细阐释了习主席的《中国梦》，鼓励孩子们要有梦想，为梦想努力奋斗。

家长以自身所拥有的资源，来促进学校教育，对家长来说，有别于在家中扮演的父母的角色，孩子会觉得自己的父母很了不起，这有助于父母在孩子心目中建立起更美好的形象；同时家长教给他们的知识，又是有别于老师所教的内容，使儿童的学习变得更富有趣味性，不但更容易接受，而且印象更深刻。

**2. 方便学校、班级组织活动**

学校的人力资源有限，所以组织全校或班级活动的时候总有“忙不过来”、

“人手不够”等问题。家长志愿者的加入最直接地解决了人手短缺问题，方便了学校、班级活动的组织和开展。

我们家长与学校合作已经成为传统，家长志愿者被称为“编外教师”。各种学校活动，只要学校叫到我们家长，我们都愿意出力。比如学校每学期初都要召开全校家长大会，来的家长很多，有两三千人，就在操场。我们家长志愿者的主要工作就是帮助老师引导家长到指定区域就座，协助管好开会的纪律，维护校门口的车辆秩序，甚至也会代替老师做一些学校政策解释工作。整天下来，虽然很辛苦，但也深切体会到了老师工作的不容易，体会了学校对家长的用心。我们在学校做志愿者，戴着一个红袖标，忙忙碌碌，能为学校做事，觉得很光荣，孩子也很自豪，觉得妈妈了不起。

**3. 促进教师自我完善**

学校和教师普遍认为，家长在某一方面有他的专长、经验和认识，因此家长的参与带来了新的专业知识和视野，使得教师的眼界也变得越来越宽阔。在与家长一起计划和安排活动的时候，双方很容易通过互动激发出智慧的火花，教师在家长志愿者面前会更加注重自己的言行，希望展示给家长一个良好的形象，这种外在的压力推动教师加强自身修养，教师的专业水平也会在这一过程中不断得到发展。

另外，教师与家长沟通的过程，也是锻炼家长、教师沟通能力的过程，家长不同，沟通的方式也不相同，这样就可以不断地积累自己的家长工作经验。

**4. 便于教师与家长沟通**

我们的调查数据发现，经常到学校做志愿者的家长跟学校和沟通频率更高，与教师的关系也都非常好。通过参加活动，家长与教师接触更加频繁，双方沟通交流的机会不断增多，彼此更能理解对方的想法与做法。对学校来说，从家长志愿者那里可以得到更多家庭方面的信息，听见更多家长的想法；对家长来说，做志愿者后能够更加了解学校情况，了解学校老师遇到的困难以及工作的辛苦，家长们在以后的工作中会更加配合，家校关系变得更加和谐与融洽，而这种和谐融洽的家校关系，也会极大地促进儿童健康成长，因为在儿童成长过程中，家庭和学校是最主要的环境影响因素。

家长志愿者在为学校提供服务以后常常会将自己放入学校这个集体中，把自己当成集体的一份子，因而更加关注学校的发展。在开展家长志愿者活动以前，家长可能只关注自己的孩子，但在活动以后，对有志愿工作经历的家长来说，他的视野会更开阔，不是只关注自己的孩子，而是在活动中为所有孩子付出，为学校发展而付出。他们的做法来自于这样的认识：只有学校发展好了，自己的孩子才会发展得更好。

总之，家长志愿者不仅仅给了家长和学生一个重新认识对方的机会，也为家长和教师、和学校提供了一个相互理解、相互合作的平台，家长志愿者对整个家校合作氛围的营造也是起到了推波助澜的作用。家长和学校只有在充分的信任和理解对方的基础上才能形成最大的教育合力。

## 6.4 家长如何在学校做志愿者

家长作为学校的志愿者，向学校贡献自己的知识、经验或特长，不但可以促进学校、教师和家长的不断改进和完善，更重要的是，可以改善孩子成长的环境，并直接促进自己孩子的进步。再次强调，家长志愿服务指的是在任何时间、任何地点以任何方式支持学校教育、教师工作和子女成长的任何行为，包括到学校去参加学校组织的活动，帮学校做力所能及的事，甚至在任何场合维护学校的声誉，说学校的好话，制止有损学校的谣言，都可看作是家长志愿服务。因此，每个家长都是学校的志愿者，在此我们倡导，家长朋友们为了自己孩子的成长，都参加到学校的志愿服务中去。

### 6.4.1 向学校表明做志愿者的意愿

让学校知道参与志愿服务的意愿是家长志愿者的第一步。有的学校有正式的家长志愿者组织，通常会以正式调查的方式请家长填写调查表，家长也可利用一切与教师沟通的机会，主动表明做志愿者的意愿，表述的内容包括参加志愿服务的积极态度，本人可提供志愿服务的时间，个人知识、经验、特长或资源等。

学校有组织的征集通常以问卷调查的方式进行，学校的思路是全面了解每个家长的参与意愿，方便的参与时间，职业背景，经验特长，教育资源以及志愿者经历等，然后由班级分类汇总，学校存档，在需要家长参与的时候抽取合适的家长参与志愿工作。家长应把握这个机会，积极认真反馈，表明合作的态度，为学校出力。

**XX 中学家长爱心义工队招募新队员调查**

尊敬的各位学生家长：

您好！

感谢您对学校工作的支持与信任！

让每位孩子健康快乐成长是我们共同的心愿。为使您了解、参与孩子教育的渠道更加畅通，分享家长们的不同资源优势，以使您的孩子和其他孩子能更多地体验多元知识。我们邀请您参与家长爱心义工队，在不同的层面参与子女教育。请您认真填写下面的问卷调查，并于____月____日（星期__）交孩子的班主任老师处。详情可向其班主任老师咨询（电话：__________）。

**一、关于参加家长义工队意向调查（请在相应选择的□内画“√”，可以多选）**

□我暂时无法参加家长爱心义工队，因为□没有时间 □我很难离开家□我常年在外

□我愿意参加家长爱心义工队。

时间方面，我更愿意：□在学校需要的任何时间 □在下午 5 点半后 □在早上 8 点半前 □在双休日 □整个上午 □整个下午 □在中午 □提前 2 天预约 □提前一周预约。

地点方面，我更愿意：□到学校 □在家里 □在我单位 □在社区 □在学校需要的任何对方

**二、家长资源调查（请在相应选择的□内画“√”，可以多选）**

呵护孩子快乐成长是家庭和学校共同的职责，我们期待您愿意和孩子们分享您的才华及爱心，为孩子们提供多样化的教育资源和体验，开展丰富多彩的社会实践活动提供各方面的支持和帮助。请您就自己的情况进行填写，您的支持对孩子们非常重要！

（一）如果您愿意分享您的育儿经验，让更多的家长有所收获。您能：□介绍家庭教育经验 □组织家长相互交流 □其他（请注明）____________。

（二）如果您愿意加入到学校或班级管理当中，看一看孩子们每一天的生活。您能参与：□午餐管理 □日常校园管理 □校内外安全协管 □大型活动协助 □整理图书 □听课评课

或者你还想参与其他（请注明）________________

（三）如果您愿意提供相应的教育基地，给孩子提供不同的体验机会。您能带他们去：

□园艺场　地点：________________

□军训基地　地点：________________

□消防演练　地点：________________

□社　区　地点：________________

□游　艺　地点：________________

□工厂体验　地点：________________

其他（注明）________________

（四）您的爱好与特长（如球类、棋类、游泳、户外运动、园艺、民乐、管乐、舞蹈、戏剧、书法、绘画、网站建设、电脑维修、法制、金融、商贸、医疗保健、科学研究、旅游、社交礼仪、演讲、写作、普通话、英语口语、摄影、摄像、集邮、杂技等）。

请写出您的爱好特长：________________________________________。

（五）您愿意在与您的爱好（或特长）相关的兴趣小组进行策划、组织或指导：□是；□否

（六）在家校合作活动开展方面，您还可以提供的支持与帮助有：__________。

（七）您为孩子们服务，参与家校合作活动，更愿意：

□每周1次或以上 □每两周1次 □每月1次 □不确定，提前2天预约 □不确定，提前一周预约

**三、家长资料**

家长姓名：__________性别：__________联络电话：__________

最佳联系时间：________________ QQ或邮箱：__________

工作单位：____________________ 家庭住址：______________

学生姓名：__________学号：__________班级：__________

家长爱心义工完全遵从自愿的原则。不管您是否担任家长义工，我们都将与您一同呵护孩子健康成长！感谢您完成本次问卷。让我们一起努力，为孩子创造更好的成长环境！

XX中学

年 月 日

除问卷调查外，学校也可能通过短信、电话、学校网站、家长手册等方式征集家长志愿者，如果学校没有开展征集，并不表示学校不需要家长的志愿服务，事实上在学校活动的每个环节都有家长参与的机会，家长应利用可能的渠道向学校表明自己做志愿者的态度，例如在家长到校登记注册的时候向班主任登记，或者在参加家长会、校运会、艺术节、亲子活动、校园开放日等活动现场向老师提出并立即投入志愿服活动。请记住，家长的志愿服务可以使学校、教师、家长本人，所有学生，特别是自己的孩子都受益。下面是三个用短信或电话向老

师表明自己意愿的例子。

王老师您好，我是小花的爷爷赵高，在送孩子上学的过程中，我注意到学校门口来往车辆较多，人车争道，对学生安全形成隐患，尽管有老师和门卫在维持秩序，但仍显得人手不足。如学校需要，我可义务担任秩序维护人员，在每天早上七点半到八点，下午四点到四点半，护送学生过马路。

王老师您好，我是小刚的妈妈李梅，我接到通知学校将于 6 月 5 日上午九点召开全校家长会，我对学校的教室分布比较熟悉，我愿意提前一小时到校维护秩序或为家长做导引，如果需要协助，请与我联系。祝家长会取得圆满成功。

王老师您好，我是王小帅的爸爸王刚。听小帅说班里准备组织集体出游活动，正在征集家长意见。我在市自来水厂工作，自来水的处理过程科学、系统、有趣、贴近生活，我建议可将这次出游安排在我们自来水厂，我可担任讲解，并全程协助组织。

### 6.4.2 家长志愿者新手上路

向学校传达参与志愿服务的意愿后，家长便可以等待学校的邀请。家长参与学校的志愿服务活动，是增进家校合作的机会，根本目的在于促进孩子进步，但另一方面，家长的志愿服务，对志愿服务的对象——其他家长或学生来说，可能是他们了解志愿服务的起点，对于学校来说，志愿者的大力配合可以把活动带向更高的层次，同时，也展示了家长本人的个人修养，老师甚至可以从家长身上看到孩子的影子。因而，家长志愿者在服务中（如在全校家长会上维持秩序和做引导），做到以下几点特别重要。

#### 1. 与学校保持沟通

保持沟通是志愿服务顺利达成的前提。在接到学校志愿服务的邀请后，家长要向相关人员询问工作的具体内容、任务和职责、时间和服务对象，并做好提前准备；在服务过程中要与负责人随时沟通遇到的困难，解决不了的问题或突发情况要及时上报；在服务完成后不马上离开，完成后续工作，并在必要的情况下反馈感受、意见与建议。

2.**纪律**

志愿服务活动往往工作量大，任务繁杂，为了保证服务的有效开展，也为了志愿者在服务过程中真正体验参与、理解与奉献的快乐，应做到的是：

●守时

这是起点，一切活动只有待志愿者们都准时到岗时才能有效开展。志愿者一定要按照工作人员通知的时间准时培训、上岗。

●爱岗敬业

家长志愿者们一旦进入现场，便要投入这个角色。感到疲劳可与负责人请示，在确保有人接替的前提下休息调整。不可以随便在岗位上休息，跷二郎腿，聊天，玩手机。

●离岗与请假制度

家长志愿者因事需暂时离岗时，一定要联系负责人说明情况，以便于及时补充。

●形象

形象问题包括一望而知的外形，也包括通过家长志愿者的一举一动流露出来的内在修养。外形方面包括方便活动的着装，不穿高跟鞋，不化浓妆，不现场抽烟等。

内在修养包括态度、语言、手势、步态、处事方式等待人接物的方方面面。作为家长志愿者，要让服务对象感受到被尊重，应保持热情而坦诚，耐心而主动，使用礼貌的语言，言谈举止亲切自然。事实上，一以贯之地做好上述两点并非易事。我们发现，如果家长志愿服务的时间较长，体力心力都有所消耗，因此在活动后半阶段，松懈下来的情形经常发生。为此，时刻鼓励自己：坚持到底，才是胜利。

●首问负责制

所谓首问负责制，指的就是服务对象有任何问题，家长志愿者都应保证彻底解决的态度。若是职责之内，保质保量地圆满完成；若职责之外，要通过进一步引导、向活动负责人询问等方式保证问题解决，而不可用任何理由拒绝、推诿和搪塞；如果遇到难以处理的情况，第一时间与负责人联系。

●体力、心理的双重准备

没有接触过志愿服务的家长很可能会低估志愿服务对于体力和心理的双重要求。仅从体力上说，需要一定的体力付出，且往往很辛苦，即使有些岗位技术要求不高，但要持续且保质地完成任务也不简单。更有心理上的挑战，家长志愿者可能会遭遇从未处理过的紧急情况，此时，要处变不惊，淡定自若，同时发挥解决问题的能力；还可能碰到不顺心的事，因而得学会很快调整心态，不影响接下来的工作。

●量力而行

志愿者并不是万能的膏药，不是赴汤蹈火，而是量力而行。无论在什么情形下，千万不要忘记自身的安全。

●不只关注自己的孩子

家长的志愿服务对象，应是所有参加活动的家长或学生，首要目的是保障活动的顺利进行，与自己孩子的单独交流可在间隙或活动完成后私下进行。请记住：认真履行自己志愿者职责的家长，学校才真正欢迎。

●及时总结和分享

点滴积累，及时总结可以帮助你或其他家长在下一阶段更好地参与志愿服务。可以在每次活动结束后回想下过程中遇到的问题，是否有更好的解决方案，有哪些失误可以避免，如果有精力和时间，最好能够将心得整理成文字，便于回顾和分享。

### 6.4.3 参与志愿服务：家长活动类

家长贡献自己的才能、知识、经验或时间为学校服务，任何家长都能做学校的志愿者，同时，学校活动的方方面面，家长都有机会参与。在此我们将家长可以参与的志愿服务活动分为家长活动、学生活动、校外活动等类别，指导家长哪些活动可以参与，以及如何参与。

家长活动类，顾名思义，即是与家长相关的活动，这些活动由学校组织，在校园内开展，家长是主要参与者，通常参加的家长人数很多，内容丰富，在这种情况下，就需要发挥家长志愿者的力量，协助教师维护好活动秩序，如全校性的家长会、班级家长会、家长交流会等，甚至家长志愿者也可作为活动的主力，如做家长经验交流会的发言者等。下面，我们以家长会为例，介绍家长志愿者在家长类活动中如何参与志愿服务，并简要介绍志愿们可以参与的其他活动。

1. **家长会**

家长会通常在学期初或期末召开，面向全体家长，针对一项或多项主题，以教师讲述和传达为主的会议形式，主要目的在于向家长通报学生或学校教学情况、变化、日程等。家长志愿者在这个活动中，可以参与的环节主要有：

(1)邀请和动员家长。邀请家长参加家长会，通常由学校和班主任完成，通知的主要方式有电话、短信、公告栏、《给家长的一封信》、学生口信等方式，尽管通知的形式很全面，但根据我们的经验，仍有部分家长无法接到通知，有的家长虽然接到通知但也不想去，觉得没有时间或没有必要而不参加。对这些情况，正是家长志愿者发挥作用的时机，一是可以协助老师通知家长，特别是有的家长漏接老师电话或未回复通知短信，可由家长志愿者进行二次通知；二是对家长不愿意参会的情况，家长对家长的劝说，比老师可能更有效；三是对由于客观因素确实无法参加的家长，问清缘由，向班主任反馈，并在会后向家长传达会议的主要内容。

(2)会前准备。家长会的成功与否，很大程度上取决于会前准备工作，这些准备工作中，可由家长志愿者参与的，主要有：

●物品准备。一次性纸杯、教室布置需要的彩纸等；协助老师打印好家长会所需要的材料如学生成绩单、问卷调查表等；条件许可还可买些水果、点心等。

●整理会场。搞好卫生，适当布置，整理学生课桌，将书本、作业簿、考试卷等，放在课桌上或抽屉里。将学生名字贴在课桌上，让家长对号入座，以便让家长从中了解子女在校的相关学习情况，这也是家长参会最关心的事情。在每张课桌上放一个一次性杯子，每个会场放置开水或纯净水。

(3)现场工作。由于到会家长较多，很多家长可能是第一次到校，秩序会比较乱，这时家长志愿者的工作几乎体现在每个环节。

●引导员：当家长来时，把他领到相应的座位，如果是大型会议厅，让家长从前往后、从中间往两边座。如果是教室，一般领到其孩子的座位（提前贴好字条）。

●茶水员：家长坐下后，一杯茶水立刻到位。

学校表示，这一小小的举措收到了意想不到的效果，因为家长从大老远的家里赶来学校，喝上了开水，夏天止了渴、冬天暖了手，更从中获得不少的欣慰，既融洽了家校关系，也为家长会的召开创设了一种良好的氛围。

●签到员：拿签到表要求家长在相应的位置签到，并填写好相关栏目，写好反馈意见或建议。

●资料员：把家长会的有关资料发放到家长手里，使家长开会前可通过资料，了解孩子在学校的情况，以及学校、班级、老师的有关情况。如果有问卷调查、意见调查的话，还要解释家长填写问卷过程中的疑问，会后负责回收问卷，交给班主任老师。

●主持人或发言人：主持人可由班主任、学生或家长等任何人担当或联合主持；家长会上通常会安排家长代表、优秀家长发言，因此发言人也可看作是家长志愿者，代表家长向学校提出意见建议、分享育儿经验等。

(4)会后完善。当家长会结束时，家长志愿者的工作并没有结束，还要负责会后的完善工作，主要包括：

●资料整理。收集家长填写的问卷、意见调查表或口头意见，汇总后交给班主任。

●秩序维护。提醒家长不要拥挤，注意秩序，如果有老年人或行动不便者还应该护送出校。

●会场整理。包括打扫垃圾，桌椅归位，擦黑板，取下欢迎条幅等，总之是要让会场回到开家长会前的初始状态，以便不干扰以后的会议或学生学习。

2. **家庭教育交流**

学校组织或家长自发，交流与分享家庭文化、家庭观念、培养孩子的经验和家庭教育知识等，通常有优秀家长发言、家长提问、相互交流等环节。家长志愿者作为家长中的积极分子，可以作为组织者、发言人、主持人或普通观众（请记住，就算是观众也是家长志愿者）等参与活动的全过程。

为了促进家庭教育的开展，某小学举办了优秀家长经验交流会。本次活动的主讲人是一年级的7位优秀家长代表，他们讲述的“家庭教育经验”平淡却真实，亲切而感人，为全体家长奉上了一场精彩的讲座。

“在孩子刚刚踏进学校的那一刻起，我就跟孩子很好地谈了一次，问孩子将来想要干什么工作，确切地说，孩子的目标现在还不太明确，一会说医生，一会说老师，一会说空姐，我笑了……”某家长在发言中如是说道。

在交流会上，家长代表们重点分享了自己的家庭教育方式。一(1)班的小宇妈妈，向家长们交流了自己如何从孩子的个人兴趣爱好上着手，引导培养孩子的各类学习习惯；小金的妈妈介绍了她如何通过与孩子良好沟通，做到与孩子之间互相信任；一(3)班的小程妈妈结合具体的事例，分享了帮助孩子制定近远期目标、因材施教激发孩子学习兴趣、给孩子创造一个好的学习环境以提高孩子的综合素质等教养方式。其他家长代表的发言也是各具特色，精彩纷呈。

本次活动加强了家长之间的互相了解，通过相互学习的过程，分享了家庭教育中的先进做法。这个交流经验的平台获得了家长们的一致好评。

3.家长读书会

孩子读书，家长更要读书。家长读书会通常由家长们自发组织，给喜欢读书，喜欢讨论，喜欢分享的爸爸妈妈们提供的读书交流平台，可实地（如学校设立的家长学校、家长家里）或网络中进行，同样的，家长志愿者可在这个活动的每个环节发挥作用。

6个渴望探索如何把自己的爱正确地传递给孩子的妈妈聚集到了一起。一个俱乐部就这样诞生了。我们尝试着以家长午间读书会的形式，以每周一次，一次15人的方式，持续几个月的时间，共同与45名父母亲一起逐章学习了一本美国育儿畅销书“How to Talk so Kids will Listen, How to Listen so Kids will Talk”——《如何说孩子才会听，怎么听孩子才肯说》。

父母们感觉受益匪浅，不只是因为书中的道理，更是因为互相的交流和切磋，不仅在探讨中对自己当时面临的问题获得了解决方法，而且还获取了其他父母的经验和教训。How to的发音类似于浩途，“How to”代表我们在探索方法，爱不需要理由，但是爱是需要方法的。星星之火可以燎原。如今，我们希望更多的家长从中受益，同时希望已经获益的父母可以担当志愿者，去影响更多的家长。

摘自《搜狐网》　2007年09月30日

围绕子女学习，学校教育等主题，家长们还可以参与很多活动，举例如下：

●参加家长志愿者培训及指导，成为一位充实能干的家长志愿者；

●帮助学校成立家长志愿者中心，并使用其资源；

●组织或协助制《家长志愿者工作指南》，并参与评价；

●参与家长志愿者组织及活动规划，认识及感谢家长志愿者；

●认识子女的朋友及家长；

●印制和分发《优秀家长经验手册》；

●帮助或参与制定《学校通讯录》、《家长志愿者通讯录》等实用手册，并分发给家长；

●为家长志愿者提供托儿或交通服务。

家长志愿者在这些活动中可以扮演组织者、协助者、参与者等角色，并在活动过程中，收获志愿服务技巧，更重要的是，提升子女养育、辅导学习的能力。

### 6.4.4 参与志愿服务：学生活动类

学生的学习、课程等活动通常在学校进行，并由学校主导，但如果有家长志愿者的参与，就能极大地丰富活动内容，为活动提供资源，提高学生学习的成绩。家长志愿者在参与过程中，也会有与老师交流，更深入了解自己孩子，增加孩子学习自信，提升家长技能等收获。下面，我们以家长助教为例，介绍家长志愿者在学生课程类活动中如何参与志愿服务，并简要介绍志愿者可以参与的其他活动。

**1. 家长助教**

家长助教，就是家长凭借自己的专业知识、工作行业、兴趣爱好等，走进课堂做老师或老师助手，给学生上课或参与教育活动，协助教师完成教学任务，简单来说，就是进课堂给学生上课，或协助老师（其他家长）给学生上课。家长中不乏各种类型的专业人才，来自不同的行业、有着不同的工作，家长的职业、阅历、特长，对于求知欲极强的孩子们来说，能够满足他们对专业知识的渴求。家长本身就是一笔丰富的教育资源，家长不应吝惜这种资源，而应充分投入到学生的学习活动中去，传授给学生最新的、鲜活而前沿的知识，弥补学校教育存在的局限。家长志愿者参与家长助教活动，可作为主讲教师、老师助手、程序维护者或观众，除主讲教师外，其他参与方法或环节与前面所述的家长会类似，下面主要介绍家长作主讲教师的方法。

(1)选择课程和主题。小学阶段的科目主要有语文、数学、英语（个别学校）、品德与社会，附属科目主要有科学、体育、艺术（音乐和美术）、健康、安全与法制等。由此可见，大部分家长都能结合自己的专业知识、行业经验、兴趣爱好等，参与到小学生的课程活动中去，给他们上课。通常来说，个人熟悉的知识加上充分的准备，就能为小学生上好一节课，其他家长即便不上讲台上课，也能作为秩序维护（如5个小学生一组，每组一个家长）、观众等，参与到活动中去。

以新余某小学一年级为例，学校开展“爸爸妈妈进课堂”活动，每周邀请一位家长走上讲台，做家长助教，为学生开设活动课程，当前已是开展到第11期，主要内容如下：

活动第一期是小浩的爸爸带来的《阅读伴我们成长》，他准备充分，讲座时深入浅出，可操作性强，不仅告诉孩子们读书的好处，更教给孩子们阅读的方法，又推荐了许多好书，使人受益匪浅。这真是一个好的开端。

活动第二期是小宸的妈妈带来的《宝贝，我想对你说》，她既是孩子们的妈妈，又是孩子们的朋友，课前就到学校与孩子们交流，她用热情感染着每一个孩子，从妈妈的立场和视角为孩子们讲亲情、感恩、分享以及安全防护，很受孩子们的欢迎。

活动第三期是小怡的爸爸带来的《体育锻炼对中小学生身心健康的影响》，他专业知识丰富，全面系统地向孩子们讲述运动的好处以及对成长中的孩子们生理和心理的影响，讲座中重视和孩子们的互动，并耐心解答。

活动第四期是小正的妈妈带来的《成功属于你我》，成功青睐那些有准备的人。她热爱生活，一首《真心英雄》唱醉了全班同学，她用一个个贴近学生生活的小故事来诠释成功的意义，使孩子们都扬起了驶向成功彼岸的风帆。

活动第五期是小远的爸爸带来的《可爱的新余》，他就是一本《地方志》，把新余地区的历史文化，人物事件，传说故事一一回放，科学严谨的讲座，生动有趣的故事，让孩子们深深地记住并爱上了这片生养我们的土地。

活动第六期是小嫣的妈妈带来的《感受爱 回报爱》，她感情细腻，用一个个感人的小故事来叩开孩子们的心灵，深情地诠释了爱的含义，教孩子们用心地感受爱，力所能及的回报爱，在孩子们的心中播下了爱的种子。

活动第七期是小思的爸爸带来的《养成好习惯，增强记忆力》，他温文尔雅，含蓄幽默，他的讲座贴近学生生活，对孩子们以后的学习生涯起到了指导性作用，他又是一位热心的家长，我们的每次活动都能看到他熟悉的身影。

活动第八期是小鸣的妈妈带来的《无损检测技术与日常生活的密切联系》，她的讲座为孩子们开启了一扇探求科学知识的大门，原以为孩子们不一定能听得懂这样的专业技术知识，没想到孩子们不仅听得专心，而且记得认真，都被这神奇的科学技术所吸引，这也正是她精心准备的结果。

活动第九期是小琦的妈妈带来的《习惯决定生活》，她是一位细心的妈妈，了解孩子们的特征，她的讲座从细微处入手，用一个个典型的事例向孩子们播下养成良好习惯的种子。感谢她的辛勤付出，她就是张梦琦的妈妈。

活动第十期是小月的爸爸带来的《国防军事建设与核武器》，他是个热血男儿，他的讲座令孩子们激动不已。从军队的诞生到核武器的研制及威力，他以军人的睿智和淡定征服着孩子们的心。

活动第十一期是小钰的妈妈带来的《昆虫的奥秘》，她热爱自然，她为孩子们展示了一个精彩的世界，一张张精美的图片和准备的注解，让人在叹服大自然神奇的同时，不觉想问：她是昆虫学家吗？

(2)备课。请注意，家长助教不是专业教师，可以不用掌握各种教学方法、技巧等专业知识，但是为了将课上得生动而有效率，家长助教应当积极备课，必要的话还应在小孩面前模拟演练几次。

就备课来说，基本准备包括授课内容、讲课目的和要求、重点和难点、方法和手段，以及过程组织等。

●教学目的：使学生通过这一课的学习，应该掌握、熟悉、理解、了解、背诵的内容，预期达到的效果。

●教学内容：是指通过对教学主题和参考资料的研析，确定课堂教学知识信息的总和及其重点、难点。

●教学方法：把知识传授给学生的手段，如讲授法、讨论法、演示法、自学辅导法、练习法（习题或操作课）、案例法等等。既可以采用单一的教学方法，也可以是几种教学方法的综合运用。

●教学进程：即对课堂每一环节进行设计，制定出具体时间，如日常生活场景导入、设立问题、讲授知识、重点难点讲解、总结归纳等。

●教具和多媒体使用：包括实物、标本、挂图、模型、多媒体、PPT 投影、影音视频等。

**家长助教之交通安全备课**

**【教学目标】**

1. 通过学生的自我实践，让他们知道一些常见的交通信号、交通标志和交通标线的作用。

2. 让学生熟知自己要遵守的有关交通法规。

3. 教育学生要从小服从交警的指挥，注意交通安全。

**【教学重点】**

1. 通过学生的自我实践，让他们知道一些常见的交通信号、交通标志和交通标线的作用。

2. 让学生熟知自己要遵守的有关交通法规。

**【教学难点】**

教育学生要从小服从交警的指挥，注意交通安全。

**【活动过程】**

**一、活动分组**

将学生分为若干小组，每组 3 到 10 人，每组组长可由学生或家长志愿者担任。

**二、导入课题，明确活动内容**

1. 同学们，我们常常看到这样一句话：高高兴兴出门去，平平安安回家来。那么，你是怎样理解这句话的呢？

2. 学生根据自己的理解各抒己见。

3. 小结：是啊！这说的是我们每一个人出门时，时刻不能忘了要遵守交通规则，注意交通安全。这样，我们的生活才能平安、愉快。

**三、交流，介绍搜集到的交通标志**

1. 出门在外，为了保障人身安全，保证道路的畅通，我们除了要服从交警的指挥，还要遵从永不下岗的“交通警”的规定。

2. 同学们，永不下岗的“交通警”指什么？（各种交通信号、交通标志和交通标线。）

3. 十字路口的红绿灯就是交通信号，它指示车辆什么时候可以通行，可以转弯；什么时候不可以通行，不可以转弯。

4. 除了交通信号，还有100多种交通标志和交通标线。你们搜集到哪些交通标志，交通标线呢？展示出来给大家看看，介绍一下它的意思。并说说它是属于警告标志，禁令标志，指示标志，还是指路标志？

5. 同学们，你们在小队活动观察时，发现哪些地方有怎样的交通信号、标志、标线呢？在这些地方，为什么要用这些信号规定人们怎样做呢？不按这样的规定做会产生怎样的不良后果？

6. 学生交流。

例：

①在各个十字路口，有红绿灯信号。

②在各个学校门口，有禁止鸣笛的标志和减速标志。

③在从梅园去马山的路上，有前方连续转弯的标志，提醒司机引起注意。

④在繁华的商业街上，比如中山路，人民路上，有多条人行横道线。

⑤在各个大商场、影院等的门口，会有停车标志。

7. 如果人们不按这样的规定做，会产生怎样的不良后果呢？小组交流汇报。

**四、讨论，小学生该遵守的交通规则**

1. 交通安全是人人要注意的。我们小学生年龄小，如果上街不遵守交通规则，遇到了紧急情况更会不知所措，所以，为了自身的安全，我们要切记安全第一，规则第一。

2. 那么，你想到了，或向交警叔叔请教到了，我们小学生要遵守哪些交通规则呢？

3. 学生讨论，交流，后小结。

4. 我们小学生主要要遵守以下交通规则：

①不闯红灯。

②不在马路上奔跑，打闹。

③走路要走人行道，过马路要走人行横道线。

④不满 12 周岁的儿童不骑自行车上街。

⑤乘坐摩托车要戴好安全帽。

1. 很多同学都编了遵守交通规则的儿歌，来朗诵给同学们听听，好吗？

2. 学生朗读自己编的儿歌。家长助教相机板书一首典型儿歌。

3. 小结：同学们都非常有水平，编的儿歌文通句顺，朗朗上口。这些交通规则，一定也牢记心中了。

**五、服从交警的指挥，尊重交警的劳动**

不管是在刺骨的寒风中，还是在炎炎的烈日下，交警叔叔都坚守岗位维持交通秩序，保障道路畅通、车辆和行人的安全。他们的工作是多么辛苦啊。所以，我们一定要尊重他们的辛勤劳动，服从交警的指挥。除此之外，我们还可以做些什么，来表达我们对交警叔叔的尊敬呢？

1. 学生讨论，交流。

2. 引导

①假日，星期天做小小交通协管员，帮助交警叔叔维持交通。

②慰问交警叔叔，如夏天给他们送水等。

③宣传交通知识，让人们都来遵守交通规则。

④学习交警叔叔不怕困难的精神，刻苦学习，长大也为社会作贡献。

**六、活动延续**

为了巩固我们今天的活动成果，请同学们在课后自由组合，发挥各自的特长，以今天课上获取的知识为主要内容，出一张安全小报。

今天的课，同学们交流了很多交通安全方面的知识。说明大家在课外都善于观察，勤于动脑，勇于实践，所以掌握到了许多书面上没有的知识。这些知识对我们的生活实践是非常有帮助的。今后，我们还要坚持这样做，让我们的生活更轻松，更愉快。

(3)讲课。如果家长助教所讲的主题是自己熟悉的知识，并且有精心准备，那么完成一堂令学生们欢呼的课不是难事。对第一次走上讲台的家长来说，要了解小学生的身心特征，注意力容易分散、课堂不守纪律等，为激发他们的兴趣，你可能需要：

●放慢讲话速度，讲课内容不要过多、过深、过于系统；

●教学进程分段，每段最好在 10 分钟以下；

●讲笑话，讲故事，用身边的事与课堂内容相结合，来吸引他们的注意力；

●多种教学方法并用，如前所述的讲授、讨论、演示、自学、练习、案例等方法，调动他们思考的积极性；

●提前告知会有小测验，或会奖励特别认真的 5 个学生；

●如果课堂纪律失去控制（如学生的声音盖过了你的声音），或有的学生过于调皮，可用注视、沉默、提问、奖励等方法来获取课堂的主动权；

(4)课后自我总结分析。对课程教学中知识的科学性和完整性评价，某个教学环节的设计，教学重、难点的把握，教学方法的应用，师生双边活动的设计，教学效果等课堂教学过程情况进行总结与分析，为以后的教学提供经验和素材，如有必要，可写成文字，与其他家长助教交流。

在快乐的氛围中，三十五分钟的快乐教学很快就结束了。通过这次上课，我感觉到，孩子们不在乎谁来了，谁讲什么，他们在乎的是你来了，来和他们一起上课、交流、谈笑，他们就满足了；而我最后也被他们感染了，不再紧张，不再在乎自己讲得好不好，不在乎一定要让他们学会什么，只要他们真正的参与进来，只要他们快乐，这就行了，我们家长进课堂的目的也就达到了；孩子们太需要我们的爱了，请家长们积极地参与进来，与孩子们一起欢笑，一起感受他们在学校的种种，这样我们才能了解他们，并与我们可爱的孩子们一起感同身受，幸福同享。

**2.参与学校的各类比赛、演出活动**

在小学阶段，学校会举办各类繁多的活动，来培养学生的综合素质，促进他们成长。这些活动通常需要人手来组织和参与，家长志愿者无论是否有专业特长，只要有时间、有意愿，都可以非常容易参加到这些活动中，并得到家长、子女、学校和老师等多方面的收获。

●学校活动：校园开放日、亲子出游、运动会、艺术节、科技节、英语角、开学/毕业典礼、节庆活动、升旗仪式、入团入队仪式、竞赛等；

●贡献才艺：球类、棋类、英语、游泳、户外运动、园艺、民乐、管乐、舞蹈、戏剧、书法、绘画等专业或爱好；

●参与方式：当发言人、主持人、评委、裁判、表演者、参赛者、制作道具、后勤支持、宣传员、提供设备\场地等资源，甚至是作观众；

●花费时间：活动前期筹备、活动过程中或活动善后；

●活动收获：对子女更深入的了解，增进亲情；与学校相互认同并相互支持；与老师的深入交流和相互了解。

**一年级小涵家长（提供户外活动场所）**：下午1:20分左右，全班50位同学全部集合完毕。很多热心的家长纷纷表示愿意护送孩子们安全到达发电厂。经过权衡，最终决定由提前报名的5位家长志愿者护送。几位家长牺牲休息时间，不顾劳累，这种奉献精神实在是令人敬佩。在参观的过程中，几位家长分组保护孩子的安全，有的在会议室照顾等待参观的孩子，有的带领孩子们跟随热电厂工作人员参观，还有的跟踪拍照，为孩子们留下了美好的记忆。此次实践活动之所以顺利实施，小涵爸爸功不可没。他积极向厂领导请示参观事宜，领导欣然同意后，他做了大量的工作：积极申请换了新的投影仪，制作了精美的幻灯片，与厂里诸多部门沟通，取得其他部门的支持，为孩子们准备了崭新的安全帽，协调厂里安排五位工作人员全程陪同参观。小涵爸爸还在厂里的会议室给孩子们上了一堂别开生面的安全教育课，从厂里基本情况的介绍到用电常识等，讲解生动，与孩子们互动效果好。他还带了两批孩子进行全程参观，细致耐心地为孩子们讲解。再此，代表全班孩子们及家长向您道一声："谢谢！您辛苦了！"

**二年级琪琪家长（当参赛者）**：亲子运动会开始了，"老爸，加油！"望着女儿期盼的双眼，我暗暗给自己鼓劲，一定要赢得比赛。但事与愿违，望着背对我的女儿，我轻轻喊了声"琪琪"，当满脸失望嘟着小嘴的女儿转身看见我满脸的汗水、气喘吁吁、颤抖的双手时，立刻拿来一瓶水，满脸笑容说："老爸，累了吧？您尽力了，没关系，您休息一下"。边说边给我双手按摩起来，那一刻，我感到与孩子的心贴着那么近，孩子长大了、懂事了。

**一年级小邓家长（当观众）**：这次是我第一次观赏班级和学校的艺术表演，我深深感受到学校的学习气氛，学校、老师和同学的工作配合。在班级才艺秀中，我欣赏的是合唱表演，他们的表演非常有气势，我想老师和同学一定花了很多时间和精力努力训练，才有这么大的成果。希望学校多举办这种艺术活动。

**二年级小成家长（当评委）**：开幕式上举行的各年级广播操比赛也是其中的

一项。这套广播操是本学期新教授的，老师们都反映这套操节奏快、节拍多、动作难度大，可学生们的优秀表现出乎大家的意料。就连邀请的家长评委们也都啧啧称赞！不管是一年级的小弟弟小妹妹，还是高年级的大哥哥大姐姐，本着友谊第一、比赛第二的宗旨，大家极尽所能，团结协作，整齐划一地将每个动作展现出来。好几次都难倒家长评委，究竟该如何打分呢？“只能从细微的地方评判了，每个队伍都不错”，二1中队丁秋沅同学的家长丁锋说道。是啊！虽然只是一次广播操比赛，但也从侧面向大家展现了学生们平时努力学习、不怕困难、积极向上的精神风貌。家长们都说这是一次难得的成果分享会，非常高兴看到孩子们的优秀表现，也让他们更加坚信，孩子们一定能在实小校园中健康快乐地成长！

**三年级小五家长(当表演者、制作服装等)**：我们很开心地参与并分享了孩子们的快乐生活，在这里表现我们的爱好并尽情释放了工作和生活中的压力，让久未活动的筋骨好好地伸展开来，并亲眼见证了宝贝的进步。能够经常参与到学校组织的丰富多彩的活动，我们内心充满感激。正是这些精心安排的活动让我们亲历孩子的成长，倾听孩子的欢笑，并且快乐地重温美好的童年。

**3. 爱心妈妈爱心爸爸讲故事**

从小培养孩子的阅读兴趣、阅读习惯、表达能力是一件非常重要的事，而培养阅读兴趣和学习习惯的一个好办法，就是家长志愿者进入学校，作为爱心妈妈或爱心爸爸，在阅读课上、在课余、在学校图书馆，给孩子们讲故事。与单独给自己的孩子讲故事不同，面向一群孩子讲故事，孩子们更容易进入场景、积极思考和讨论，效果也就更好。

**家长进课堂讲故事有感**

我是一(6)班小罗的妈妈。11月9日下午，我有幸走进了我们一(6)班的教室，参加家长进课堂讲故事活动。在贺老师的带领下我来到一(6)班教室，我走进教室，看到一(6)班的同学坐得端端正正的，一双双渴求知识的目光正看着我，我心里非常的激动。啊！真是一个纪律很好的班级，这都是我们班主任贺老师的功劳，孩子能在这样的班级里学习我们真的感到非常的荣幸。我迫不及待的想把我准备好的故事讲给孩子们听。我讲的故事是《城里最漂亮的巨人》。开始讲故事了，孩子们听得津津有味，故事中我还穿插了一些问题，孩子们都能迅速地说出答案。让我特别吃惊的是当我问道："同学们，你们知道沼泽地的意思是什么吗？"我心里面在想：这么难理解的词语一年级小朋友肯定不知道了，那我就告诉他们吧！谁知我刚把问题说出来就看到十几个小朋友把手举起来了，我随便叫了两位同学来回答，他们都把这个词语解释得很到位。故事讲完了，小朋友听得很入迷，而且还明白了要像巨人一样做一个善良的人。小朋友喜欢听我讲的故事，我心理也感到特别高兴。

通过家长进课堂讲故事，我感触颇深。第一就是我们的老师非常的辛苦，我只讲了十几分钟就感觉到嗓子有些干了，而我们敬爱的老师却天天在讲，并且是五十多个孩子啊，老师得一个个地说，一个个地教，一个问题一个问题地解答，一天下来不知要说多少话，尤其面对的是还一年级不太懂事的小学生，在此我也代表全体家长向敬爱的老师致以崇高的敬意！第二个感触就是孩子们非常天真可爱、聪明热情，如水般的纯洁无瑕，是早上初升的太阳，与孩子们在一起我像进了世外桃源，没有任何压力，没有任何人情世故的困扰。相信他们会健康地成长，努力地学习，会成为祖国的栋梁！

**给孩子们讲故事的技巧**

●让讲故事的过程变得有趣。在讲故事的过程中，不要作为例行公务，语气枯燥、干巴巴地念，也不必拘泥于文字的限制，可以用孩子听得懂的语言和方式，让孩子明白。因为孩子虽然在听故事，他同时也在学习，如果能够同时调动他的各种学习器官，如眼睛、耳朵、鼻子、双手、大脑等，就会很好地吸引孩子的注意力。

●不要立即进入故事情节。为了让孩子感兴趣、使他熟悉故事，可以先指着故事书上的各种小动物、物体、色彩，让孩子寻找和辨认，等到孩子建立了兴趣以后就可以讲故事了。

●让孩子参与到讲故事的过程中。可以由孩子自己选择想听的故事。孩子们喜欢听讲过的故事，也可以在讲故事的过程中设计各种问题，鼓励孩子回答和参与，甚至发挥孩子的创造力来改写故事，比如问孩子：这个故事叫什么名字呢？后来怎么样了，你知道吗？大灰狼在奶奶的屋子里干什么呢？你要是小红帽，会怎么办呢？

●故事要短。因为孩子的注意力需要训练和培养，所以最好先选一些短的故事，这样孩子就比较容易坚持。

台湾有很多“故事妈妈”，他们常利用业余时间到学校、社区去给孩子们讲故事。如今，厦门也有了第一批“故事妈妈”。近日，厦门市少儿图书馆为 14 名“故事妈妈”授牌，今后，他们将戴着胸牌、徽标和围裙等“故事妈妈”的标志走入社区当起文化志愿者，以带动孩子早期阅读、快乐阅读。

市少儿图书馆“故事妈妈”俱乐部成立于去年 10 月，目前有 14 名成员，他们有的是全职家庭主妇，有的是公司老总或者大学教授，还有年纪较大的奶奶。这些“故事妈妈”每个周末都到市少年图书馆参加学习实践和专业培训，并在老师指导下学习讲故事、做手工等活动的组织技巧。

——摘自“海峡教育网”

围绕孩子的课程，学校活动等主题，家长们还可以参与很多活动，举例如下：

●参加学校成立的家校合作专业工作组，参与包括以改善学习习惯、提升学校成绩等为主题的活动；

●捐助成立图书室，并定期到校整理图书；

●亲子沟通会，家长与孩子集体在会上说想对孩子说的话；

●出席以培养孩子为主题的讲座或讨论会；

●协助学校的课前及放学后照看项目，或提供服务。

家长志愿者在这些活动中可以扮演组织者、协助者、参与者等角色，并在活动过程中，收获志愿服务技巧，更重要的是，提升子女养育、学习辅导的能力。

### 6.4.5 其他志愿服务

除与家长、学生直接相关的活动，家长志愿者可以参与外，学校运转的其他环节，家长志愿者也有很多参与机会。这些参与可能不与学生成长直接相关，但家长的参与如能促进学校改善，最终也将促进孩子成长，这也是家长参与志愿服务的根本目的。在此再次提醒家长，无论是否学校主动邀请，家长志愿者们都应积极参与其中，学校是从根本上欢迎家长志愿者参与的，而且为了子女的健康成长，也应该积极参与。

#### 1. 校内外安全协管

就在全社会都在关注校园安全的当下，家长们也应该贡献自己的力量，协助维护校园安全，为孩子学习创建一个安全的环境。

**家长志愿者“上岗”护学**

一到上下学时段，铅山县永平小学门口接送孩子的车辆就出现拥堵，对学生安全造成了威胁。如何破解校门口“定时拥堵”难题？针对这种现象，学校联合家长委员会，成立了“维护上下学秩序专业工作组”，招募了家长志愿者，并联合交警部门，在上下学时，划出车辆禁行区域，护送学生过马路，疏导接送孩子的车辆。通过这样的措施，确保通过此路段学生的交通安全，还缓解了校门口交通拥堵状况。家长志愿者们还协助学校门卫和学校值班教师管理好学校大门外秩序，随时关注周边环境秩序，防止可疑人员进入校园。

#### 2. 为学校提供专业服务

很多家长在教育经历、工作行业等方面，都掌握了专业技能，这些专业技能可能在外行认为无法学到，家长自己却能得心应手。学校教师的专业是教育学生，但可能在其他方面并不擅长，如电脑维护、器材维修等，家长便可贡献自己的专业才华，主动提出，去帮助学校完成这些工作。

●教育教学：参与学校的课程规划，向学校提出教育教学等方面的专业指导和建议；

●电脑维护：为学校修理电脑，重装系统，查杀病毒等；

●设备维护：调试、检修音响设备等；

●摄影摄像：在学校的体育比赛、家长会等活动中担任摄影师；

●书法美术：帮助学校装饰校园壁画、板报，设计宣传海报、宣传册等；

●建筑施工：协助学校完成修复围墙、操场、粉刷墙壁等小型工程；

●校园绿化：协助学校规划绿化带，铺设草坪，修剪树枝等工作；

●裁剪缝纫：为学校的演出活动制作服装等。

“三百六十行，行行出状元”，每个家长所在的行业，都能根据自己所长，为学校出力，促进活动顺利完成，更重要的是，它能为子女成长创设更和谐的成长环境。

3. **在任何时间、任何地点支持学校**

家长在任何时间、任何地点以任何方式支持学校教育、教师工作和子女成长的任何行为，都可被称为家长志愿者。即便家长没有特长、没有时间为学校提供志愿服务，也可在一切必要的场合，作出支持学校的行为，这也是家长志愿者的一种形式。这种形式最具代表性的就是在任何场合制止有损学校的谣言，维护学校的声誉，反映学校的正面形象。家长在任何时间、任何地点做出支持学校的行为，不但可以在当事人面前直接维护学校的正面形象，而且，“事物都是相互联系的”，这种有益行为最终会影响到你的孩子。试想一下，如果有人正传播“语文老师不会教书（事实并非如此）”的谣言，家长不出面制止，这个谣言最终传到孩子的耳朵里，他可能会认为“语文老师不会教书”是事实，从今往后不再听语文老师的课，最后受害的还是自己的孩子。所以，说学校的好话，与学校的保持一致的态度非常重要，这不但是学校形象问题，更关系到我们自己孩子的成长。家长在任何时间、任何地点支持学校的行为包括：

●不当孩子的面说学校、老师的坏话，如果有意见，通过正常渠道反映；

●在任何场合制止有损学校的谣言，维护学校的声誉，反映学校的正面形象；

●对误解学校的家长，进行正面回应与解释；

●与老师、其他家长合作，共同改善学校形象与风气。

总之，每位家长，在任何时间，任何地点做出支持学校的行为，都可被认为是家长志愿者。家长们的志愿服务，可促进学校、老师、家长本人，特别是学生等多个主体的改善，所以，我们倡议：人人都来做家长志愿者，人人都可以做家长志愿者。

# 第七章　参与决策

好的环境激发孩子的潜能，不良的环境弱化孩子的潜能。孩子读小学后，学习的大部分时间是在学校，学校环境对孩子的身心发展所打上的烙印，在孩子成长过程中所起的重要作用，终生难以磨灭。家长都希望自己孩子在学校里健康成长，希望上学路上交通井然有序，希望学校环境安全卫生，希望课程、教材、教法都适合自己的孩子，希望老师都寓教于乐，甚至是对自己孩子多关照一些……如何达到我们的期望呢，最好的方法，就是家长参与到学校的决策中去，发挥家长参与教育事务的知情权、监督权和参与权，代表家长利益、发表家长建议，影响并促进学校完善。

家长们常说，家庭与学校的距离，只有一堵墙的距离，这堵墙就是学校的围墙。除了参加家长会、家长开放日等活动，家长很少进到学校里面，就是送孩子上学，也只到校门口为止。学校教育对我们的孩子究竟发生了怎样的作用，我们不知道。孩子进了学校，他怎么就会加减乘除了呢？怎么就会写作文了呢？

怎么就会英语了呢？凡此种种的许多事情，我们都不知道。教育在我们面前就像个“暗箱”。但如果家长积极地参与学校事务，关注学校的动态，那么我们就能知道这个“暗箱”的运作原理了，也就能跟上孩子学习和学校教学的节奏了，有了家长的参与，孩子的学习就会更好，也就是说，家长参与学校决策，能够改进学校教学，改善子女的学习环境和条件。

## 本章要点

本章主要介绍家长参与类型的“参与决策”，所谓参与决策，是指家长发挥对学校工作的知情权、参与权和监督权，通过家长委员会、家长代表、意见反馈、座谈、列席会议等方式，参与到学校决策过程中，代表家长利益、发表家长声音，影响并完善学校决策。对子女的教育从来都不只是学校的事，促进孩子健康成长是家长和学校的共同目标，家长参与学校决策就是实现这一目标的主要方式，无论家长还是学校，都有让家长参与学校事务的内存需求，而从法理上看，家长作为孩子的监护人，作为教育税费的纳税人，有参与学校决策权利和义务。在欧美等发达国家和地区，素来有家长参与学校决策的传统，许多国家出台了专门的立法，规定家长参与决策的权利和义务，且有意识、有目的、有步骤、有保证地纳入教育发展计划。在我国，长期以来，在关于教育问题的讨论和博弈中，广大学生和家长成为“沉默的大多数”。家长对学校事务的参与也多是提意见和建议，而与学校核心业务相关的事务参与很低；加入家长组织的比例很低，真正有过参与学校决策的家长就更少了。

学校是一个制度化的教育机构，在组织上有专门分工，而组织成员也多受过专业训练，所以家长参与学校决策需要指导。对家长来说，参与学校决策，首先要端正态度，将消极的“抱怨”转化为建设性的建议；掌握正确的提建议的方法也很重要，它在很大程度上决定了我们的建议是否能被学校采纳；第三就是家长们要知道在哪些部门参与决策或反馈建议，以及可能的渠道等，这些都在本章第四节作了介绍。作为家长参与学校决策的专门机构，本章也介绍学校的家长委员会、联合行动委员会、专业工作组等家长组织的构架、运作方式、职能等，对有领导才能的家长来说，这部分的内容是组织与运营家长组织的操作说明，而对普通家长来说，有必要了解学校的家长组织，因为这是家长们参与决策的依托。

本章将：

●介绍什么是家长参与决策；

●解释家长为什么要参与决策；

●分析家长参与学校决策的现状如何，有何改进之处；

●指导家长如何参与学校决策。

## 7.1 什么是家长参与决策

家长参与六种类型之参与决策，是家长发挥对学校工作的知情权、参与权和监督权，通过家长委员会、家长代表、意见反馈、座谈、列席会议等方式，参与到学校决策过程中，代表家长利益、发表家长声音，影响并完善学校决策。[1]

对子女的教育从来都不只是学校的事，促进孩子健康成长是家长和学校的共同目标。家长是学校教育的利益相关者，学校的任何决策，如作息时间、课程内容、考试评价、校园活动、收费等，不但影响学校和在校学生，也会对家长造成影响。事实上，家长最了解其孩子所处的环境，也最了解孩子的个性特点。家长参与决策学校事务，早在上个世纪80年代的规范性文件中就有分散的规定，至2012年教育部《关于建立中小学幼儿园家长委员会的指导意见》中更直接规定了家长委员会“参与学校管理。对学校工作计划和重要决策，特别是事关学生和家长切身利益的事项提出意见和建议”。因此，让家长参与到学校的决策到去，可在真正意义上融合学校和家庭的共同力量，营造民主、公平、合作、和谐的育人环境。[2]

在家校参与的六种类型中，当好家长、相互交流和在家学习的主要发生地是家里，志愿服务是家长作为志愿者促进学校活动更好地开展，角色是协助者，而参与决策则是家长进入学校的核心，从更高层面发挥家庭与学校的合力，促进子女在教育中获得成功，角色是决策人。家长参与学校决策不局限于学习或品德问题，也不局限于对自己的孩子的关注，它从学校管理的角度，关注学校核心内容，包括了解学校基本情况、协助学校处理公共关系、志愿参加学校具体管理活动、列席学校会议等，相对于被动卷入式的家长参与教育，家长参与管理强调的是一种主动的介入。

---

1　吴重涵，王梅雾，张俊．家校合作：理论、经验与行动[M]．南昌：江西教育出版社，2013.

2　吴重涵，王梅雾，张俊．国际视野与本土行动：家校合作的经验和行动指南[M]．南昌：江西教育出版社，2012.

“江西省家校合作跟踪研究”和美国爱普斯坦教授的实践和研究都表明，家长对决策的有效参与，可带来学生、家长、教师等多方面的效果，对学生来说，包括意识到在学校决策中，自己家庭的代表性；认识到自己作为学生的权利义务；感受到自己作为学校成员对学校建设与发展的责任。对家长来说，主要包括对影响子女教育的政策提出意见和建议；对学校有归属感，不再说“你们学校”，而说“我们学校”；在学校决策中发出家长的声音，让学校考虑家长利益；与其他家庭分享经验；通晓学校和政府的教育政策。对学校和教师来说，家长对决策的参与，可改善学校管理，推进现代学校制度建设；在决策中考虑家长观点；在委员会和领导中给家长代表与教师具有平等的地位。[3]

## 7.2 家长为什么要参与学校决策

### 7.2.1 家长有参与决策的权利与义务

父母给予子女生命，将其带到这个世界，抚养、教育子女是父母的天然职责，有不可推卸的教育责任和义务。家长是未成年子女的法定监护人，对保护子女人身、财产和其他一切合法权益，负有监督和保护的责任。学生是学校最大的利益群体，由于中小学生尚未成年，其独立思考的能力和意识还相当有限，按法律规定由监护人保障其权利。因此，学生对学校决策的发言权和参与权应当由其监护人和发言人——家长代为行使。

家长不仅是其子女教育的出资人，也是学校建立和运行的出资人，这种出资包括教育税费、学费、杂费等。所以，学校运转关乎每一位家长的切身利益和投资效益，家长具有参与学校决策的权力要求。家长参与学校决策得到各国法律法规的确认和保护。许多国家在宪法和专门的教育法律、法规及相应文件中对家长参与学校决策的权利都做了明确而具体的规定。如美国法律明确规定，家长代表既可以参加学校一级的管理，也可以参加州一级教育行政委员会。在

3　爱普斯坦 乔伊丝 L. 学校、家庭和社区合作伙伴：行动手册[Z]. 吴重涵，薛惠娟. 南昌：江西教育出版社，2013.

我国，教育部发布的《关于加强依法治校工作的若干意见》指出，推进民主建设，完善民主监督。其中提到：中小学要积极推动社区参与学校管理与监督，推进家长委员会的建立，明确家长委员会的职责，学校决策涉及学生权益的重要事项要充分听取家长委员会的意见，接受家长委员会的监督，为家长、社区支持、参与学校管理和决策提供制度保障。可见，家长参与学校决策既是权利也是义务，具有法律依据。

### 7.2.2 家长有参与学校决策的内在要求

中国自古以来就非常重视教育，家长对其子女的教育往往不惜耗费大量的时间和精力。随着社会的发展，人民群众的生活水平和文化水平显著提高，家长对子女教育的质量更为重视，其期望值远比以往高得多。家长普遍不再认为子女教育问题完全是学校的责任，而是主动地关心子女在校情况，如：学什么、怎样学、学到什么程度、效果如何等。学校也希望听到家长对学校教育教学和课程安排的更好的见解。因此，家长对参与学校决策有着强烈的内在需求。

### 7.2.3 家长有参与学校决策的能力

很多家长认为学校决策是一项专业活动，需要具有一定的管理、教育方面的知识及经验才能参与，还有的家长认为学校决策是一项连续性的工作，需要参与者投入大量的时间和精力，因此，家长便认为自己能力欠缺、时间不足，从而不参与学校决策。事实上，家长群体中不乏熟悉教育知识和拥有管理经验的人，这些家长可以直接参与到学校的课程、教学等专业性较强的决策中去，提出专业意见，使学校的决策更科学，更完善。在影响学生或家长的其他事项上，如收费、作息、课外活动等，即便是家长没有专业知识，作为直接利益相关方，家长也可通过家长代表、意见反馈或决策现场等，直接提出自己的诉求。家长参与学校决策并不是一开始就能深入、细致地参与，而是一个循序渐进、由浅入深的过程，随着实践经验的积累，家长参与学校决策可以从最初的提建议过渡到直接参与。也就是说，家长具有参与学校决策的能力。

### 7.2.4 社会发展为家长参与学校决策提供了可能

随着社会的发展，我国的民主化整体水平显著提高。多方参与、公开、公正、透明等准则已深入大众人心，家长对学生教育事务的关心和参与意识不断提升，家长参与学校决策的呼声越来越高。家长参与决策被认为是现代学校制度的重要组成，学校也对于家长参与决策都有充分的心理准备和包容力。

## 7.3 家长参与学校决策的现状

在欧美等发达国家和地区，素来有家长参与学校决策的传统，许多国家出台了专门的立法，规定家长参与决策的权利和义务，且有意识、有目的、有步骤、有保证地纳入教育发展计划。在美国，学校在人事、课程和财政方面的决策，都会与教师，以及家长、社区居民代表一起制定，在个别项目上，家长甚至有更大的决定权。家长不但是学校教育活动的支持者，更是学校运行的决策参与者。[4]

在我国，长期以来，在关于教育问题的讨论和博弈中，广大学生和家长成为"沉默的大多数"。学校或教育部门每出台一项政策或改革，学校推出的每一项收费或规定，学生和家长本来是利益相关的最多数，但是他们只能是默默的承受者。自上个世纪五、六十年代以来，开始重视家校合作问题。但根据江西省教育科学研究所的"家校合作大样本跟踪调查"的数据，家长参与的主要形式是通过家长会、家访等方式进行表层的沟通和交流，家长参与学校决策、志愿服务等还处于零散的初始阶段。根据调查数据，在近两万名家长中，家长对决策的参与程度总体较低，低于当好家长、相互交流和在家学习，略高于志愿服务。超过 50％的家长从来没有参与，也没有考虑过参与到学校的决策中去，35％的家长对学校的某些决策有过不同意见，不过从未提出，而真正参与过学校决策的家长比例不到 10％。另一方面，家长参与学校决策的意愿却很高，45％的家长都对自己抱有较高的期望，愿意并相信自己能做好决策的相关活动，这与家长

---

4 Epstein J. L., Sheldon S. B. School, Family, and Community Partnerships: Your Handbook for Action[M]. SAGE Publications, 2008.

的现实参与程度形成对比。家长的参与也主要集中在与家长组织相关的事项上，多是提意见和建议，而与学校核心业务相关的事务参与很低；加入家长组织的比例很低，真正有过参与学校决策的家长就更少了。[5]

目前我国家长参与学校决策比例低的原因是多方面的，这既有社会发展程度、政府政策保障的因素，也有学校制度建设等方面的因素。从家长角度来看，有的家长走入了“尊师重教”的误区，认为教师就是权威，尊重教师就是听从教师的安排，做学校交代做的事，辅助教师帮助孩子完成家庭作业等，“没有特殊情况不会去学校‘找麻烦’”，一些家长甚至发现了学校或教师的问题也不与学校沟通，而是通过家庭教育对孩子可能受到的错误教育进行弥补或纠正。“尊师重教”本是中华民族的优良传统和文化积淀，其真正含义在于“师严然后道尊，道尊然后民知敬学”，教师得到社会尊敬后，教育才能得到重视，人们才能认识到教育的重要性。

家长的主动性、积极性不够也是导致参与率不高的直接原因。受我国传统家校分离观念的影响，家庭与学校只有分工，没有合作，家庭的任务就是“养”，学校的责任就是“教”，或者在孩子进入学校之前就是在家庭教育，而孩子进入学校之后，教育就是学校的事情了，此时的家长仅仅成为了孩子教育的辅助者。我们的调查和研究表明学校和家长对开展家校合作的态度以及具体实践都能给予肯定，但家长主动参与现象很少，家长缺乏参与学校决策的主动性、积极性，多数家长对学校决策不了解，认为自己所掌握的教育学、心理学知识较少，对孩子的教育不如学校专业，尤其是孩子进入名声好的学校，遇到教学质量高的班主任后自己就可以放心了，更谈不上积极参与决策，这成为家庭与教师缺乏沟通与交流的直接原因。

---

5　吴重涵，张俊，王梅雾．家庭背景与家长参与关系的实证研究［M］．南昌：江西教育出版社，2014．

吴重涵，张俊，王梅雾．家长参与的力量——家庭资本、家园校合作与儿童成长［J］．教育学术月刊．2014(3)．

## 7.4 家长如何参与学校决策

家长参与学校决策可促进学校政策措施的完善，维护家长和学生权益，更重要的，通过家长的参与，家长和学校形成合力，有助于更和谐、健康的家校合作氛围，从而促进子女在学业中取得成功。家长参与学校决策有法律保障，是家长本身的权利和义务，家长也是学校教育中的利益相关者，学校在决策中，亦希望考虑家长利益，从而让决策更科学，因此，无论家长是否具有教育、管理、心理等方面的专业知识或经验，都可通过意见反馈、家长代表、家长委员会、列席会议等方式，积极参与到学校的决策中去。

### 7.4.1 抱怨还是建议

家长中经常有各种各样的抱怨：抱怨孩子不懂事，学习进步慢；抱怨自己工作忙，没有时间陪孩子；抱怨老师对自己孩子不够重视，教育方法不对；抱怨学校的安全卫生太差……但是，几乎没有人抱怨过自己：为什么会有这么多的抱怨呢？难道就不能想方法去改进吗？抱怨会带给我们一种负面的情绪，感觉事事都与自己作对，把自己置于受害者的立场。同时也会对孩子造成不良影响。试想，如果家长在孩子面前抱怨自己不能管教孩子，那就可能损害家长在孩子心中的形象，导致孩子不听家长的话；如果家长抱怨某个老师不好，那孩子就有可能讨厌这个老师，进而不听老师的课，影响学习成绩；如果家长抱怨学校不好，那他就可能讨厌学校，不去上学；如果家长抱怨孩子太笨，那他就有可能不用功读书，自我放弃了。

“抱怨”让我们认为自己“无能为力”，是负面影响；而“建议”则可形成“建设性”改进，是正面影响。因此，建议各位家长，少作抱怨，多提建议，为自己，更为了孩子。

**停止抱怨，学会赏识**

当代著名教育家魏书生有这样的一篇文章：心灵的摄像机对准真、善、美。他举了一个例子，比如家长来到学校后，看到河边的厕所、垃圾池、下水道，也可能会看到有的学生乱丢垃圾、同学们之间的一些小矛盾，那么家长就会觉得这个学校不好，有这么多丑陋的地方，孩子在这样的学校里学不到什么，甚至会产生让孩子转学的想法。如果家长换一个角度，可能看到雄伟的教学楼、宽广的校园、完善的教学设施、认真负责的教师队伍。如果家长是这样的视角，就能感受到学校是好学校，是孩子求学的好地方。看一个学校是如此，那么我们看待一个社会，看待一种人生也是如此。因此家长在对待子女教育上，要多想现实生活中的美好面，用积极的、建设性的态度去应对。

### 7.4.2 掌握正确地提建议的方法

请注意，提建议的目的不是抱怨和发泄，而是在于让学校或老师知道自己的感受，使学校从家长的角度去改进某个决策。既然如此，就要提高意见被采纳的概率，也就更应该注意向学校提建议的方式、方法。历史上那些勇于进谏、善于进谏、精于进谏的人，不仅仅是因为意见正确，而是非常注重让对方能够听进去，能够说服对方导采纳意见。

●要站在全局的高度。家长的建议尽量不要只为自己孩子着想，特别不能损害他人的利益，也不能给对方留下这样的印象，而应该站在全局的高度，指出某个决策可能对哪些人带来损害，当然可能这其中也包括自己的孩子。视角应是一个群体，比如以自己孩子为代表的后进生（有点调皮或个子矮）等，没有从全局的角度考虑问题，即使列举的每一个细节都是事实，对方也可能认为你是为了私利而不采纳，只想尽快结束这场谈话。

●要保持谦虚的态度。切勿采取一种独断式的、自以为是的态度，不要用“肯定是”、“错得离谱”等否定对方的语气，这种态度使人反感，往往引起对方的反对。最好从对方的角度体谅某个决策原来设想的合理性，但强调是情况有了新的变化，需要做出调整，语气尽量婉转中肯，要多用“是否可以”、“是否应该”、“假如我没有弄错的话”等协商的语气，说话要留有余地，使用完全肯定或否定的判断句都是不妥的。最好的方法是只做具体分析并提出设想，对方自会下结论评判自己的错误。任何决策都不是拍脑门想出来的,都是经过了慎重考虑,有它的正确性,保持谦虚的态度是对决策者的尊重,也是给自己留余地,以防万一是自己理解错误。

●要把握合适的时机。如果你提出的建议有助于解决问题,那么很显然,建议一定会引起重视,但也不可操之过急,要选准时机,以恰当的方式提出。不要逮着老师就不管三七二十一地提出自己的看法,有的问题不应在公共场合提出,就要私下提出,在某些情况下,如果家长在家长会上大声抱怨对学校的不满,反而会让人误认为这个家长是在和学校作对,尽管提出的问题可能是正确的,也可能引起反驳而不被采纳。

### 7.4.3 家长在哪些部门参与决策或反馈建议

学校是一个专业化的机构,有专业化的组织结构和人员分工。从组织结构来说,有校长、办公室、德育处、教育处、人事处、总务处等机构;从人员分工来说,有校长、副校长、各部门负责人、任课老师、班主任、食堂厨师、保洁、门卫等等。家长可能眼花缭乱,想要参与学校决策却找不到部门,有意见建议时往往不知道向哪个部门反馈,如何反馈。家长找对正确的对象很重要,它关系到家长的意见是否能被采纳和处理。事实上,对学校来说,教育教学是其核心职能,其他所有工作都围绕教育教学展开,下面对我们以某小学为例,对学校主要机构和职能进行介绍。

●学校领导(校长、副校长)

全面负责学校工作

●教务部门

教务部门是学校教学工作的核心职能部门和具体管理部门

拟订教务工作计划,编制课程表

组织教研活动

教学检查、学生考试

管理实验室、电教室、图书馆等教学场所

招生、分班工作

●德育部门

学生的思想政治工作和道德品质教育

班主任的管理与考核工作

校风、班风、校园文化建设

家长学校、家长委员会

学生心理健康教育和咨询

●办公室

负责校领导交办工作的分配、实施、督促、落实情况

落实本校工作计划、工作总结等材料

对外宣传

教师考勤、称职评聘

●总务处

学校财务

校产管理

●少先队

学生入队、考核、奖惩

开展少先队活动

●工会

组织召开工会会员大会或代表大会

组织召开教代会

组织教职活动

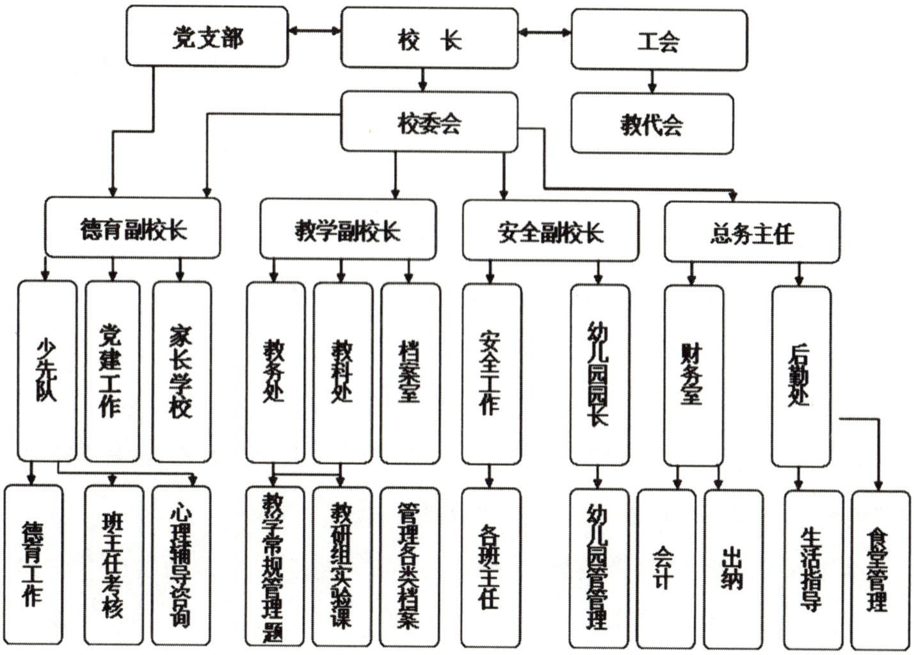


任何一种组织，其组织结构必然是为其功能服务的。从理论上讲，学校的组织结构形式可以有无数种，不同的学校，由于环境的不同，规模的不同，管理者的不同，都有不同的组织结构形式。另一方面，教学与学生发展是中小学的本质工作，也是核心任务，因此家长理解学校的组织结构，首先是看某个部门在教育教学中承担的职能，比如教务、德育是直接对学生进行教育的部门，办公室、总务、工会服务于教师、设备的后勤管理和保障。同时，根据家长参与学校决策、反馈意见和建议的主题，我们认为联系对象主要有：

●班主任：负责教育、管理、指导学生，协调任课教师；开展班级活动；联系本班学生家长。对单个学生、班级内相关决策和建议应首先向班主任反映，我们也建议所有事项先向班主任反映，家长有建议不知道向哪个部门提出时，也可先向班主任进行咨询。

●家长委员会：是由家长构成的学校群众性自治组织，是连接家长和学校的桥梁，是代表家长参与学校决策的组织化、制度化组织。家长委员会可接受家长的咨询、传达意见建议等，也可在职责范围内处理家长的问题和建议。家长委员会代表家长说话，其作用力要高于单个家长。对家长委员会下一节还会详细介绍。

●年级组：负责年级内学生教育、班主任管理、教学协调的基层机构。超过班级且在年级范围内的问题或建议，如转班、年级考试、年级活动等，可向年级组提出。

●教研组：负责学科教育教学任务和学科教师管理，有语文教研组、数学教研组等。教研组的活动主要面向课任老师，但家长有关学科教育，如教学进度、该学科教学方法或活动等，可向相应的教研组提出。

●教务德育部门：是学校教育、德育的主要机构。家长有关学生学习、考试、品行、招生等问题和建议可向这些部门提出。

●总务、办公室部门：是学校学生教育、教师管理的业务机构，有关教师投诉、学生安全、校风、卫生等非学生教育教学的问题或建议，可向这些部门提出。

●信访部门：有的学校还有专门的信访部门，是处理家长、教师来信、接待来访，倾听意见、建议或要求，接受群众的监督专门机构。信访有专门的制度要求，如在时限内必须传达、回复和反馈等。

●校领导：学校领导负责全面管理。家长的问题、意见、建议等在以上所有部门没有得到答复或未被采纳的，可直接向学校领导反映。

●教育主管部门：对学校行为的建议或投诉，学校没有回应或明显错误的，可向上级教育主管部门反映，如区教育局，对应的科室可是基教、信访等。家长应慎用此渠道，并注意方式方法。

需要家长们注意的是，家长参与决策、向学校提意见建议目的是希望学校更好，从而有利于孩子在学习和成长，而不是将家庭与学校的关系闹得更僵。我们不建议有问题就找校长、教育局、新闻曝光等，比如对班主任的班级管理有意见，应首先与班主任本人沟通（事件的直接当事人），如果沟通无效，可收集本班其他家长意见，向家长委员会、年级组、德育等部门反映，直到所有渠道都无法解决，才向校长反映。如果一开始就找校领导反映，这种越级行为往往会造成家长与班主任关系紧张，最终影响者还是学生，特别是在家长不了解事情原委，贸然行动的情况下。

家长咨询、提出建议或意见的方式，主要有：

●学校意见表、问卷调查

●家长会等会议

●面谈

●书信

●电话、短信、传真

●网络留言，QQ 群

●电子邮件

●学校邮箱、校长邮箱

**范例：给校长的一封信**

尊敬的校长：

您好！

我是一年级二班学生小赵的家长赵正，很冒昧的给你们写信，就是为了表达作为学生家长对学校、对各位老师的感激之情。

时间真快，一晃孩子在学校度过了半年的时光，我很欣喜地看到孩子这一个学期的收获，个头长高了，会读书写字了，会计算了，有礼节礼貌了，懂得感恩了，这一切都是与学校和老师的努力分不开的。由于孩子，我们认识了学校，认识了各位老师，有学校的耐心、细心、真心、责任心，就有了孩子从幼儿园到小学的平稳过渡，从孩子的一点一滴进步中，我们可以看出老师付出的心血。

特别从这次班上孩子流感这件事情上，更能体现老师们的责任心和爱心，我的孩子也得了流感，班主任李老师、学校医务室每天都会打电话来询问病情，我特别感动，就每天主动给班主任发短信告知病情，有一天晚上我忘了发，班主任李老师就把电话打过来，询问孩子的情况，给我推荐好的大夫和好的饮食疗法，并劝我不要太着急。说实话，我就这一个孩子，有时候都焦头烂额，可她要关心爱护着这三十多个孩子呀，她也有家人孩子，为了班上的孩子，她一定牺牲了很多个人的时间，作为孩子家长，我衷心地说一声："李老师，您辛苦了，谢谢您！"

我的孩子现在可能还不会用文字来表达对老师的感激，作为家长，我会让他记住学校的好老师，用我的文字来表达一下对学校和老师们的感激之情，我为孩子有这样一位好老师而自豪。

同时，作为一个家长，通过我对学校这半年来的了解，对学校提出以下建议，有的建议是我对李老师、家委会吴会长提过，在此再向您提出，希望不会冒昧。建议中有些想法可能并不成熟，不切实际，也可能有些想法学校早已做到了，但请您理解作为一个家长的用心。

**教育方面**

希望学校能将成绩作为学生的隐私，不要搞全班性的排队，因为每个孩子的天赋是不同的，有的孩子付出的努力多而效果不一定好，更不希望将一个孩子与另一个孩子作无谓的比较，"人比人，气死人"，大人都怕比，何况孩子。但孩子自己的成绩可以比较，作为教师，要引导孩子将自己的今天跟自己的昨天比，明天跟今天比，提倡超越自我。同时，还希望不仅仅局限于分数比较，可能的话，希望班主任有一个专门的观察本，每个孩子一页，让你班上的孩子在上面得到全方位、立体化的反映。

希望学校在可能的情况下，尽量把班级编得小一点，班级人数不要超过四十人，一个超过四十人的班级，教师维持纪律都很难，更谈不上每个孩子都得到足够的关注。在可能的情况下,二十五人以下的班级是最为理想的。

希望学校对教师讲解的时间加以限制,不要超过十五分钟,因为学习不是靠听讲所能完成的。没有亲手练习、实验,没有充分的讨论、交流,知识不能真正掌握,能力不会真正提升。杜郎口的经验对农村学校特别有意义,特别有利于培养学生动手动口动脑的习惯,特别有利于培养学生自主合作探究意识,也特别有利于提高学生成绩,希望学校能在教师中加以提倡,在可能的情况下,对杜郎口模式全面推行。

希望学校有一个治理偏科现象的机制,很多因为数学差成为所谓的学困生,我的孩子也好像有这种苗头,我好像听说在三四年级这一现象更加明显。怎么引导学生理科入门,怎么样保持他们对理科的兴趣与激情,学校是否可以加强对数学教研组的领导,多组织教师出外参观听课,多指导他们进行课例研究,也希望教师们把更多的力量花在对中等及以下学生的研究上,优等生不是教师教出来的,能提升中等生与学困生才是教师真正的本事。

**校园活动方面**

希望学校每个学年都有专门的体育节与艺术节,每个孩子都能在其中展示自己的才华,更希望每天的体育锻炼能真正到位,培养孩子早起跑步、晚饭后散步的习惯,希望学校能有意识的经常利用广播,播放一些比较高雅的音乐作品而不仅仅播放一点通俗歌曲。

希望学校多开展些以家庭为主题的亲子活动,以增加相互间了解共同进步。可以的话,家长会放在傍晚或者休息日。

望学校能不定期的组织家长学习或交流家庭教育理念与方法,使学校家庭社会整个教育体系不脱链。

**校园生活方面**

校门口交通秩序较乱,来往车辆多,有安全隐患,希望像 XX 小学那样与交警部门合作,安排专门协管员在高峰时期执勤,维持校门口的接送秩序,如果人手不足，可招募家长志愿者，我与很多家长聊过，他们也和我持同样的看法，且都乐意帮忙。

希望学校图书馆能长期对学生开放，能让孩子们亲自进入图书馆挑选书籍，寒暑假是学生阅读的良机，希望教师给学生推荐一定的书目，学生读书的成绩要进入评价，读书的成果要有展示的平台，如果可能，每年是否可举办专门的读书节。

希望学校在可能的情况下，加强学生的营养，孩子们正处于身体成长的关键时期，要按照科学合理足够的原则，为学生提供优质的饮食。收费只要基本合理，家长还是愿意并且能够承担的。

希望孩子在学校感到快乐，更希望孩子在毕业后还记得老师与学校对自己的关照，记得自己在学校班级曾经拥有的开心，如果孩子在校园感到焦虑与恐惧，如果学生有了烦恼与愤怒，希望他们能得到及时的心理疏导，也希望他们能有一个合适的发泄场所。

希望孩子能得到第一，但事实上只有一个第一。如何让更多的孩子得到第一，希望学校在评比孩子时有更多的项目和更多的标准，特别不希望孩子在校园经常带着一种失败的心态，希望他们更多的体验到成功的快感。希望孩子能摆脱题海，教师能从多种资料中选择最有用的练习，希望教师能通过不断的教育让学生明白分数确实是很重要的，但不是唯一重要的，希望孩子们不是每天起得最早睡得最晚。

最后，祝愿学校发展越来越好，取得更大成绩！祝愿各位老师身体健康，万事如意！祝愿孩子们学习进步，快乐成长！

### 7.4.4 学校的家长委员会[6]

在前面的内容中，我们已经介绍了家长有问题、意见或建议时，如何提出、向谁提、怎么提，这些参与学校决策的方式多是单个家长的单独行动，零散、没有组织，不成系统。下面我们将要介绍的是家长如何制度化、正规化地加入到学校的决策中去，那就是依托家长组织（如家长委员会）的力量。

既然家庭要与学校合作，改变以前家长、学校各干各的旧套路，使家校合作真正发挥促进学校发展、提升家庭教育技能、促进学生成长的作用，那最好的办法就是摒弃以往那些零星的、经验的、偶尔的、无组织、无计划的做法，将我们家长的力量在学校中以一种制度化的组织固定下来，将学校和家长的共同行动上升到组织层面、上升到学校的规范计划，将家校合作作为一项工作来推动，那么这种方式，就是加入学校家长委员会这样的家长组织。

有关学校的家长组织，家长们最熟悉的可能就是家长学校和家长委员会，家长学校主要承担教育家长的作用，由学校领导，与参与学校决策相关性不大，在此我们根据引进并本土化的美国爱普斯坦“家校合作行动框架”，介绍家校合作的三个主要组织，即家校联合行动委员会、家长委员会和家校合作专业工作组。

总体上看，家长委员会主要由家长构成，是学校吸纳家长资源的机构，代表全体家长；

联合行动委员会包括家长委员会中的核心人员，还包括学校领导、部门负责人、班主任、教师、学生，以及社区人士，是学校家校合作参与的集合。

专业工作组是属于家长委员会和联合行动委员会的下设机构，是家校合作具体任务的执行者，组长由联合行动委员会或家长委员会中的成员兼任，组员

---

6　本节的内容，主要是依据《教育部关于建立中小学幼儿园家长委员会的指导意见》（教基一[2012]2号）、《江西省中小学幼儿园家长委员会设置与管理办法（试行）》（赣教基字[2012]52号）等相关文件，以及书籍《家校合作：理论、经验与行动》（吴重涵，王梅雾，张俊著，南昌：江西教育出版社，2013年）的内容，对学校的家长组织进行讲解。

主要由家长构成。每个专业工作组制订并执行一个年度计划，所有工作组的计划构成学校家校合作的年度计划。打个比方，如果家校合作是一个人的话，那么家长委员会是身体，即主要构成；联合行动委员会是大脑，即指导机构；而各种专业工作组是脚和手，是行动臂膀，负责具体实施。

很多学校都设立了家长委员会，包括班级、年级和学校层面，可能家长读者中有的家长还是家长委员会成员，甚至担任要职。本书所讲的家长委员会是根据教育部《关于建立中小学幼儿园家长委员会的指导意见》和江西省教育厅《江西省中小学幼儿园家长委员会设置与管理办法(试行)》等文件来讲解。更详细的介绍请见本书附录。教育部和江西省教育厅都规定：有条件的中小学幼儿园，都应成立家长委员会。

**1.家长委员会的性质**

学校家长委员会是由本校学生家长代表组成，代表全体家长参与学校民主管理，支持和监督学校做好教育工作的群众性自治组织，是学校联系广大学生家长的桥梁和纽带。

也就是说全校学生家长都是家长委员会的会员；家长委员会的委员是代表全体家长参与学校民主管理，支持和监督学校做好教育工作；家长委员会的性质是群众性自治组织，不具有独立的民事行为权利，作为学校内部团体，不需要经过民政部门登记注册，由学校指导和管理，其法律地位与某些学校的老教师协会、学生会类似，同时也说明家长委员会需要由学校代理行使部分职权，包括证明、受赠、经费管理、聘用人员等，如学校、班级家长委员会成员和各专业组组长的聘书，由学校颁发；家长委员会的作用是联系家长和学校的纽带。

**2.家长委员会的构架**

家长委员会主要由校级、年级、班级的三级组织构成。学校家长代表大会和学校家长委员会是校级组织；年级家长委员会是年级组织；各班家长会、班级家长委员会是班级组织。根据《江西省中小学幼儿园家长委员会设置与管理办

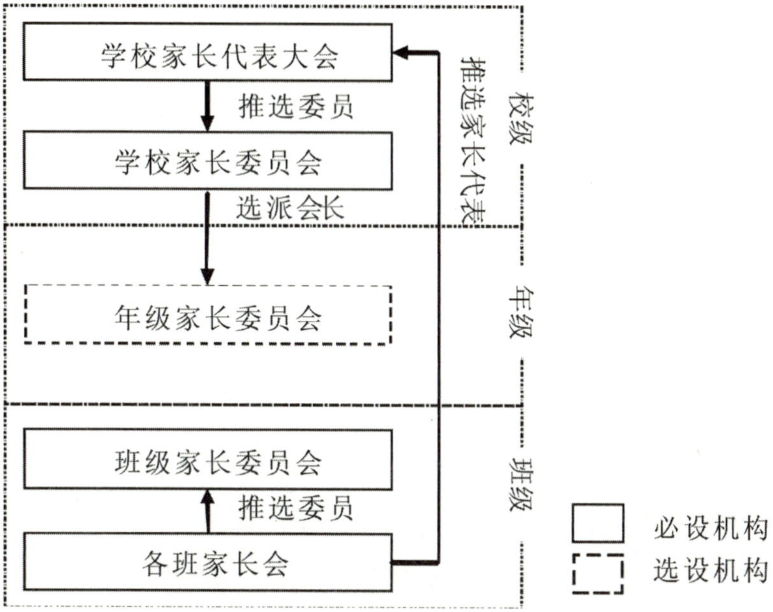


法(试行)》的要求,学校家长代表大会,学校家长委员会和班级家长委员会是必设机构,年级家长委员会、名誉会长和顾问为选设机构,学校也可根据规模和实际需要,设置中学、小学等学部家长委员会,作为补充一级。

(1)班级家长委员会

班级家长委员会主要由会长、委员和家长组成。学校家长代表大会的家长代表可兼任班级家长委员会的会长或委员。例如班级应推选 3 名家长代表参加学校家长代表大会,同时班级家长委员会拟设会长 1 名,委员 5 名。则由全班家长投票选举,得票第 1 名者任会长,得票 2—5 名者任班级委员,得票前 3 名者兼任家长代表。家长可同时在学校、年级、班级家长委员会和联合行动委员会、专业工作组中担任职务。

班主任代表学校一方,指导班级家长委员会履行以下主要职责:

●协助班级开展教育教学活动,并提供改进建议。

●协助班级开展家长教育指导,沟通班级与家庭。

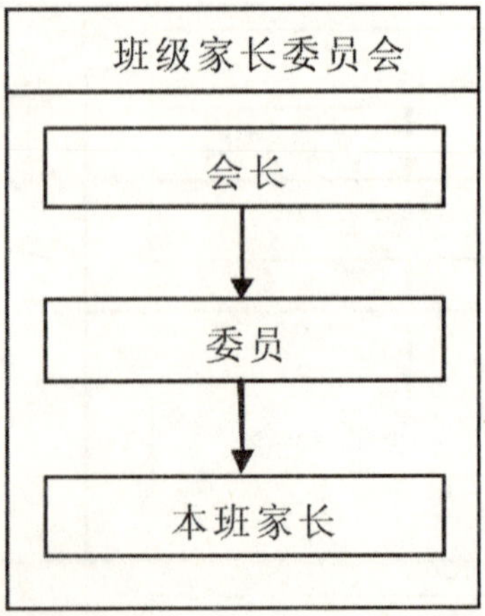


●协助班级处理重大偶发事件。

●代表本班家长向学校家长委员会就学校管理工作和教学工作提出意见和建议，并执行家长代表大会及学校家长委员会的决议。

●收集家长信息和资源，引导家长加入家长委员会的专业工作组和参加各项活动。

●其它有关班级家长委员会的事项。

班级家长委员会每学年至少召开两次全体会议，由会长在班主任的指导下召集并主持。会长、家长委员会委员、家长代表任期到期或辞职时，由班主任指导家长推选或改选。

(2)年级家长委员会

年级、学部家长委员会的组织结构与班级家长委员会的组织结构类似，也是由会长、委员以及相应级别的家长组成。区别在于，班级家长委员会的会长、委员是选举而来。而年级、学部家长委员会的会长由学校家长委员会中委派，如学校家长委员会的副会长或委员每个年级一名的话，那么这些副会长或委员就直接成为年级家长委员会的会长。年级家长委员会的委员由各班家长委员会的会长、副会长直接构成。这样设计的目的在于精简程序，并且高效利用家长资源，愿意参与的家长都有参与平台。

学部、年级家长委员会是向家长参与学校管理，向学校提供资源、支持学校教育工作的主要力量。我们的研究发现，家长参与和家长家庭教育水平在年级间的差异较大，具体表现为家长子女年级越低，家长参与子女教育工作的积极性越高，但家庭教育水平也相对较低。我们在调研过程中还发现，设立了年级家长委员会的学校，某些活动在年级内（如高三年级家长组织亲子出游活动，帮助子女减轻学习压力）、年级间（如小学二年级家长向一年级新生家长传授如何让孩子尽快适应小学学习）层面上开展，对家校合作的促进作用非常大，因此不可忽视年级家长委员会的作用，有必要在学校家长委员会下设年级家长委员会，未设年级家长委员会的学校，也应努力开展年级间、年级内的家校合作活动。学部家长委员会为可选设置：考虑到部分学校规模较大，或属于九年一贯制学校、完全中学、附设幼儿园的学校等情况，学部的差异加剧了管理的难度，因此，这些学校可以考虑根据实际增设学部家长委员会作为补充的一级。

主要职责和会议制度：

年级家长委员会每学年至少应召开会议或组织活动一次。在学校组织和指导下由会长召集开展。新生年级（一般指学校的最低年级，如小学、初中或高中一年级）的家长与学生一样，需要适应性方面的指导，因此新生年级家长委员会会议或活动应由高年级家长委员会辅助或联合开展。

年级家长委员会的职责：

●协助年级开展教育教学活动，并提供改进建议。

●协助学校和家长委员会开展本年级（或年级间）的家庭教育指导工作。

●协助学校处理重大偶发事件，协调学校、教师、学生及家长间争议。

●提案并执行家长代表大会及学校家长委员会的决议。

●其它有关年级、学部家长会的事项。

(3)校级家长委员会

学校家长委员会主要包括会长、副会长和委员，以及下设专业工作组等组

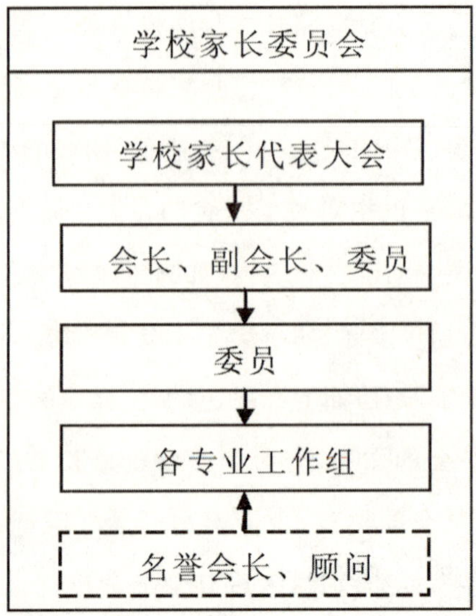


织，可设立名誉会长、顾问等选设机构。家长代表大会闭幕期间，由家长委员会行使职权。注意每个学校均应设立专业工作组，但工作组的专业类型、数量和规模由根据实际情况而定。

顾问和名誉会长：家长委员会的名誉会长和顾问也是促进家长委员会发展，支持学校工作的重要力量。成员主要来源有：①往届学校家长委员会的会长、委员等，由于任期到期，子女毕业、转学等原因无法继续担任职务，可以名誉会长或顾问的角色参与家长委员会工作；②对学校或家长委员会有影响的专业人士和热心人士，虽然非本校学生家长，也可聘请为名誉会长和顾问。

会议制度

学校家长委员会每学期至少召开1次全体会议，新任会长当选的第一次会议应于当选后三十日内召开，校长及教师代表得列席。

学校家长委员会会议由家长委员会会长召集并负责，会长因故不能召集或不召集时，其他家长委员会委员可以三分之一以上联名召开。

学校家长委员会每学期结束前要对本学期开展的工作和效果进行总结，配合学校开展评选优秀家长的表彰活动。

学校家长会代表、家长委员会委员的当选证书，各专业组组长，各级委员会会长、副会长、名誉会长和顾问的聘书，由学校颁发。

主要职责

学校家长委员会的职责：

●参与学校管理。听取学校关于发展规划、教育教学工作安排等方面的情况介绍，就学校发展中的重要问题进行沟通，为学校的发展献计献策。

●与学校共同做好德育工作。经常向家长了解学生在家庭的表现和对学校、教师的看法，与学校和教师一起肯定和表扬学生的进步，解决和化解学生遇到的困难和烦恼，做好思想工作。

●协助学校开展教育教学活动。发挥家长的专业优势，为学校教育教学活动提供支持。选派家长委员列席学校校务、教务等会议，与学校一起组织家长听课、家长接待日，参与对学生和教师的评价，帮助学校改进和完善教育教学工作。

●协助学校开展安全和健康教育。引导家长履行监护人责任，配合学校提高学生安全意识和自护能力，支持学校开展体育运动和社会实践活动。对学校的安全工作进行监督，与学校共同做好保障学生安全工作，避免发生伤害事故。

●支持和推动减轻学生课业负担。防止和纠正幼儿园教育“小学化”。引导家长积极支持教育部门和学校采取的减轻中小学生课业负担的各项措施，监督学校的课业负担情况，及时向学校提出意见和改进的建议，与学校共同推进素质教育。

●引导家长树立正确的教育理念。协助学校开展家长教育指导，积极学习教育知识，增进家长对学校工作的理解和支持，促进家庭教育与学校教育协调一致。发挥家长自我教育的优势，交流宣传正确的教育理念和科学的教育方法。

●沟通学校与家庭。建立家长委员会和学校定期沟通协调的议事机制，就学生家长、学生、社会等反映的有关问题及时与学校进行沟通协商。建立班主任、任课教师与家长，家长与家长间的沟通、互动机制。

●执行家长代表大会的决议。

●家长委员会开展活动应当遵守法律法规和相关政策规定。严禁利用家长委员会聚众闹事、违规收费以及要求学校开展违背法律法规、政策和教育教学规律的活动。

**3.学校对家长委员会的责任**

根据教育部《关于建立中小学幼儿园家长委员会的指导意见》和江西省教育厅《江西省中小学幼儿园家长委员会设置与管理办法（试行）》等文件规定，学校对家长委员会有如下责任：

(1)学校应为家长委员会的设置和工作开展提供必要的办公场所和办公条件。

(2) 学校、班级家长委员会成员和各专业组组长的聘书，由学校颁发。

(3)学校要充分利用省家长学校等现有渠道，开展家长教育指导，提升家长参与教育、参与管理和沟通学校的能力。

(4) 各级教育行政部门将家长委员会的建设与管理专项培训列入本级教育行政干部和校(园)长的培训内容，将家校合作列入学校管理和教师专业发展计划。

(5)各级教育行政部门对家长委员会应加强指导和管理。家长委员会违反教育法律法规和政策时，各级教育行政部门要视其情节轻重，责令纠正。

(6)各级教育行政部门要对推动和实施家长委员会工作成绩显著的组织和个人，予以奖励。

(7)学校和教师要将家长委员会的工作纳入本职工作范畴，为家长委员会开展工作提供必要的条件，不断探索家校合作和家长委员会工作的特点和规律，有效行使主导、组织和指导的职能，保障家长委员会参与学校民主管理。

**4.如何加入家长委员会**

加入家长委员会，是制度化地参与学校决策的第一步，加入家长委员会后，就可进入联合行动委员会、专业工作组等家长组织。通常来说，学校家长委员会的组织产生和运作的主要规程如下：

●家长向班主任报名，在班级家长会中竞选班级家长委员会会长。各班在班主任的召集和主持下选举班级家长委员会会长、委员，成立班级家长委员会，并推选家长代表1—3名进入学校家长代表大会。班级家长会要负责收集家长资料，包括资源、特长和进入专业工作组的意愿，交由学校汇总。

●在全校家长代表大会上，竞选学校家长委员会委员。在全校家长代表大会上推选校长家长委员会委员，在委员中推选会长、副会长等人选。委员的人数根据学校年级数和专业工作组数量而定，委员的分布应保证每个年级至少一名，每个专业工作组的组长、副组长可以由委员担任。

●年级家长委员会的会长由本年级的学校家长委员会委员担任，年级家长委员会的委员由相应年级的班级家长委员会会长、副会长担任。学部家长委员会参考年级家长委员会的设置办法。

●家长代表大会是最高决策机构，学校家长委员会、专业工作组、名誉会长、顾问等机构均在家长代表大会上产生。家长代表大会闭幕期间，由家长委员会代理行使职权。

### 竞聘家长委员会委员演讲

尊敬的各位老师、各位家长朋友：

大家好！

非常荣幸能成为家长委员会的候选人，在此感谢学校给我们大家提供了这样一个难得的交流机会。

首先请允许我代表各位家长朋友，向悉心教导和关心我们孩子成长的辛勤的园丁们表示崇高的敬意和衷心的感谢！是老师将知识无私地传授给我们的孩子，使他们健康成长，是老师将爱无私地奉献给这些雏鹰，使他们展翅飞翔！

能够进入本校的校园学习，不仅是孩子的幸运，也是我们家长的幸运。在这里有优秀的老师、有先进的教育理念、有安全的环境。孩子得到良好的教育，家长也在不断地学习中，学会了做个好家长。这一切都非常感谢老师辛苦付出，是他们的爱心和对工作认真负责的态度，让孩子们爱学习，懂礼貌，团结友爱。在座各位家长，我想只要看到我们到孩点滴的进步，我们都会喜在脸上，乐在心里。

孩子成长的每一个阶段都不能离开老师的教导，不能缺少家庭的关怀。学校教育教学工作离不开社会和家长的各方面支持、关心和理解。今天，学校为我们家长朋友搭建了一个和老师，学校相互交流、相互沟通的平台，让我们有机会和学校一起共同担负起孩子健康成长的重任，这是学校对我们的信任，同时，也是我们应该承担的一份责任。

作为家长委员会的候选人，我清楚地认识到自己即将承担的职责。如果我是家长委员会的委员，我将尽我所能，认真做好以下几个方面：

1. 发挥好桥梁和纽带的作用。我希望借助家长委员会这个平台，能让家长朋友们及时了解学校在各个阶段对家长教育子女的工作要求，同时使家长们对学校和老师有一个更深入的了解，了解孩子们在学校里如何学习，学习上有哪些不足之处？配合学校开展对学生的教育活动：如社会实践、亲子活动等。

2. 做好家校沟通工作。我可以借助电话、短信、qq、邮件等手段，把家长们收集起来的对学校教学管理的合理建议及时反馈到学校，让学校有针对性地进行及时调整，加强学校与家长们的沟通。

3. 充分发挥自己的专业特长，做孩子们的白衣卫士。我是一名护士，我将利用自己所学的医学知识为孩子们提供所需的健康保健知识，了解孩子们的生理心理健康状况，做好各种儿童易患疾病的预防宣传工作。让自己成为一名名副其实的护士妈妈。

我知道：如果成为一(二)班家长委员会的委员，我肩上的责任将更加重大，但我有信心配合学校、配合各位委员和老师把这个工作做好，充分发挥其联系学校和家长的桥梁、枢纽作用，及时搜集并反映学生家长对学校的意见和建议，共同为实现学校的办学目标而服务。为我们的一(二)班所有的孩子们奉献自己的微薄之力。

### 7.4.5 联合行动委员会

有了家长委员会后，便有了学校和家庭两个系统的组织架构，他们各自的最高领导机构一个是学校校务委员会(简称为校委会)，另一个是学校家长委员会(简称为家委会)，那么两个系统之间互通信息、协调关系就需要有一个连接的组织——联合行动委员会。之前我们也有提到，制度化，如建立组织，仪式化，如选举家长代表和颁发聘书，可以超越我们以前的人治的、经验的做法，使我们的家校合作以制度形式固定下来。研究和实践表明，如果包括学校管理者、教师、家长和社区领袖在内的成员形成稳固的组织结构和伙伴关系，将会使家校合作的成效有更大地提高，因此在有的学校中，如“江西省家校合作”试点学校中，都在组建家长委员会的基础上，组建包括家长、学校、社会各界代表的联合行动委员会。

**1.构架**

●人数：6—12人

●人员构成：1—2名学校领导或更多、2—3名家长委员会领导或更多、2—3名学校部门负责人、2—3名班主任或教师、1—2名学生社团领袖(高中)、1—2名社区领袖或更多

●期限：2—3年(可延长)，有成员离开时，可遴选替补。

●领导：校长或学校家长委员会主席。

联合行动委员会与家长委员会有联系，但又不是一回事，是一个协调学校校务委员会和家长委员会的机构，成员构成、职能与二者也有区别。但也区别于联席会议制度，而是建立起来的一个固定的独立机构，这有利于在学校治理的顶层预防两张皮的问题。

### 2. 职责与会议制度

学校层面的联合行动委员会集中了校委会、家委会、社区、学生团体中的人物，其主要工作是在宏观上协调家长委员会与学校、学生社团和社区的关系。

学校家校合作联合行动委员会每学期至少应开两次会议，建议的时间是学期初和学期末，学期初会议的主要内容包括回顾上学期工作、制定家校合作工作计划和实施方案等；学期末的会议建议内容为总结本学期的主要工作、评估计划是否达到目的、表彰优秀成员、制定下学期初步计划等。

因为联合行动委员会是多种资源、力量的集合体，跨部门间的协调和沟通非常重要，因此我们还要考虑不能参加会议的成员如何获取信息，以及哪些团体和机构需要知道联合行动委员会的计划和进展情况。在必要的情况下，联合行动委员会可设计简报、网站专栏等通讯方式，即时公开重要事项或计划进展。

### 7.4.6 专业工作组

前面，我们介绍了学校家校合作的身体，即家长委员会及其头脑，即联合行动委员会。家长委员会是家长自治组织，联合行动委员会是包括家长、学校、学生和社区在内的多元构成。这两个组织的主要职责在于计划、监督执行和评估，如果没有真正落实的部门，那么这两个机构只是架空，家长参与学校决策只能是一句空话。为此，家长有必要加入学校成立的专业工作组。在一定程度上说，如果家长委员会和联合行动委员会是家校合作的领导机构，那么专业工作组则是家校合作的行动臂膀，是具体目标实现者。

家长有自己的专业知识、行业经验、特长和爱好，如果将家长们汇聚到一起，就是子女成长的巨大财富。专业工作组就是这样一种方式，将家长从专业角度分组：专业技术人员进入教学资源组，可为学生开设校本课程；懂教育的专家、大学教师进入教育教学评价组，为学校教育教学提供专业指导；有社会资源的家长进入学生素质拓展组，为学校社会实践提供资源；时间充裕、积极性高的家长进入安全工作组和志愿者组，辅助维护学校的安全和活动。各组根据职能与学校相应的部门挂钩，不但能促进学校工作开展，而且家长、孩子也会在其中得到收获。家长资源类型区分得越细，工作组建立得越多，家长委员会的活动就开展得越多，而这些活动，不单是家长们提供了支持，促进了学校各项活动的开展，更重要的是，家长们通过参与学校的教育活动后，不仅对孩子更加理解了，而且对教育也更加理解，更加支持了，家校间的联合在活动中更加密切、教育理念更加一致。

**1. 专业工作组的构架**

专业工作组隶属于学校联合行动委员会和家长委员会，其组长由联合行动委员会成员或家长委员会委员担任，组员由有意愿并具有相应才能的家长、教师、社区人员等组成。家长可从班主任处报名，表明自己的特长、资源和意愿（参见上一章：志愿服务）。在活动中，组员也可以是某个活动的负责人。志愿者是工作组的临时性工作人员，当出现经常性、大规模活动或组员人手、资源不够时，可召集志愿者。

建议的工作组构成如下：

●人数：6—12 名

●人员构成：2—3 名老师或更多、2—3 名家庭代表或更多（代表性）、1—2 名学生（高中）、1—2 名其他成员或更多（如护士、心理咨询师、社区成员）

●期限：2—3 年（可延长）

●有成员离开时，可遴选替补。

**2. 主要工作职责**

专业工作组是家校合作的行动臂膀，在幼儿园、小学、初中和高中撰写家校合作的年度行动计划，执行并协调家校合作的活动，监测活动质量的改善或儿童成长的进步，解决问题，评估结果，并将学校的家校合作活动向校委会或校长、家委会、联合行动委员会或与之类似的组织进行汇报。

**3. 类别：有哪些专业工作组**

专业工作组的组组建一般由学校主导，家长加入，但在有的学校，家长也可自行组建专业工作组，与学校开展合作。根据《江西省中小学幼儿园家长委员会设置与管理办法(试行)》规定，专业工作组可按照 6 种参与类型(当好家长、相互交流、志愿服务、在家学习、决策、与社区协作)或学校改进目标来组建。为了表示方便，我们将前一种专业工作组的组建方法称为“类型导向”，即以六种参与类型为指导来组建，后一种称为“目标导向”，即围绕学校改进目标和学生成长目标来组建专业工作组。

(1)目标导向的专业工作组：两个学术目标，一个行为目标和一个合作氛围目标

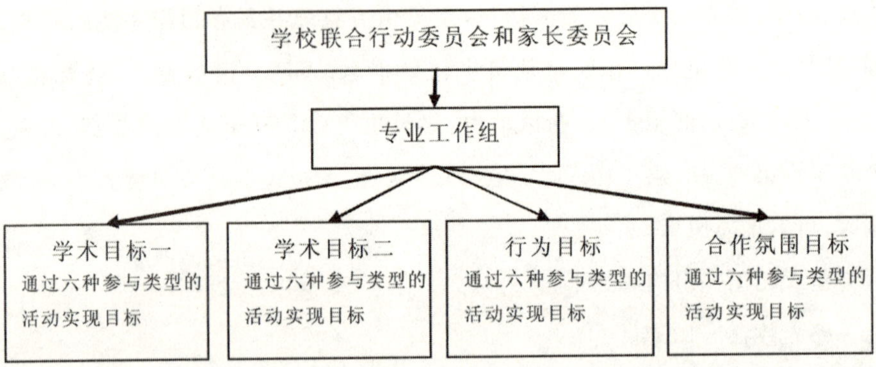


专业工作组
目标导向方法（以目标改进为导向）

目标导向方法是指围绕学校改进目标设置专业工作组，使家庭、社区参与着重于帮助学校和学生达到具体的改进目标。我们不建议过于宏伟的目标，事实上，我们常常因为目标过于宏伟而无法实现，导致最后我们习惯了不去为实现目标做什么。因此，我们建议每年四个目标即可：两个学术目标(如提高阅读、数学或科学技能)和两个非学术目标(如改善学生出勤情况和行为，为家庭和学生创设友好的学校环境)。围绕这 4 个目标，设置 4 个专业工作组，即提高阅读能力工作组、提高数学技能工作组、学生行为改善工作组和家校合作氛围改善工作组。

每个专业工作组都要撰写年度行动计划，这些行动以 6 种参与类型为指

导，并尽量将 6 种参与类型都包括在内，同时负责执行和评估。例如，学校的年度目标在提高学生成绩方面，有“帮助学生提高阅读技能、改善对阅读的态度”。阅读目标专业工作组撰写相应的年度行动计划，安排并列出根据 6 种参与类型的要求设计的、注重阅读的参与活动。4 个工作组的行动计划构成学校家校合作的总体计划。

如果学校和家长委员会的另一目标是改善学生的出勤情况，那么出勤目标专业工作组将负责这一计划，通过各种方式让家长和社区成员参与进来以确保学生每天都准时到校和积极参加相关活动。主要工作内容包括帮助家长理解学校对学生出勤情况的政策，解释学生出勤情况表上的信息，培训志愿者打电话通知缺勤学生的家庭，让家长监督缺勤学生完成家庭作业，以及其他改善学生出勤率、减少迟到早退和缺席情况的方法。

实践证明，专业工作组每年都可以有效应对 4 个目标——两个学术目标、一个行为目标和一个营造友好学校气氛的目标。久而久之，有经验的小组可以增加目标和活动。应当注意的是，专业工作组的这 4 个目标都是可以逐年改进的。

(2)类型导向的专业工作组：当好家长、相互交流、志愿服务、在家学习、决策、与社区协作。

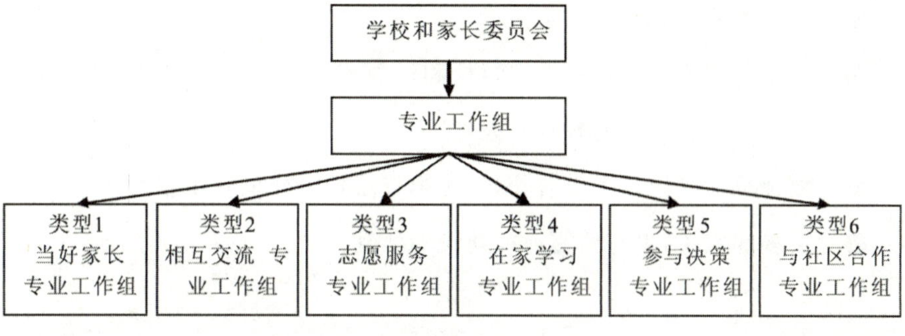


专业工作组

类型导向方法（以参与类型为导向）

专业工作组的第二种组建方式是以六种参与类型为指导：当好家长、相互交流、志愿服务、在家学习、参与决策、与社区合作，创设六个专业工作组，这就是“类型导向方法”。每一个专业工作组也都由组长、组员、临时志愿者组成，同时也包括专家顾问、学校管理人员、教师和社区人员。

每个专业工作组也要撰写一年的行动计划，6 个专业工作组共同构成了学校和学生整体改进计划。所有 6 种参与类型的活动其质量和结果都会逐年改善，与此同时，专业工作组的专业知识和小组工作也会逐年改善。

组织专业工作组的两种途径并非相互排斥。基于 4 个目标改进的行动计划必须包括所有 6 种参与类型的活动。基于 6 种参与类型的行动计划必须说明这些活动会如何达到目标。这两种途径的不同之处在于专业工作组的组成方式、角色和职责、行动计划并完成年度评估活动。

### 7.4.7 家长参与学校决策的其他活动

除家长向学校提意见和建议，加入或依托各类家长组织外，家长还可以在其他方面参与学校决策，包括但不限于：

- 了解班主任、课任老师、部门负责人的电话号码及办公时间；
- 定期出席家长组织中的各项会议或提交议案；
- 受邀出席学校的各类会议或提交议案，如校务会、教职工代表大会等；
- 参与各类非正式会谈和交流；
- 与学校共同制定孩子的学习目标和计划；
- 了解对孩子有影响的教育政策；
- 与教师及学校行政人员合作，制定学校家校合作的政策制度；
- 有关教育立法，参与请愿或提建议的活动。

# 第八章　与社区合作

孩子放学后、周末或其他课余时间，多数家长都不希望孩子回家在路上逗留，也不希望他在社区里玩得太久，走得太远，因为我们都知道，孩子还小，社区设施可能对孩子身体造成伤害，社区里还可能混进坏人或是骗子，如果孩子跟社区里行为习惯不好的孩子一起玩，我们也会担心。所以，长期以来，社区对孩子成长的作用就这样被家长主动忽略了，对家长来说，社区可能只是家所在的地方……真的是这样吗？不是的，孩子的成长都离不开社会环境，也不可能离开。

社区内包含丰富的教育资源，只要家长积极利用、参与和改善，就能发挥社区对孩子的教育作用，促进孩子健康成长，那么这种对社区资源的积极利用、参与和改善，就是我们本章要讲的“与社区合作”。

## 本章要点

社区与学校、家庭一起，共同构成影响孩子成长的三个主要环境。[1] 社区对孩子的作用不可避免，家长只有积极应对、引导，才能发挥社区的教育作用，从而促进孩子成长。社区蕴含丰富的教育资源，包括社区物质资源、人力资源和精神文化资源等。家庭与社区合作，包括两个渠道，一是利用社区资源来促进儿童成长；另一方面，家庭、学校也服务社区，支持社区发展，形成家庭、学校与社区的双向互动。[2] 开展与社区合作，对孩子、家庭、社区和学校有多重价值，国外的家庭在儿童教育过程中，非常重视社区资源的利用，学校也开放办学，形成了真正的"学校、家庭和社区合作伙伴关系"。在我国，家长参与社区合作的比例非常低，且多是集中在了解社区信息，购买社区的产品和服务等方面，而主动参与社区活动，如商业、公益或老年团体的活动较少。

家庭如何开展与社区合作呢，我们的思路是根据社区资源的类型，为家长提供建议，比如针对社区自然环境，那么就可以开展带领孩子探索社区、接触大自然等活动；针对社区精神文化资源，家长可以开展的有参与社区节日、纪念日活动；参观历史文化资源等；针对社区内的人力资源，可以结合社区人员的专业优势，在一定程度上减轻家庭对孩子的照看负担，如社区学校托管、社区图书馆等；还有带领孩子一起参与社区资源建设，为社区提供实践和服务，也是与社区合作的重要方式，不但促进了社区环境改善，更重要的是，在参与过程中，家长和孩子会有多种收获。这些实践和服务包括社区表演慰问、志愿服务、照看社区内留守儿童、社区爱心义卖等。

---

1　哈里楠．教育社会学手册[M]．傅松涛．华东师范大学出版社，2004.

2　Epstein J. L.，Sheldon S. B. School，Family，and Community Partnerships：Your Handbook for Action[M]．SAGE Publications，2008.

本章将：

●解释什么是与社区合作；

●分析与社区合作对学校、家庭、社区和学校有哪些价值和作用；

●介绍国内外的家庭、学校与社区合作的现状；

●指导家庭如何开展与社区合作。

## 8.1 什么是与社区合作

社区是指居住在同一区域内，如街道、社区居委会、村委会等，分享区域内的公共资源，有地缘上的归属感、文化上的认同感的人群所组成的社会团体。[3]对学生来说，既指儿童的学校和家庭所坐落的地区，也指影响儿童学习和发展的邻近地区。社区是一种资源，会对孩子产生影响，而家庭、学校可利用这一资源促进学生成长，从类型来说，包括社区物质资源、人力资源和精神文化资源等。孩子的成长都离不开一定的社会环境，也不可能离开，它在一定意义上决定了孩子与谁玩、长大后的职业理想、社会化过程中的角色模仿和学习、生活条件等，社区的文化传统、生活习惯、历史风俗、周围环境、日常生活的方方面面都在影响着儿童的成长，在无形之中在儿童身上打下了深深的烙印。"一方水土养一方人"说的就是同样的道理。社区、家庭和学校三个主体是儿童发展中影响最大、最直接的环境，它对儿童发展所起的作用，是其它任何因素所不可比拟的。因此，家长应当积极发掘、利用社区资源，并联合学校的力量服务社区，从而扩展家庭资源，改善学校教学，更重要的是促进学生的学习和成长，这就是本章要讲的"与社区合作"。家庭与社区合作，包括两个渠道，一是利用社区资源，包括成员、机构、组织来促进儿童成长；另一方面，家庭、学校也服务社区，支持社区发展，形成家庭、学校与社区的双向互动。[4]

●社区物质资源：是指可以为儿童成长所利用的各种有形的物质要素的总和，包括景观类资源、场地类资源、建筑类资源等，如社区运动场、图书馆、活动中心等；

●社区人力资源：是指社区内有一定专长或对儿童成长有帮助的个人或组织，包括：社区志愿者，社区退休人员，知识分子或其他有专长的人；

●社区精神文化资源：是指社区内能为儿童成长开发利用的精神文化要素

---

3 贝克 劳拉 E. 儿童发展[M]. 吴荣先译. 江苏教育出版社，2002.

4 吴重涵，王梅雾，张俊. 家校合作：理论、经验与行动[M]. 南昌：江西教育出版社，2013.

的总和，这里包括实体性的精神文化资源和非实体性的精神文化资源，如邻里氛围、社区安全、社区文化活动、社区历史等。

对比家长参与的其他五种类型，我们可以发现，与社区合作是对当好家长、相互交流、在家学校、志愿服务、参与决策在范围上的扩展，参与主体不只是学校和家庭，还包括社区、家庭与社区合作，利用社区资源，即表示社区不是背景（被动的），而是主动参与者，它意味着将社区提升到与家庭、学校同一层面。

"江西省家校合作跟踪研究"和美国爱普斯坦教授的实践和研究都表明，家庭、学校通过与社区合作，对学生、家长、教师和社区都有益处，对学生来说，可以在接触社区的过程中促进身心发展，增强孩子的社会责任感，获得更丰富的学习、课程等服务和资源，扩展生活和学习空间；对家长来说，通过与社区中家长的沟通，可以交流经验，获得知识，改善孩子的成长环境，对社区资源的利用可在一定程度上减轻家庭对孩子的照看责任；对学校和老师来说，社区资源是丰富的课程资源，还可以扩大教学空间，提升教学实践技巧，并向家长推荐有用的社区资源和服务。[5]

在中国，社区还有另外一层含义：学区，即在某社区拥有户口直接意味着子女就读某所学校的资格，学区房由此而引起社会关注。为使子女就读更好的学校，许多家庭高价购买学区房，哪怕房屋质量差、年代久，或社区环境差，这种行为显然过分高估了学校的作用，而忽视了社区的功能。中国家长对子女教育的重视程度和付出意愿无可厚非，但这种只在乎学校条件，忽视社区环境的做法，是否真的有益，则值得家长们思考。[6]

---

5　吴重涵，张俊，王梅雾．家庭背景与家长参与关系的实证研究[M]．南昌：江西教育出版社，2014.

6　吴重涵，张俊，王梅雾．家长参与的力量－－家庭资本、家园校合作与儿童成长[J]．教育学术月刊．2014(3).

## 8.2 与社区合作的价值

### 8.2.1 对学生

社区是儿童成长的重要基地，社区的自然环境和人文环境在孩子的成长过程中有着重要的意义。只有学校、家庭、社会共同担负起培养、教育孩子的历史使命，形成以学校为主体，家庭为基础，社区为依托的教育系统，才能充分发挥教育的整体效能。因此，家庭应单独或联合学校，充分利用社区源，把孩子带进社会大课堂中，对于促进儿童健康成长有着举足轻重的作用，而学生和家长的参与也为社区提供了鲜活的力量。

1. 与社区合作有利于儿童了解社区生活和社会环境，使学生关心社区建设，主动参与社区的公益活动，形成诚恳助人、乐于奉献的积极态度和情感；增长从事社会活动所需的知识，增强适应现代社会活动的能力，培养学生学以致用、服务社会的意识，并在社区服务过程中学习新知识，获得丰富的情感体验。

2. 与社区合作有利于激发孩子的好奇心和求知欲，培养儿童的兴趣特长，促进理想、信念、道德品质、处世方式等个性的形成，养成合作、分享、积极进取等良好的个性品质，促进儿童在接触社区生活、参与社区活动中养成合作意识、民主意识、环境意识、善于交往，学会与他人共同生活。

3. 与社区合作有利于学生保持独立的持续的探究兴趣，获得参与研究，服务社会的体验，发展“发现问题、提出问题、分析问题和初步解决问题”的能力，掌握基础实践与服务技能，养成实事求是的科学态度，增强服务意识与奉献精神，具有关注社会的责任心和使命感。

4. 与社区合作有利于儿童丰富对自然的认识、欣赏自然世界，发展对自然的热爱情怀，获得对自然、对社会、对自我之间的内在联系的整体认识，知道如何保护和改善自然环境，形成亲近自然、关爱自然、关心社会以及自我发展的责任感，从而形成社会发展和生活方式变革所要求的基本品质。

### 8.2.2 对家庭和社区

家庭是社会的细胞，社区是最基层的社会组织和社会生活的共同体，家庭与社区合作，对提高家庭成员科学文化知识，家庭教育水平，推动社区发展等具有重要意义。社区具有组织、人力、物质等方面的优势，可以充分调动各种资源，使家庭和儿童发展获得有效的支持有服务，如社区的家庭服务中心、早期儿童发展项目、良好的健康与社会服务机构等，能提高个人的能力与技巧，从而增进家庭生活的质量。家庭、学校积极地与社区合作，必将在社区形成关注教育、关心儿童的良好氛围，促进社区成员素质和生活质量提高，促进社区硬件建设和精神文明建设。

### 8.2.3 对学校

学校与家长、社区的合作是教育发展的内在需要，是学校、教师、家长以及社会的共同利益。对于学校而言，合作有利于增进社会对学校所做努力及其面临困难的理解，从而吸引更多的公共支持，包括对学校与教师工作作出公正的评价，肯定他们的成绩。合作也有利于增进社会对学校与教师的信赖、宽容，教师在得到认可与尊重的文化中，更容易从工作中得到满足感与效能感。

学校教育和家庭教育是儿童成长的主要阵地，但家庭和学校不是万能的，必然受到所在社会环境的影响和制约，儿童成长从整体上说是一项社会性的系统工程，应该由学校、家庭和社会三方共同来构建。正因如此，在我国第八轮基础教育课程改革中增设了“综合实践活动”提出：“积极开发并合理利用校内外各种课程资源，广泛利用校外的图书馆、博物馆、展览馆、科技馆、工厂、农村、部队和科研院所等各种社会资源以及丰富的自然资源”，要求所有 3 至 12 年级的学生必须参与。社区服务与社会实践、信息技术教育、研究性学习、劳动与技术教育等构成综合实路课程的主要内容。另外，当前儿童教育中存在的问题，如欺辱、逃学、厌学、学业不良等，不仅仅是学校或家庭的问题，也不是学校或家庭可以单方面解决的，需要强学校与家庭、社区的合作加强家长与学校的合作。

## 开展社区服务的亲身体会

亲爱的家长们：

大多数学校开设社区服务项目。一些学校把它作为学生的必修课，另外一些则是选修课。您也许听说过很多有关社区服务价值论的观点。我个人的观点非常明确，那就是我相信社区服务之所以重要在于它的价值以及带给学生的影响。接下来的小故事发生在我的教学生涯中，我希望您能从中体会到我对社区服务的热情。这是一个真实的故事，只是我改变了主人公的名字罢了。

那是我在东非教书的时候，我和老师、学生在一个偏远村庄开展社区服务项目，村里居住着许多麻风病患者。麻风病是一种很难患上，一旦患上又极易治愈的疾病，所以对老师和学生而言不存在健康的风险。那时我们会乘着独木舟横穿鲁菲吉河来到村庄。

一天我和两个学生，乔纳森、法蒂玛穿梭在村庄土坯房之间。我们此行的目的是帮助住在森林边茅草房里的本纳夫妇，他们两个是治愈的麻风病患者。当我们来到他家门前我向屋里打了声招呼“你好！”屋里传来一个微弱的应答声“Karibu！”（“欢迎！”）。

跨过门槛，我们的眼睛刚刚适应屋里黑暗的光线，看到的却是一幅悲惨的画面。由于曾患有麻风病，本纳先生和太太都失去了双腿，上肢也是血肉模糊，伤痕累累（虽然麻风病容易治愈，但伤残的肢体却无法复原）。两人在房间的另一头，身体坐在离地几英寸的破旧木板上，木板成了他们挪动身体的工具。

我看到乔纳森和法蒂玛的眼里充盈着泪水。两位老人难道不是我们地球上最悲惨的人吗？毫无疑问，他们值得我们的同情。我们怎样才能帮他们？

本纳先生向前挪了几英寸，面带笑容轻松愉快地对我们说“你好，欢迎你们。喝茶吗？”

我们不知是该哭还是该笑，但出于礼貌我们接受了主人的邀请。没过一会儿我们就席地而坐，用蹩脚的斯瓦西里语和我们好客的主人攀谈起来。

我们明白了。

本纳先生和太太完全不是那种需要我们同情怜悯的人。他们过着自给自足的美满生活。一群友好的老师和学生愿意并能够身体力行地帮助他们做一些简单的维修房屋的工作,他们对此欣然接受。

本纳先生和太太没有钱,没有健全的肢体,但除此以外他们和我们一样。在他们眼里,我们是经过长途跋涉来到他家的客人,理所当然需要休息一下。他们很高兴并且有义务向我们提供茶水。

社区服务当然和做好事有关,而且双方均能受益。但是通过社区服务我们更能了解他人,建立友好的人际关系,深刻地理解生命存在的价值。

无论是清理污浊的运河、为残疾儿童设计玩具,还是为难民募捐或为老人读书,社区服务让我们学会如何做一个乐于助人的人,让生活更有价值,学会如何尊重他人无论他们的生活背景。

摘自"北京乐成国际学校新浪博客"

## 8.3 与社区合作的现状

家庭、学校与社区合作是培训儿童成长的内在需求,国外的家庭在儿童教育过程中,非常重视社区资源的利用,学校也开放办学,特别重视教育和社群的关系,社区居民也十分关心学校的发展,形成了真正的"学校、家庭和社区合作伙伴关系"。一是注重公益性,社区大都有家长教育培训项目,儿童社会养成项目等,为整个社区内各种年龄、各种职业、各种类型居民所提供非正规的教育服务。在社区环境设施的建设方面,比如美国有为儿童免费开放的社区博物馆、展览馆、图书馆、电脑房、公园等,各社区图书馆均设有儿童专属区,书架的高度与儿童的身高都是相匹配的,有的社区机构还与学校建立固定的联系,甚至把展品送到学校去,周末父母也可以带着孩子免费参观,带着孩子到这些公益场所开展各种教育和实践活动。二是注重服务性,学校经常邀请社区各行各业的工作者来校介绍自己的工作,也常常带领儿童走出学校到博物馆、艺术馆参观学习，到工厂、医院等各种场所了解各行各业的工作情况，使儿童认识到自己的家庭、学校都是社区的一部分，而自己所在的社区又是整个城市的一部分，有效地促进了儿童的社会化，儿童家长也经常带领孩子进社区参与公益服务活动。三是注重广泛性。学校鼓励家长、大学师生、消防队员、音乐家、房管员和牧师等社区人士参与学校教育，志愿为儿童的成长贡献自己的聪明才智，既发展了儿童的社会性，也培养了儿童的个性。四是注重规范性，家庭、学校的户外活动，有严格规程，注重细节，如控制人数、随身携带急救包等。

在我国，根据江西省教育科学研究所的“家校合作大样本跟踪调查”的数据，在近两万户家庭中，与社区合作参与程度高的比例不到8%，但从效能感来看，60.7%的家长都对自己抱有很高的期望，愿意并相信自己能做好与社区合作的活动，极低的现实参与程度与极高的效能形成鲜明对比，这在一定程度上说明家长有与社区合作的意愿，但是真正开展行动的很少。从家长与社区合作的类型上看，多是集中在了解社区信息，购买社区的产品和服务等方面，而主动参与社区活动，如商业、公益或老年团体的活动较少，表明家长参与与社区合作的程度较低，还在初级阶段，也说明社区资源可能没有充分开发和利用，家庭、学校和社区的合作还不充分，导致家长没有参与渠道。

当前家长与社区合作程度低，层次低的原因是多方面的，这既有社会、学校的因素，也有家庭、社区的原因。从家庭角度来看，多数家庭过分重视家庭和学校对儿童的作用，而忽视了社区的作用，认为孩子上学就是在学校，放学就是在家里，社区就是上学、回家的一个通道，很少让孩子与社会的现实生活发生联系，与社区合作也就无从谈起，于是学校就成为独立于社会的教育孤岛，社区就成为纯偶然性的、随机性的影响。我国在社区建设及资源利用方面都还存在许多不足，社区内能够利用的社区教育设施比较少，社区公益组织、公益服务、社区活动更少，有限的一些可供利用的公共教育设施也存在应该免费的地方而不免费的问题。家长和学校利用社区教育资源的意识还比较差，同时社区各方面关系协调不够也造成了社区资源不能得到综合利用。

## 8.4 家庭如何开展与社区合作

每个家庭都居住于一定社区、学区、居委会或自然村之中，家庭和孩子都不可避免地会与周围环境接触，并受其影响。这种影响可能是消极的，但如果家长、学校有意识地、有目的地引导孩子接触外界社会，便可使孩子受益。每个社区的物质资源（公园、绿地、草坪、花草、树木、邮局、银行、交通、超市、医院、饭店、博物馆、图书馆）、人力资源（医生、老师、军人、工程师、艺术家）、精神文化资源（邻里氛围、社区安全、社区文化活动、社区历史）可能不完全相同，所以家庭要从实际出发，因地制宜地运用社区的教育资源，发挥有利因素，转化不利因素，促进儿童社会性发展。

### 8.4.1 与社区合作：结合社区自然环境

对孩子来说，社区不单单是指家庭所在的小区，而是泛指影响孩子成长的社会环境。社区中蕴含的教育资源是十分丰富和宝贵的，它为家庭户外活动、带领孩子接触社会生活提供了广阔的平台。

**1. 带领孩子探索社区**

**例 1：**我家所在的光明社区虽然是个老社区，但社区环境优美，社区内的老建筑和设施也有其历史和故事，这些资源为孩子开展社区探究提供了很好的物质基础。因此我和孩子经常在社区散步，带孩子在社区玩耍，让他在轻松、愉快的情景下去了解、感知小区环境，给他讲小区的历史和故事，讲述老建筑的来历，如何辨别花草树木，体育设施如何使用，使他萌生出热爱小区，爱护小区的情感。

**例 2：**让孩子养成讲卫生、爱护环境的好习惯，我觉得最好的方法就是带他到外面的环境亲身感受，引导他思考。以前孩子有乱扔垃圾的毛病，怎么都改不掉，我就带他到家附近的街上，河旁的小水管、垃圾箱等，让他感受周边环境，专门留心我们生活中的垃圾是如何出现的。当他发现街道上飘散着一些包装袋和生活垃圾，就给我讲应该在街道两旁写个牌子“不乱扔垃圾”；当他看到河中漂浮的垃圾、排到河里的脏水时，甚至气愤地说：“太脏了，我们要保护环境！”我们边走边讨论，我引导他这些垃圾都是那些不爱护环境的人乱丢乱扔造成的，他当即表示：“妈妈，我要爱护环境，再也不乱扔垃圾了！”我就表扬他做得对。后来，他真的就不乱扔垃圾了，在外面买东西吃，吃完后食物的包装都用手拿着，直到找到垃圾箱后才扔进垃圾箱。我还教他如何将垃圾分类，鼓励孩子将玩具用的废旧电池，动手“变废为宝”，利用废旧物品制作玩具，收集无毒无害的塑料管、碎布、易拉罐、可乐瓶、果冻盒、纸盒等废旧物制作游戏材料。这样的教育效果，比空口教孩子好多了！

**2.带孩子接触大自然**

**例 1：**初秋是猕猴桃收获的季节，孩子很喜欢吃，但猕猴桃长在什么地方，怎么摘的，他充满好奇。正好得知孩子同班的家长有一片猕猴桃果园，于是我们便联合几位家长一起，带孩子去参观，帮孩子解开他们心中的谜团。孩子们来到农夫果园，一下车，看到一大片的树林，像一群小鸟一样“飞”了进去，“哇，这么多树，像森林。”“你们看好多好多的竹子，里面肯定有熊猫。”“哦，原来猕猴桃和葡萄一样是一串一串的”，“这就是猕猴桃呀，让我摸摸看”，“猕猴桃有毛的”，“为什么叫它猕猴桃呢？”“我知道，肯定它身上有毛的，像猴子，所以叫猕猴桃”……孩子们进猕猴桃园后，跑上跑下，不住地问这问那，有的拿起笔有模有样的画了起来、有的拿起照相机把它摄了下来。

**例 2：**12 月 11 日参加了女儿班级亲子出游活动，本因女儿学习书法不同意让她参加，可看到女儿恳求的眼光，终于妥协了。那天上午在孩子们的欢歌笑语中，大家来到了梅岭山脚下。沿着弯弯曲曲的山路，孩子们和家长们进入了绿色的海洋。空气新鲜得让人忍不住深深多吸一口。为了保证安全，一开始孩子们还拉着家长的手一起往山上爬，但很快就甩开大人，拉着自己的好朋友往山上冲了。我们在山上的观景台上举行了一场别开生面的“亲子同乐会”，有孩子们声情并茂的诗歌朗诵、活泼可爱的儿童舞蹈，有二人三足的亲子活动，还有气氛热烈的拔河比赛。家长们也很快融入其中，童心未泯地和孩子一起开心游戏，为孩子助威加油。其乐融融的情景吸引了众多游客羡慕的眼光。是啊，这画面本身就是一道风景！饱含着喜悦与幸福。

当这次活动在快乐与满足中结束时，大家都有一种意犹未尽的感觉。它不仅锻炼了孩子的身体，拉近了孩子与家长的距离，也让每位家长能够更亲近地走进老师的工作世界，理解他们的付出。让家人更温暖，让师生更团结，让家校的氛围更和谐。感谢老师搭建了有意义的交流平台，牺牲休息时间参与到活动中，与孩子和家长愉快地交流，让孩子和家长们在大自然中自由奔放，度过了快乐的一天。我们期待着下次亲子活动的到来。

### 3. 引导孩子接触社会环境

社区周边的菜场、超市、银行、商业街都是家庭可利用的教育资源，都能成为开展主题活动的活教材。

**例 1:超市是孩子的大学堂**

带孩子逛超市对很多大人来说是件头疼的事情，小孩子天性爱吃爱玩，小孩子一进超市，仿佛刘姥姥进了大观园，兴奋得不知东南西北，吃的喝的玩的都要买，增加了不该有的额外开支。然而对高静来说，带孩子逛超市是她教育孩子的另一个好方法。在她给记者的邮件中，她这样告诉记者:“超市对大人来说只是购买生活用品的地方，对于孩子，它不仅是个看新鲜的地方，更是一个大学堂。在这里，孩子可以认知，可以探索，可以学到社会交往的很多规矩。”于是，我们约了个时间见面，听高静谈谈心得。

将超市当学堂

从跑跑 3 岁起，周末为家里采购时，高静就带上儿子一起，在逛超市时间，高静总是有意识地培养儿子的观察力。从最初的认识事物入手，比如这个地方是卖什么的，那个地方是卖什么的，并让他一一记住这些商品名。一段时间后，她对儿子提出了比较认识的要求，让儿子观察这些商品的不同之处，比如在服装专区，她让儿子分辨出冬季服装和夏季服装有哪些不同，在生活用品、副食专区，食品和生活用品的区别在哪里。不久，她又提出新的要求，如给超市某专区的商品分类，哪些是食品，哪些是生活用品，使儿子的观察从局部开始转向整体。

在超市，高静还注重培养儿子与陌生人交往的能力，让他看别人是怎么向别人打招呼的，怎样向别人问价的，怎样买东西的，然后模仿别人问价，选商品，包装。刚开始，儿子向超市的导购员阿姨问价时有点不好意思，但随着时间长了，儿子就变得大方了、自然了，并开始有主见地选择一些自己喜欢的商品，并且还对这些商品的好与坏讲得头头是道：买上衣时要注意颜色和下衣搭配，甜食不能天天吃，这样会造成营养过于单一，甚至吸收不到营养……

随着跑跑的长大，他不再满足于挑选物品这么简单的一个动作了，而是强烈要求自己购物。高静就自己做了些卡片，在家里与孩子进行模拟超市的游戏。高静和跑跑轮流当收银员和顾客，跑跑从中学习数字认知、配对以及简单的加减法等，这样就开始了数学游戏阶段。随着跑跑逐渐成长和锻炼，他对逛超市逐渐有了一定的目的性和计划性，自己知道需要哪些物品，可以对超市管理人员礼貌地询问并请求帮助，可以从架上选购、在妈妈的帮助下查看保质期，最后自己提着篮子付款。

购物之前约法三章

很多妈妈不爱带孩子去超市，超市的商品琳琅满目，单说吃的就是五花八门，诱人馋虫，玩的更是众彩纷呈，让人爱不释手，更不用说自制力缺乏的孩子们。孩子们常常经不起诱惑，看见喜欢的东西就往购物车里丢，不买就大哭、耍赖。无可奈何之下，只好买了，回家一看，有的东西完全是没有必要的。

如何对付孩子没有选择的购物欲呢？高静有自己的体会，她说："因噎废食不能从根本上解决问题，不如教会孩子逛超市。儿子四五岁的时候，正是要吃、要喝、要买、要玩的年龄，看一样，要一样的，道理听不进，不满足其要求就大哭大闹，在公众场合非常难看，每次出门总是高兴而去，扫兴而归。"鉴于这种情况，高静事先和孩子约法三章：

一、如果只是去逛逛，玩玩，那就只看不买，我明确地告诉孩子没带钱包，请他检查，因此，他就是看中了什么，也没用。

二、如果是有目的的购物，那就事先约定好，除必需的用品外，只能选择其中的一种或两种零食，孩子在名目繁多的商品中学着选择，在再三权衡中学会放弃，教会孩子取舍，训练了节制毅力。

三、如购买出门郊游的食物，就由跑跑自己做主买，当然买了不好吃，他也要吃，不好玩的，他也要玩，不能丢在一边。这样多有几次，他在买东西的时候就晓得要慎重选择了。

高静说："一般在超市买东西，都是儿子自己选。在家说好只能买哪样东西，可是去到超市一见着新东西，小孩子自制力不强，难免会改变主意，看到好东西，便双眼放光。一天他看到一盒巧克力，标价68元，于是迂回地问：'妈妈，这个巧克力很好吃吧？'我说：'这个偏贵，妈妈买不起。'儿子想了想，问：'妈妈，你为什么赚不到大钱呀？'妈妈说：'妈妈正努力呢。'儿子失望无比：'要是妈妈能赚到大钱就好了，这个巧克力就不用待在这里了。'有时候他会忘记和我的约法三章，这个时候我是不会让步的，一次放松，下次就难办了。"

（摘自《贵州都市报》2008年07月23日）

### 例2：家长日记——与孩子一起参观邮局

2012年11月4日的上午，秋高气爽。我参加了一(2)班李教师组织的社区参观活动，本次参观的地点是邮局。一路上孩子们情绪高涨，有秩序地排着整齐的队伍，一个跟着一个走。到达目的地后，由邮局工作人员进行邮政知识介绍，孩子们认真地倾听；参观中孩子们了解到更多邮局的工作内容、服务项目，观看了顾客邮寄包裹、贴邮票等，在工作人员的引导下学习了如何寄信；最后每个小朋友都走到邮筒前，把事先和爸爸妈妈一起填写好的明信片投了进去，亲身体验如何寄信。我认为学习不单单是课堂的认真听讲，对小孩来讲这更是不可能的，生活即是他们的学习，在生活中找知识，在学习中找乐趣。这次邮局参观活动不仅给孩子一份体验新鲜的快乐，还给家长带去一份陪同孩子玩乐、学习的机会。

### 8.4.2 与社区合作：社区精神文化资源

“文化资源”，主要指社区内的各种文化与传统节日、展览馆、科技馆、少年宫、大中小学校、图书馆等文化设施，是儿童生活学习的活教材，开发、利用、优化、拓展社区中各类有价值的教育资源，不仅可以开阔孩子们的眼界，丰富孩子们的经验，还可以发展他们的社会意识，使孩子更加关心社会，在了解社会的过程中自然而然、轻松愉快地融入社会。

**1. 节日活动**

民族传统节日、社会纪念性节日、世界性节日和西方节日等是社会领域教育的重要内容，涉及传统文化、多元文化、环境保护、礼仪风俗等社会认知的内容；社会情感方面，涉及培养幼儿热爱本国优秀的文化传统、尊重其他国家和民族的文化，从小树立文化自尊、自信等社会情感；同时，儿童可以在节日的欢声笑语中，提高对社会的适应性，形成和他们交往的方法技巧，从小养成良好的竞争和合作的社会技能。

**例 1：妇女节社区亲子活动有感**

3 月 8 日妇女节的下午，社区举办了“感谢妈妈”的亲子活动。虽然不能和别人一样好好休息半天，但我还是很高兴：能和孩子一起过自己的节日，是很值得的！活动期间，听到孩子用稚嫩的声音向我大声地喊：“妈妈，你辛苦了！”看到孩子认真地尝试给我梳头、扣扣子，心里酸酸的，暖暖的，五味陈杂，感触良多。想说感动、庆幸，想说欣慰，也想说感谢！

孩子一天天长大，从一个只会哭啼的小小婴儿，长到现在这样能够学习感恩，学习帮妈妈做一点点的事情，作为母亲，当然需要很多的付出。虽然孩子的动作有些笨拙，结果也不够完美，但在我眼中，感受到的，却是深深的感动，孩子长大了！几年来的辛苦与劳累的感觉，在孩子生涩的动作中，早已经化风而去，不复存在！

我很庆幸有这样一个聪明伶俐、活泼可爱而又健康丽质的孩子。在她的动作中，我也品尝到了欣慰的味道。是的，我很欣慰，虽然孩子仍然还小，但毕竟正在学习如何用行动对亲人好、如何感恩，而且学得很用心，作为母亲，我还有什么不满意的呢？

### 例 2:社区元宵节亲子活动

2013 年 2 月 21 日，在元宵佳节来临之际，岩山社区组织开展了庆元宵亲子游玩活动，让社区居民感受传统民间文化带来的激情和快乐。社区关工委组织了老人讲故事活动，给小朋友们讲节日有关的故事、民俗活动、欣赏一些关于元宵佳节的古诗、儿歌；妇联组织小朋友和自己的爸爸妈妈一起利用各种废旧材料动手制作元宵灯，经过家长与孩子们的共同创作，诞生了各种富有创意的兔子灯、老鼠灯、花狗灯，吸引了众多孩子们前来“采购”；在猜灯谜活动中，家长和孩子共同开动脑筋，家长一条条地念，孩子一条条地猜，一边用手比画，处处洋溢着欢声笑语。不大工夫，很多孩子就猜对了 10 几条灯谜，换得了代表成功和鼓励的奖品。亲子庆元宵活动既带来了大家庭的祥和与快乐，更重要的是给孩子增加了一次与众不同的民间文化体验。

2. **参观纪念馆**

**参观井冈山革命博物馆**

国庆长假整整一周，我们决定带着孩子去到井冈山革命博物馆缅怀先烈。一进纪念馆的大门，发现这里人不少，虽然说不上摩肩接踵，可有这么多的人自发地来到这里，还是出乎我的意料。这种意外随着我们步入馆区，越发深刻。在纪念碑前，人们都在认真瞻仰、议论。进入纪念馆大厅，凡是在这里的人们都肃穆沉静，缓缓地沿着参观路线前进，在每一幅图片、实物的前面认真观看，不时听到唏嘘的感叹声。在这个自发组成的参观队伍里，虽然互不相识，其内心的感受、外在的表情却是一致的。

孩子和老人占了参观者的多数。在这里，孩子很多，这让我很感慨。年轻的父亲母亲们，他们知道应该用什么东西来教育自己的孩子，他们深切地知道不能让我们的更小的一代忘记那段历史，要记住这段历史。几乎每一个孩子都跟随家长从一个展区步入另一个展区，并细心地、认真地听着家长们给他们的讲解。带着孩子的家长们，有的人对那段历史很熟悉，对许多照片上的人物、故事以及展出的实物很熟悉，讲得有滋有味。庄严肃穆的氛围萦绕在整个纪念馆中。我们带来的两个孩子，刚刚上小学一年级的甜甜、只有三岁大的圆圆，都跟着大人认真地听、认真地看。能感受到他们的确对很多事情都不能理解，比如我们为什么抗日啊，怎么能把人头挂到城墙上啊，甚至对于当年的抗联战士为什么要住在雪地里啊，等等，都是他们难以理解的事。尤其是小圆圆，还是懵懂的小孩子，期望他们通过这么一个参观把什么都搞清楚了，是不现实的。但是，这两个小家伙，能细心地听和看，就已经很令我震撼了。他们是有希望的一代，今后一定是有责任并能够承担责任的一代。

### 8.4.3 与社区合作：社区人力资源

在儿童成长过程中，任何一个领域的教学活动，都与社会真实生活密切相关。社区是一个居住共同体，如果深入发掘，便会发现社区内人才济济，有专业特长的人，有服务人员，有老红军等，可以带孩子走进社区，利用社区中的各种资源来开展教育活动，让孩子的教育更丰富、充实。如到理发店看师傅演示理发的过程，克服幼儿对理发的恐惧心理；请老红军为孩子们讲抗战故事；请蛋糕店的阿姨展示蛋糕的制作方法等。

**1. 社区学生托管**

**例 1：蓝光小区：学校教育退场、社区教育进场**

学校放学后托管孩子，势必增加班主任的工作量，只要有一个孩子还留在学校，班主任就不能回家。但是一般学校放学后，都会组织教师开展集体备课和教研活动，而帮助家长托管不能回家的孩子势必挤占这些时间，影响学校工作的开展。

如何管理这些不能立即回家的学生？蓝光小区的家长们率先想到了借助社区资源。去年 3 月，家长们经过协调，轮流担任志愿者开展“学生 430 项目”，每天下午 4:30 后，免费为社区内低保、单亲、及父母工作无人照看的低年级小学生提供托管服务。托管内容分课业辅导和素质拓展两类，即辅导孩子按时完成家庭作业，并提供手工、体育、影视等素质拓展活动。该项目最大的好处就是不占用学校教师放学后的时间，并帮助学校承担相应的教育责任。

摘自《中国教育报》，2014 年 01 月 07 日

**例 2：四点钟学校**

四点钟学校开设在花东社区的“妇女儿童之家”内，社区以“爱心关怀、健康成长”为办园宗旨，每天下午四点到五点，社区巾帼志愿者们就轮流上岗，带领这里的孩子们做作业、玩手工、下象棋、学书画、做游戏、美文诵读、快板培训等等切实解决了社区家长的后顾之忧。

摘自《浙江日报》，2007 年 04 月 18 日

### 2. 社区图书馆

## 社区图书馆 让孩子快乐读书

一个初夏的午后，记者走进了海淀区万柳社区的一家儿童图书馆，在这里孩子们正在跟外教老师学习英语阅读呢，他们有的在书架前看书，有的打着滚做游戏，还有的趴在地上画画。而图书馆里的布置简直就像是一个童话世界，温暖的彩色壁纸，矮矮的图书架，各式各样的卡通模型，五颜六色的中英文插图画本，孩子们在这里边玩边学不亦乐乎，正在上课的外教艾美利对这里也是大加赞赏。

这个社区图书馆是四位海归妈妈，罗鸣、王奕、宁爱东、胡碧榕创建的，他们四人都是在国内上完大学，到美国去读研究生，在美国工作、上班，也都在那边育儿，然后相继在05年、06年回国，回来以后他们就商量，最好能够把一些在美国生活体会到的好的东西，能够真的带回来，同时也是兼顾自己的孩子。他们想到在美国的时候，经常带孩子去图书馆，社区图书馆非常得多，非常普遍，孩子也很享受这种习惯。他们就想在国试试，做个这样的事，做一个小书屋，自己孩子可以来享受，我们周边的孩子也可以来享受，就这样，一个名叫“皮卡屋”的社区儿童图书馆就建立起来了。

摘自（北京广播网，2011—06—02）

### 3. 社区家长交流与家庭教育

**例1**：7月18日晚7点，南院社区服务中心社工组织了12名家长交流分享教育经验与困惑。活动开始，工作员向每个人发放学龄期儿童特点的资料，然后由一名组员将内容读出来。最后针对于每一个特点询问组员是否有经验与困惑提出。有几位组员提出了自己的困惑，其他组员在认真听的同时纷纷给予建议。活动在一个小时之后结束了，组员彼此熟悉度有所提高，提出的困惑也得到大家意见，有收获有欢笑，很充实。

**例** 2:为使家庭教育的意识渗透到千家万户,深入人心,明月社区利用家长学校的平台,举办"我做合格父母,培养合格人才"的家庭教育实践活动,不断丰富家庭教育工作的内涵,促进社区和谐发展。通过邀请家庭教育专家,定期举办知识讲座,传播成功的家庭教育方法和经验。开展家庭教育咨询和交流,解答家长们在家庭教育中出现的各种疑难问题。多年来,通过学校、社会、家庭的三结合教育,社区家庭教育工作实现了科学育人、全面发展人才、人性化教育等三转变。

### 8.4.4 与社区合作:社区实践和服务

#### 1. 社区表演慰问

**一(1)班小康妈妈姜咏梅:**今天,作为家长有幸和孩子来到福利中心敬老院看望老人家。在出发前孩子们都表现得非常兴奋,路上小嘴巴吱吱嚓嚓地说个不停,但是如果老师给个暗示,他们就马上悄无声息了。作为妈妈,我看在眼里,喜在心里。感觉孩子们的年龄虽小,但可塑性很强。

到了敬老院,刚好是老爷爷、老奶奶们的休息时间。老师告诉孩子们不能大声说话,以免影响老人家们午休。孩子们表现得非常乖巧,静静地坐在沙发上。作为家长,看到孩子的表现,心里非常开心。觉得以后有机会一定多给孩子创造一些这样的活动。不但能够培养孩子的集体观念,而且也能让他们体会到参与的快乐。同时,还可以给孩子养成从小对人有爱心的行为。在这里,作为家长,非常感谢学校和李老师的引导。给予我和孩子的参与机会。同时也希望在以后的时间里能有更多的集体活动、公益活动。让孩子在参与中找到快乐,健康成长!

**三(2)班班主任李丽:**在庆元旦活动中,我们带着全班孩子来到了市爱心学校,这是一个特殊性质的学校,在里面学习的是生理上有残疾的孩子们。当我们的孩子看到他们耳中常常听到的残疾儿童真真切切地与自己面对面时,从孩子们怜爱的目光和稚嫩的话语中可以感受到他们内心深处强烈的情感体验与丰富的情感认知。在整个庆元旦联谊活动中，孩子们都很投入，他们认真地表演自己的节目，耐心地欣赏残疾儿童表演的节目，在最后互赠礼物的环节中，孩子们的情感体验得到了最大的激化，几个孩子哭着说："老师，下次我要多带点东西来给残疾儿童。他们需要我们的关心！"正是最真实的教育现场，造就了孩子们最真切的情感体验，形成了孩子们关爱的良好品质。

**2. 社区志愿服务**

社区志愿服务是指家长（或与学校一起），带领孩子参与到志愿服务活动中，在公共活动场所（如旅游景点、公园、图书馆、宾馆）参与服务（如充当义务讲解员、引导员等），参加助残帮困活动、拥军拥户活动，学雷锋做好事活动，植树节活动等。

**例** 1：近日，新阳路小学的二年级的学生和家长志愿者一行 60 余人，来到安和街道正义社区的安定街 74 号，清理单元门上的小广告。愿者们走进社区，走上街头清理小广告，手拿小铁铲清理地面和墙壁上的"牛皮癣"。他们三五个人一组，细心地用沾满清水的刷子刷粘在地面上的小广告，再用小铲子用力将其清理干净，一边干一边还不忘劝阻街头的不文明现象。"这些小广告太影响城市的形象了，而且清理起来特麻烦。"来自新阳路小学 4 年级的小青说，以后他们不仅自己要讲文明，还要带动家长一起养成良好的文明习惯。遇到不文明的现象，一定要制止。

（摘自中国社区志愿服务网，2014—02—12）

**例** 2：2 月 14 日上午，长城街道 30 名家长志愿者带领小孩来到太白社区，与社区 80 岁以上的独居老人们一同欢度元宵。社区"爱心食堂"里，大家欢聚一堂，和米粉，包汤圆，聊家常，其乐融融。为了满足老人们的各种口味，志愿者们包上老人们喜欢的豆沙汤圆、芝麻汤圆和菜肉水饺。在大家的共同努力下，不到一个小时，汤圆、水饺装满了十几个盘子。十点不到，十多位独居老人早已围坐在圆桌旁，吃上了志愿者端来的一碗碗热气腾腾的汤圆和水饺，老人们边吃边说："好，味道蛮好。"针对社区十余户行动不便的老年人及90岁以上的空巢老人，志愿者们还分组亲自送到老人们的家中。当志愿者们来到顾阿婆家中时，阿婆从志愿者手中接过热腾腾的汤圆，紧紧地拉着志愿者的手不放，激动得说不出话来。看到阿婆行动不便，志愿者还主动端起热腾腾的汤圆，亲自一口一口喂老人。

（摘自《芜湖日报》，2009年2月16日）

### 3. 关爱社区内留守儿童

#### "爱心妈妈"让留守儿童不再孤单

杨文社区辖区内的企业大多为施工建筑单位，不少职工长年在外地工作，而留守在家中的妇女、儿童、老人有近万人，占社区总人口的2/3。针对这一特点，2010年，在社区爱心妈妈李长英的倡导下，成立了"爱心妈妈"志愿者队伍。

"虽然父母不在身边，但是有'爱心妈妈'陪伴，我一点也不觉得孤单。"今年11岁的小蓓说，她的父母长年在外地工作，因为我有自己的"爱心妈妈"。每年儿童节，"爱心妈妈"都会送来礼物，平时还经常指导她学习，并给父母写信，让他们安心工作。

社区居民陈晓琴说，每年暑假，"爱心妈妈"都会组织那些不能与父母团聚的孩子参加兴趣班或出游。"能看到这些留守儿童健康、快乐成长，我们这些邻居也替他们高兴。"

社区主任姚克伟说，"爱心妈妈"采取多种形式与留守儿童结对子，争做孩子们的知心人、学习上的领路人和成长过程中的保护人。为了使这项志愿服务长期坚持下去，"爱心妈妈"团队还规定："爱心妈妈"必须做到"五个一"，即每月至少与留守儿童联系一次，指导孩子给父母写一封信，与学校班主任沟通一次，向家中临时监护人了解一次孩子的近况，每半年至少陪孩子过一次节日。

（摘自《洛阳日报》，2012年11月28日）

### 4. 社区爱心义卖

**李芃一家长：**青海玉树的灾情深深牵动着亿万中国民众的心，大家都以不同方式纷纷投入到帮助受灾民众的行动当中。我们二(6)班的小队员也以自己别致的方式——义卖自己的美术作品，来表达自己对灾区小朋友的牵挂和惦念。

整个活动进行得井然有序，现场不停地播放着充满爱意的旋律。在发出募捐义卖倡议书、挂出“童心有大爱，画笔蕴真情”的横幅和孩子们的作品后，许多匆匆行走的路人被这爱的氛围所吸引，相继在孩子们的美术作品前驻足而立。孩子们更是兴奋和新奇，向搀扶而行的爷爷奶奶们、拎包提兜的叔叔阿姨们、成群结队的大学生们大方地介绍活动的意义和诉说自己的心愿，使出浑身解数来吸引路人参与到这次爱心活动中。仅一个多小时的时间，孩子们的作品就基本被这些对灾区充满深情厚谊的人们买走了，孩子们通过这些善良的人们体验着祖国大家庭互救互助、血浓于水的情感。

回想活动刚开始的时候，有的孩子还有些胆怯，没有足够的勇气向过往行人表达自己想法，但很多淳朴善良充满爱心的人们把对灾区人民的爱和对下一代的爱融为一体，给予了孩子们极大的支持，主动鼓励和询问孩子们，带领他们一道完成募集义卖活动。这使孩子们勇气大增，更加放手地去实践自己的爱心。大家大手牵小手，在活动中传递着自己心中的大爱，整个义卖现场洋溢着无边的爱意。我很欣慰，有了这次活动的机会，孩子们不但培养了自己的爱心，还学到了与人沟通的技巧和锻炼的与人相处的能力，真是益处多多啊！

活动结束收拾现场时，我正忙着解开树上的绳索。很快就有孩子跑到我面前大声说道：“阿姨，让我们自己来吧！”话音刚落，几个孩子就干脆利索地撤下了绳索和夹子。我放眼四望，孩子们都在争先恐后地抬桌子，扛展板，拎物件等等，一群具有强烈独立意识的小主人翁在热火朝天地忙着。

看着这群具有博爱心和责任心的孩子们，我看到了中华民族的希望所在，“少年智则国智，少年强则国强，少年独立则国独立，少年雄于地球则国雄于地球。”

### 5. 与社区合作的其他活动

除以上与举例的与社区合作活动之外，家长还可以参加的活动包括：

●帮助学校招募家长和小区人士担任义工；

●与孩子一起调查及使用小区资源及组织机构的数据，组织家长制定小区服务指南；

●参与本地慈善机构的筹款活动；

●鼓励雇主及本地企业，捐助学校或社区；

●与孩子一起参加或协助小区的各种展览活动；

●与孩子一起参与小区“清洁”或“美化”活动；

●帮助社区建设儿童活动中心，并开展活动等。

# 附 录

## 教育部关于建立中小学幼儿园家长委员会的指导意见

教基一[2012]2 号

各省、自治区、直辖市教育厅(教委)，新疆生产建设兵团教育局：

为贯彻落实《国家中长期教育改革和发展规划纲要(2010—2020 年)》，推进现代学校制度建设，完善中小学幼儿园管理制度，现就建立中小学幼儿园家长委员会(以下简称家长委员会)工作提出如下意见。

**一、充分认识建立家长委员会的重要意义**

中小学生和幼儿园儿童健康成长是学校教育和家庭教育的共同目标。建立家长委员会，对于发挥家长作用，促进家校合作，优化育人环境，建设现代学校制度，具有重要意义。近年来，在教育部门的推动和支持下，一些地方的中小学通过家长委员会动员组织家长参与学校的教育教学活动和管理工作，取得了积极成效。面对教育改革发展的新形势，需要在更大范围推广成功经验，把家长委员会普遍建立起来。

各地教育部门和中小学幼儿园要从办好人民满意教育的高度，充分认识建立家长委员会的重要意义，把家长委员会作为建设依法办学、自主管理、民主监督、社会参与的现代学校制度的重要内容，作为发挥家长在教育改革发展中积极作用的有效途径，作为构建学校、家庭、社会密切配合的育人体系的重大举措，以更大的热情，更有效的措施，创造更好的条件，大力推进建立家长委员会工作。

二、明确家长委员会的基本职责

家长委员会应在学校的指导下履行职责。

参与学校管理。对学校工作计划和重要决策，特别是事关学生和家长切身利益的事项提出意见和建议。对学校教育教学和管理工作予以支持，积极配合。对学校开展的教育教学活动进行监督，帮助学校改进工作。

参与教育工作。发挥家长的专业优势，为学校教育教学活动提供支持。发挥家长的资源优势，为学生开展校外活动提供教育资源和志愿服务。发挥家长自我教育的优势，交流宣传正确的教育理念和科学的教育方法。

沟通学校与家庭。向家长通报学校近期的重要工作和准备采取的重要举措，听取并转达家长对学校工作的意见和建议。向学校及时反映家长的意愿，听取并转达学校对家长的希望和要求，促进学校和家庭的相互理解。

三、积极推进家长委员会组建

建立家长委员会，要发挥学校主导作用，落实学校组织责任，纳入学校日常管理工作；要尊重家长意愿，充分听取家长意见，调动家长的积极性和创造性；要根据学校发展状况和家长实际情况，采取灵活多样的组织方式，确保家长委员会工作取得实效。

有条件的公办和民办中小学和幼儿园都应建立家长委员会。学校组织家长，按照一定的民主程序，本着公正、公平、公开的原则，在自愿的基础上，选举出能代表全体家长意愿的在校学生家长组成家长委员会。特别要选好家长委员会的牵头人。要从实际出发，确定家长委员会的规模、成员分工。

家长委员会成员应具有正确教育观念，掌握科学的教育方法，热心学校教育工作，富有奉献精神，有一定的组织管理和协调能力，善于听取意见、办事公道、责任心强，能赢得广大家长的信赖。

四、发挥好家长委员会支持学校工作的积极作用家长委员会要针对学校教育和家庭教育的突出问题，重点做好德育、保障学生安全健康、推动减轻中小学生课业负担、化解家校矛盾等工作。

与学校共同做好德育工作。要及时与学校沟通学生思想状况和班集体情况，经常向家长了解学生在家庭的表现和对学校、教师的看法，与学校和教师一起肯定和表扬学生的进步，解决和化解学生遇到的困难和烦恼，做好思想工作。经常通过家长了解学生所在班级的情况，及时发现班集体风气和同学之间关系存在的问题，推动形成积极向上、温暖和谐、互助友爱的班集体。

协助学校开展安全和健康教育。引导家长履行监护人责任，配合学校提高学生安全意识和自护能力，支持学校开展体育运动和社会实践活动。对学校的安全工作进行监督，与学校共同做好保障学生安全工作，避免发生伤害事故。

支持和推动减轻学生课业负担。防止和纠正幼儿园教育“小学化”。引导家长积极支持教育部门和学校采取的减轻中小学生课业负担的各项措施，监督学校的课业负担情况，及时向学校提出意见和改进的建议，与学校共同推进素质教育。

营造良好的家校关系。把学校准备采取和正在实施的教育教学改革措施，向家长做出入情入理的解释和说明，争取家长的理解和支持。及时向学校反映家长对学校工作的疑问，帮助学校了解情况改进工作。多做化解矛盾的工作，把可能出现的问题，解决在萌芽状态。

**五、为家长委员会的建设提供有力保障**

地方各级教育部门要切实加强对家长委员会组建工作的领导，把建立家长委员会列入工作议事日程，制订发展规划、工作计划和具体的实施意见和办法。要把建设和组织家长委员会作为教育行政干部和中小学校长的培训内容之一。要深入调查研究，及时总结和推广家长委员会组建、完善、发展工作的好经验、好做法，协调解决出现的问题和遇到的困难，促进和保障家长委员会的健康发展。

学校要为家长委员会开展工作提供必要的条件。完善学校科学民主的决策机制，保障家长委员会有效参与学校管理。完善科学的评价机制，保障家长委员会对学校工作实施有效监督。开放教育教学活动，保障家长委员会参与教育工作。建立学校与家长委员联席会议制度定期通报情况，保障沟通渠道畅通，确保家长委员会依法、规范、有序、有效地开展工作。

中华人民共和国教育部

二〇一二年二月十七日

# 关于进一步加强全省中小学幼儿园家长委员会建设的通知

赣教基字[2012]52 号

各设区市教育局：

根据《教育部关于建立中小学幼儿园家长委员会的指导意见》(教基一[2012]2 号)精神，为推进现代学校制度建设，完善中小学幼儿园管理制度，构建学校、家庭、社会密切配合的育人体系，现就进一步加强全省中小学幼儿园家长委员会建设提出如下意见，请各地认真贯彻落实。

**一、充分认识建立家长委员会的重要意义**

中小学生和幼儿园儿童健康成长是学校教育和家庭教育的共同目标。建立家长委员会，对于发挥家长作用，促进家校合作，优化育人环境，建设现代学校制度，具有重要意义。近年来，在教育部门的推动和支持下，一些地方的中小学通过家长委员会动员组织家长参与学校的教育教学活动和管理工作，取得了积极成效。面对教育改革发展的新形势，需要在更大范围推广成功经验，把家长委员会普遍建立起来。

各地教育行政部门和中小学幼儿园要从办好人民满意教育的高度，充分认识建立家长委员会的重要意义，把家长委员会作为建设依法办学、自主管理、民主监督、社会参与的现代学校制度的重要内容，作为家长在教育改革发展中发挥积极作用的有效途径，作为构建学校、家庭、社会密切配合育人体系的重大举措，以更大的热情，更有效的措施，创造更好的条件，大力推进建立家长委员会工作。

**二、积极推进家长委员会的有序组建**

为加强组织建设，省教育厅制定了《江西省中小学幼儿园家长委员会设置与管理办法(试行)》，请各地中小学幼儿园根据此办法，进一步改进和完善学校家长委员会的工作机制。各级教育行政部门要切实加强对家长委员会组建工作的领导，制订具体的实施意见和办法，不断完善工作机制。有条件的公办和民办中小学和幼儿园都应建立家长委员会。各中小学校幼儿园应按照有关设置要求，为家长委员会正常工作开展提供必要的办公场所和办公条件，并指导家长委员会制订组织章程、工作规程、民主选举、会议、活动、财务等各项工作制度，探索建立以志愿参与为核心的家长“志愿者”制度，以制度建设保障和推进家长委员会工作的深入持久开展。

**三、发挥好家长委员会支持学校工作的积极作用**

各级教育行政部门要指导学校进一步发挥家长委员会在加强学生德育工作、规范中小学办学行为、减轻学生过重课业负担和规范幼儿园保育教育工作、防止和纠正“小学化”工作，营造良好的家校关系中的积极作用，帮助和引导家长树立正确的家庭教育观念，掌握科学的家庭教育方法，提高科学教育子女的能力，推动学生家长理解、支持、参与减负工作，积极推进学校教育与家庭教育相结合，营造有利于学生健康成长的家庭环境。各中小学校、幼儿园可以积极探索新时期家长学校、家访、家长信箱、家长联系本、家长热线、班级博客等符合实际的家校协作平台或渠道。

**四、为家长委员会的建设提供有力保障**

各级教育行政部门要切实加强对家长委员会组建工作的领导，把建立家长委员会列入重要议事日程，制订发展规划、工作计划和具体的实施意见与办法。要把建设和组织家长委员会作为教育行政干部和中小学校长的培训内容之一。要深入调查研究，及时总结和推广家长委员会组建、完善、发展工作的好经验、好做法，协调解决出现的问题和遇到的困难，促进和保障家长委员会的健康发展。

各中小学幼儿园要不断完善学校科学民主的决策机制，保障家长委员会有效参与学校管理。完善科学的评价机制，保障家长委员会对学校工作实施有效监督。开放教育教学活动，保障家长委员会参与教育工作。建立学校与家长委员联席会议制度，定期通报情况，保障沟通渠道畅通，确保家长委员会依法、规范、有序、有效地开展工作。

附件：江西省中小学幼儿园家长委员会设置与管理办法（试行）

江西省教育厅

二〇一二年六月二十一日

# 江西省中小学幼儿园家长委员会设置与管理办法(试行)

## 第一章　总则

第一条　为贯彻落实《国家中长期教育改革和发展规划纲要(2010－2020年)》和《江西省中长期教育改革和发展规划纲要(2010－2020年)》,推进现代中小学幼儿园(以下简称为学校)制度建设,完善学校管理制度,构建学校、家庭、社会密切配合的育人体系,根据相关政策与法律法规,结合我省实际,特制定本办法。

第二条　学校家长委员会是由本校学生家长代表组成,代表全体家长参与学校民主管理,支持和监督学校做好教育工作的群众性自治组织,是学校联系广大学生家长的桥梁和纽带。

第三条　本省辖区内有条件的学校均应设置学校家长委员会,名称定为"XXXX学校(幼儿园)家长委员会",会址与学校地址相同。

第四条　学校家长委员会应制订自己的组织章程,章程应当包括以下内容:

(一)名称;

(二)宗旨;

(三)家长的权利与义务;

(四)家长委员会的权利与义务,选举与任期;

(五)会议制度;

(六)　其他需要规定的内容。

第五条　家长委员会应于每届家长代表大会开会后三十日内,将选举办法、组织章程、会议纪录及参会人员名册报教育行政主管部门备案。

## 第二章　班级家长委员会

第六条　班级家长委员会由会长和委员组成。各班级均召开全体家长会，在班主任组织和指导下推选班级家长委员会会长 1 名和委员 4－8 名，建立班级家长委员会。视学校规模每班推选 1－3 名学校家长代表大会家长代表，可兼任班级家长委员会委员。

第七条　班级家长委员会每学年至少召开两次全体会议，由会长在班主任的指导下召集并主持。会长、家长委员会委员、家长代表任期到期或辞职时，由班主任指导家长推选或改选。

第八条　班级家长委员会的职责：

(一)协助班级开展教育教学活动，并提供改进建议。

(二)协助班级开展家长教育指导，沟通班级与家庭。

(三)协助班级处理重大偶发事件。

(四)代表本班家长向学校家长委员会就学校管理工作和教学工作提出意见和建议，并执行家长代表大会及学校家长委员会的决议。

(五)收集家长信息和资源，引导家长加入家长委员会的专业工作组和参加各项活动。

(六)其它有关班级家长委员会的事项。

## 第三章　学校家长委员会

第九条　学校家长委员会的委员由家长代表大会推选。

第十条　家长代表大会每学年至少召开一次，在学校组织和指导下，在秋季学期开学后四周内召开。

第十一条　学校家长代表大会代表由各班推选的家长代表参加，校长及教师代表得列席。

第十二条　家长代表大会的职责：

(一)审议家长会组织章程。

(二)听取学校工作报告,就学校工作提出意见和建议;听取学校家长委员会工作报告,研究确定学校家长委员会重大工作。

(三)选举及罢免学校家长委员会委员、副会长、会长。

第十三条　家长委员会设会长1名、副会长若干名。

第十四条　家长代表、家长委员会委员应具有正确教育观念,掌握科学的教育方法,热心学校教育工作,富有奉献精神,有一定的组织管理和协调能力,善于听取意见、办事公道、责任心强,能赢得广大家长的信赖。

第十五条　家长代表、家长委员会委员任期一般为三年,每学年可以适当改选,可连选连任。因毕业、转学等离校的学生家长,其家长代表、委员会委员身份自动丧失;会长子女在其任期内离校时,需提前两周提出辞呈,由家长委员会推选一名副会长代任,主持常务工作。

第十六条　学校家长委员会每学期至少召开1次全体会议,新任会长当选的第一次会议应于当选后三十日内召开,校长及教师代表得列席。

第十七条　学校家长委员会会议由家长委员会会长召集并负责,会长因故不能召集或不召集时,其他家长委员会委员可以三分之一以上联名召开。

第十八条　学校家长委员会每学期结束前要对本学期开展的工作和效果进行总结。配合学校开展评选优秀家长的表彰活动。

第十九条　学校家长委员会的职责:

(一)参与学校管理。听取学校关于发展规划、教育教学工作安排等方面的情况介绍,就学校发展中的重要问题进行沟通,为学校的发展献计献策。

(二)与学校共同做好德育工作。经常向家长了解学生在家庭的表现和对学校、教师的看法,与学校和教师一起肯定和表扬学生的进步,解决和化解学生遇到的困难和烦恼,做好思想工作。

(三)协助学校开展教育教学活动。发挥家长的专业优势,为学校教育教学活动提供支持。选派家长委员列席学校校务、教务等会议，与学校一起组织家长听课、家长接待日，参与对学生和教师的评价，帮助学校改进和完善教育教学工作。

（四）协助学校开展安全和健康教育。引导家长履行监护人责任，配合学校提高学生安全意识和自护能力，支持学校开展体育运动和社会实践活动。对学校的安全工作进行监督，与学校共同做好保障学生安全工作，避免发生伤害事故。

（五）支持和推动减轻学生课业负担。防止和纠正幼儿园教育“小学化”。引导家长积极支持教育部门和学校采取的减轻中小学生课业负担的各项措施，监督学校的课业负担情况，及时向学校提出意见和改进的建议，与学校共同推进素质教育。

（六）引导家长树立正确的教育理念。协助学校开展家长教育指导，积极学习教育知识，增进家长对学校工作的理解和支持，促进家庭教育与学校教育协调一致。发挥家长自我教育的优势，交流宣传正确的教育理念和科学的教育方法。

（七）沟通学校与家庭。建立家长委员会和学校定期沟通协调的议事机制，就学生家长、学生、社会等反映的有关问题及时与学校进行沟通协商。建立班主任、任课教师与家长，家长与家长间的沟通、互动机制。

（八）执行家长代表大会的决议。

（九）家长委员会开展活动应当遵守法律法规和相关政策规定。严禁利用家长委员会聚众闹事、违规收费以及要求学校开展违背法律法规、政策和教育教学规律的活动。

## 第四章　专业工作组

第二十条　学校与学校家长委员会根据实际确定专业工作组的类别和数量，本着志愿原则，根据家长的专长和资源优势，组成各专业工作组（可按活动类型设课程指导、安全防卫、社会实践、家庭教育、咨询宣传等工作组，也可按目标类型设学术目标工作组、学生行为改善工作组和学校、家庭合作氛围改善工作组等)。专业工作组组长由家长委员会委员兼任，必要时可招募临时志愿者。

第二十一条 专业工作组在学校的指导下由组长负责召集，每学年至少举办一次主题活动。

第二十二条 专业工作组根据工作组职责和定位，在学校的配合下，开展主题活动。

第二十三条 家长可同时在学校、班级家长委员会和专业工作组中担任职务。

## 第五章 保障

第二十四条 学校应为家长委员会的设置和工作开展提供必要的办公场所和办公条件。

第二十五条 学校、班级家长委员会成员和各专业组组长的聘书，由学校颁发。

第二十六条 学校要充分利用省家长学校等现有渠道，开展家长教育指导，提升家长参与教育、参与管理和沟通学校的能力。

第二十七条 各级教育行政部门将家长委员会的建设与管理专项培训列入本级教育行政干部和校(园)长的培训内容，将家校合作列入学校管理和教师专业发展计划。

第二十八条 各级教育行政部门对家长委员会应加强指导和管理。家长委员会违反教育法律法规和政策时，各级教育行政部门要视其情节轻重，责令纠正。

第二十九条各级教育行政部门要对推动和实施家长委员会工作成绩显著的组织和个人，予以奖励。

第三十条 学校和教师要将家长委员会的工作纳入本职工作范畴，为家长委员会开展工作提供必要的条件，不断探索家校合作和家长委员会工作的特点和规律，有效行使主导、组织和指导的职能，保障家长委员会参与学校民主管理。

## 第六章　附　则

第三十一条　本办法自公布之日起施行。

第三十二条　本办法由江西省教育厅负责解释。